信息时代 的 空天防御

闻洪卫　董玉江　等编著

蓝天出版社
www.ltcbs.com

图书在版编目（CIP）数据

信息时代的空天防御/闻洪卫，董玉江等编著.—北京：蓝天出版社，2013.6
ISBN 978-7-5094-1042-4

Ⅰ.①信… Ⅱ.①闻… ②董… Ⅲ.①信息技术－应用－防空系统－研究
Ⅳ.①E83

中国版本图书馆CIP数据核字（2013）第256962号

信息时代的空天防御

出版发行：蓝天出版社
地　　址：北京市复兴路14号
邮　　编：100843
网　　址：www.ltcbs.com
电　　话：010-66983835（编辑）　66984497（发行）
经　　销：全国新华书店
印　　刷：中煤涿州制图印刷厂北京分厂
开　　本：16开（710毫米×1000毫米）
字　　数：216千字
印　　张：14.25
印　　数：1-5000册
版　　次：2014年1月第1版
印　　次：2014年1月北京第1次印刷
定　　价：50.00元
（本书如有印装质量问题，请与我社发行部联系退换）

《信息时代的空天防御》编写委员会

主　编：闻洪卫　董玉江

副主编：张民锁　项春望

编　委：姚　勇　宁伟华　张耀程

　　　　王方庆　王凤岭　曹　辉

　　　　聂　笋　李　树　王永刚

高轨道

中轨道

低轨道

临近空间

航空空间

空间飞行器分布示意图

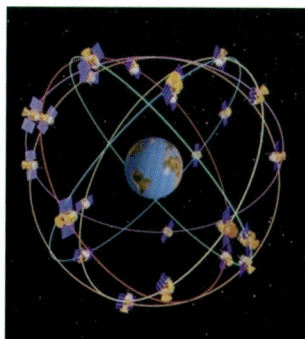

GPS星座示意图

航天空间航天器、航天垃圾分布图

天基红外预警卫星

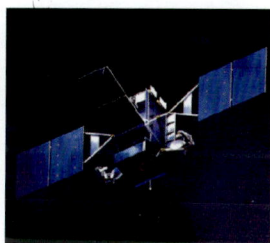

侦察卫星

弹道导弹预警卫星

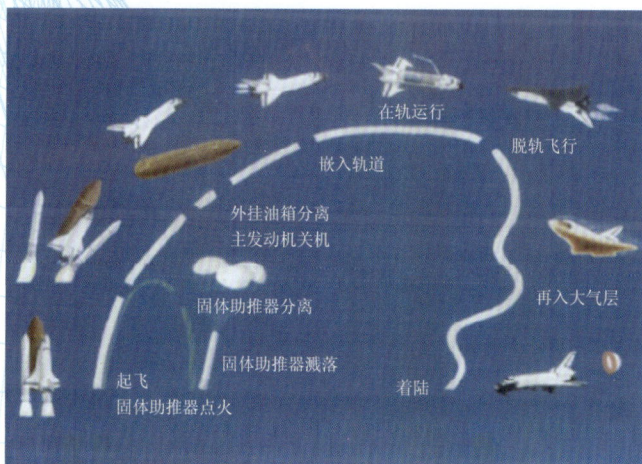

在轨运行

脱轨飞行

嵌入轨道

外挂油箱分离
主发动机关机

再入大气层

固体助推器分离

固体助推器溅落

起飞
固体助推器点火

着陆

空天飞机飞行过程示意图

美国X-37B空天飞机

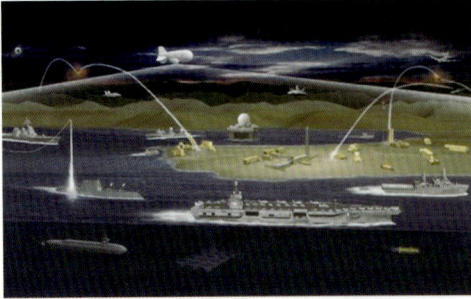

美军联合作战概念示意图

美海军空防对抗作战构想示意图

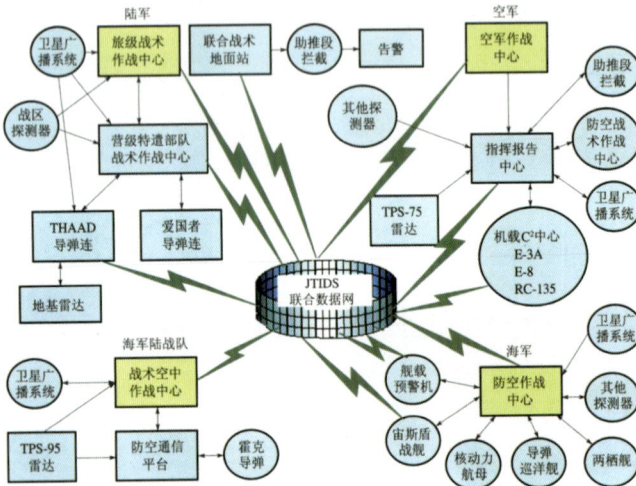

陆军

卫星广播系统 — 旅级战术作战中心 — 联合战术地面站 — 助推段拦截 — 告警

空军

空军作战中心

战区探测器 — 营级特遣部队战术作战中心

其他探测器

助推段拦截

指挥报告中心 — 防空战术作战中心

THAAD导弹连 — 爱国者导弹连

TPS-75雷达

卫星广播系统

地基雷达

JTIDS联合数据网

机载C²中心 E-3A E-8 RC-135

海军陆战队

卫星广播系统 — 战术空中作战中心

舰载预警机

卫星广播系统

海军

防空作战中心

其他探测器

TPS-95雷达 — 防空通信平台 — 霍克导弹

宙斯盾战舰

核动力航母 — 导弹巡洋舰 — 两栖舰

美军联合数据网示意图

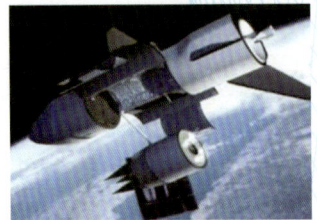

反导反卫智能卵石概念图

机载激光武器概念图

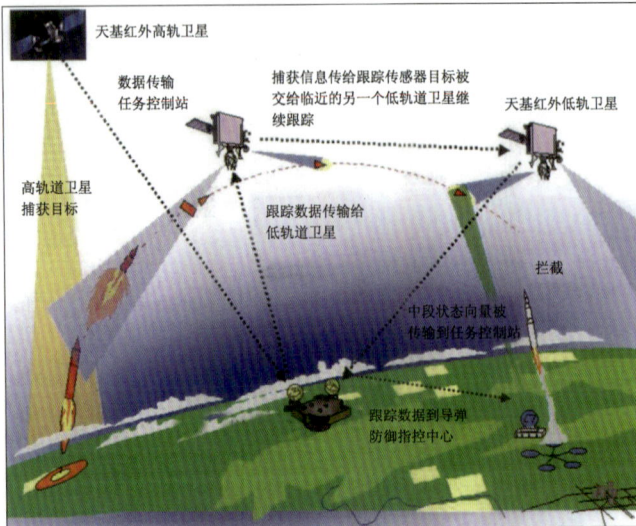

天基红外高轨卫星

数据传输任务控制站

捕获信息传给跟踪传感器目标被交给临近的另一个低轨道卫星继续跟踪

天基红外低轨卫星

高轨道卫星捕获目标

跟踪数据传输给低轨道卫星

拦截

中段状态向量被传输到任务控制站

跟踪数据到导弹防御指控中心

美军天基红外系统作战概念图

反卫星武器作战概念图

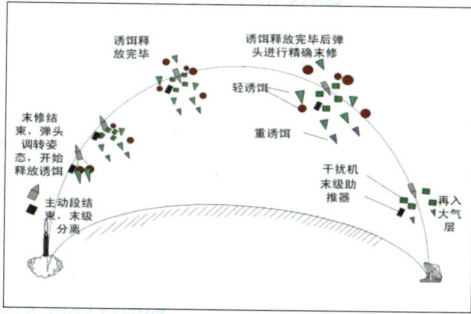

单弹头突防技术示意图

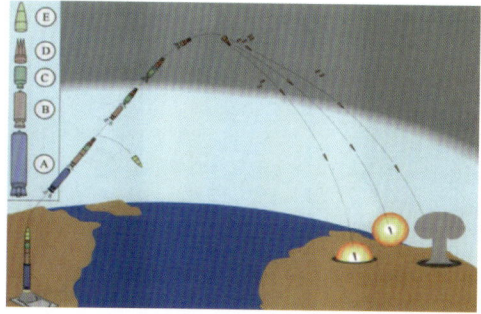

分导式多弹头突防过程示意图

"伊斯坎德尔"导弹

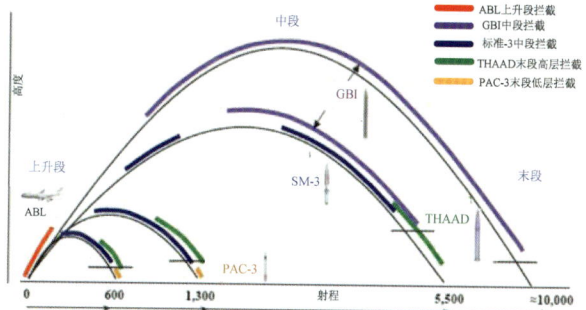

美国多层弹道导弹防御拦截体系结构示意图

"三叉戟Ⅱ"导弹

"民兵"Ⅲ分导式多弹头

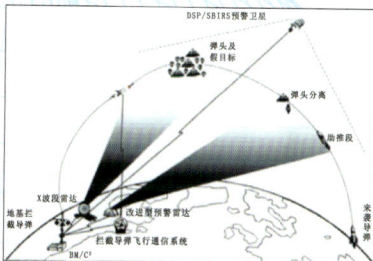

美国国家导弹防御系统作战概念示意图

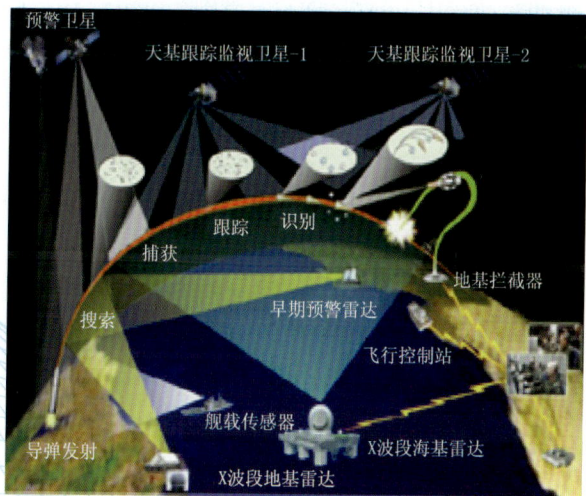

美国陆基中段反导武器系统作战过程示意图

美国X-51A验证机

美国X-43验证机

美国HTV-2"猎鹰"验证机

美国"捕食者"无人机

美国HTV-3X验证机

美国"全球鹰"无人机

美国X-45无人机

美国"暗星"无人机

美国X-47B无人机

航母战斗群

"华盛顿"号航母

美军E-3预警机

美军E-2D预警机

美军E-10指挥与控制飞机

美军F-35联合攻击机

美军F-22战斗/攻击机

美军B-2A战略轰炸机

俄军苏-35战斗机

美军B-52H战略轰炸机

俄军T-50歼击机

美军海基X波段雷达

美军铺路爪预警雷达

美军眼镜蛇预警雷达

俄军83M6E目标指示雷达

俄军顿河–2H预警雷达

以色列"箭式"防空导弹发射

美军"标准"–3防空导弹

美军"爱国者"–3防空导弹发射

俄军С–300ПМУ2地空导弹
武器系统

美军"迈兹"地空导弹武器系统

俄军С–300В地空导弹
武器系统

美军地基中段反导导弹及导弹发射

美军"萨德"导弹发射车及导弹发射

前　言

　　军事活动作为人类社会的特殊需要，始终是吸纳新科技成果最快的领域。在以信息技术为核心的高新技术引发社会各领域一系列革命性变化的同时，也将军事领域引入了全面而深刻的变革之中，作战方式和战争形态已经发生并将继续发生深刻的变化。尤其是20世纪80年代以来，随着信息技术和航天技术的发展及其在军事领域的广泛应用，-人们逐渐清晰地看到了信息时代的新景观和信息化战争的新形态，看到了空天袭击与空天防御的新雏形。

　　当前，世界军事强国全维化、信息化的空天打击体系已见端倪，可以凭借强大的天基侦察、监视、预警、导航和通信系统支持，战区空中预警指挥与地（海）面指挥引导相结合，在全球热点地区快速构建天、空、地（海）立体综合的战场指挥信息网络，使各种作战力量具备了全球到达、部署和使用的能力，国家空天安全面临严重威胁，从而直接催生了空天防御的出现。预计2030年前，世界各国新一代战斗机、轰炸机、无人机以及临近空间飞行器、空天飞机等将陆续投入使用，空天打击能力将实现质的突破；弹道导弹和巡航导弹技术继续扩散，非核导弹成为常规远程快速精确打击的重要手段；空间信息系统逐步完善，网电空间对抗加剧，空天安全环境将更加复杂严峻，空天防御任务更加艰巨繁重。

　　空天防御是为保护国家（地区）免遭空天袭击，或降低空天袭击给武装力量、经济、民生等目标造成的损失，在统一的组织领导下，按照统一意图和规划，使用一切能够遏制和抗击敌空天袭击的力量和手段所采取的全国性的军事行动。空天防御是新时期国家防空概念的发展，包括防空、反导和防天，其本质是要通过积极的防御去遏制、挫败敌空天袭击或空天袭扰行动图谋，保障国家空天安全。

美国空天防御理论萌芽于 20 世纪 50 年代末，之后根据科学技术的发展、国际形势和国防战略的变化不断丰富和完善。20 世纪 80 年代初期，美国提出了"星球大战"计划。冷战结束后，一超独霸的美国于 1993 年宣布终止实施"星球大战"计划，转而进行"战区导弹防御"（TMD）和"国家导弹防御"（NMD）计划。历史的车轮刚刚驶入 21 世纪，美国就宣布退出《美苏关于限制反弹道导弹系统条约》，加速发展新型弹道导弹防御系统和空天飞行器；将国家导弹防御和战区导弹防御合二为一，开始了一体化弹道导弹防御系统（BMD）建设，并进行了批量实战部署。2001 年《空军空天防御作战条令》、2003 年《空军转型路线图》、2009 年《空间作战联合条令》等文件相继出台，从不同角度阐述了未来空天作战的任务、指导思想、作战原则，标志着美国空天作战理论基本形成。

俄罗斯决策层一直非常重视空天防御力量的建设，从首任总统叶利钦颁布《关于建立俄联邦防空组织》到普京批准《空天防御战略构想》，再到 2010 年梅德韦杰夫批准《2020 年前俄联邦武装力量建设和发展构想》，直到对外宣布空天防御兵于 2011 年 12 月 1 日上午 10 时正式担负战斗值班，表明了俄罗斯空天防御体系建设的一贯政策和决心。为应对空天进攻的现实威胁，俄军率先系统提出了"空天防御"理论，并计划分阶段建立集防空、反导和防天于一体的国家空天防御系统。组建空天防御部队正是俄罗斯实现这一目标的重要举措。

我国的国土防空体系在半个多世纪的发展历程中，积极应对各种空中威胁的挑战，成为维护国家空天安全的可靠屏障。在新的历史时期，面对信息化精确打击体系和空天加速融合的发展趋势，如何以国土防空体系为基础，加强顶层的总体规划和设计，以建设防空反导防天一体化的空天防御能力为目标，构建多维度、多层次、多手段的防空反导体系，积极拓展空天防御作战能力，从长远和整体上谋划并推进我国的空天防御体系建设，无疑是当前及今后一个历史时期的最重要命题。

21世纪刚刚过去10年，"赛博空间"、"舒特系统"、"临近空间飞行器"、"太空轰炸机"、"空间作战飞行器"、"空海一体战"、"空天打击"等新概念、新武器、新战略的不断出现，直接推动空天对抗进入了快速发展时代。未来空袭是空天袭击，未来防空则是空天防御。为更好地适应未来信息化战争要求，力求抢占新的军事制高点和在更高的起点上赢得战略主动，促进军事战略的调整和武器装备的发展，积极探求和实践空天防御作战体系及理论的建设与发展，提供一点有益的参考和借鉴，是本书编著的出发点和落脚点。

全书分为7章。第1章概要阐述了信息时代与信息化战争、空天防御发展历程，解读了空天防御的概念、内涵和地位作用，剖析了形成动因。第2章研究了空天防御作战的基本任务、主要特点、行动样式和基本规律。第3章论述了空天防御作战所涉及的航天空间、临近空间、航空空间、电磁空间、网络空间等多维战场环境，提出了空天防御战场环境的新特征。第4章分析了空天防御面临的威胁，包括弹道导弹威胁、空中威胁、航天威胁、临近空间威胁、网络空间威胁、电磁空间威胁和核威胁等。第5章研究了空天防御体系，对体系结构、组成及各分系统进行了较为详细论述。第6章以美国、俄罗斯为例，介绍了外军空天防御的发展现状，提出了外军空天防御建设的启示。第7章研究了空天防御的发展需求、战略需求、作战需求、技术需求，并提出了空天防御建设的理论思考。

本书吸收和借鉴了有关专家学者近年来关于世界新军事变革、空天防御作战以及空天防御体系建设的最新研究成果，多层次、全方位地描述了空天防御体系的内涵和外延，较为全面地阐述了外军加强一体化空天防御系统建设经验和做法，具有较强的知识性和趣味性，可以作为军事爱好者了解信息时代空天防御的知识性读本。本书还分析了信息化战争中空天防御的基本内涵与发展历程，揭示了空天防御作战的基本任务和规律，研究了空天防御作战的任务和行动，提出了空天防御体系建设的基本需求和构想，具有较强的学术性，可为专业人员进行空天防御研究提供参考和借鉴。

本书的出版以期能够对空天防御领域的研究起到抛砖引玉的作用。由于空天防御体系及理论目前还处于发展阶段，加之作者水平有限，书中难免有偏颇、不当甚至错误之处，敬请读者批评指正。

作　者

2013 年 6 月于北京

目 录
CONTENTS

第一章　信息时代与空天防御概论

第二章　信息时代空天防御的任务、样式与规律

第三章　信息时代空天防御的战场环境

第四章 信息时代空天防御面临的主要威胁

第五章　信息时代的空天防御体系

第六章　外军空天防御发展现状及启示

信息时代与空天防御概论

谁能控制宇宙，谁就能控制地球。

谁控制了空间，谁就控制了战争的主动权。

——美国前总统约翰·肯尼迪

20世纪五六十年代开始，美、苏卫星竞相升空，宇航员飞天、登月、太空漫步……两个大国的军事竞赛把人类带入了空天时代。太空不再寂寞，宇宙不再神秘，美妙的飞天故事不再是幻想，古老的登月神话成为现实。

信息时代的今天，太空安全、和平太空是爱好和平的人类的共同愿望，但不和谐之音从未消失。太空成为各国军事较量的新的制高点。航天力量与航空力量相结合，开启了信息化条件下的新战争时代。空天防御作战伴随着信息时代的到来应运而生。

本书旨在揭开信息时代战争形态的面纱，全面阐述信息时代的空天防御作战观。我们希望以科学的空天防御理论、有序的空天防御力量建设、积极的空天防御行动来促进空天和谐，捍卫人类和平与世界安宁。

一、信息时代与信息化战争

（一）信息时代

"信息时代以迅雷不及掩耳之势席卷而来，以不以人意志为转移的霸气横扫世纪之交的整个地球。"[①] "21世纪是一个信息化的世纪，21世纪的地球是一个数字化的地球。数字地球的实现宣告了全球信息时代的开始，也给我们带来了无限的希望。"[②]美国学者戈登·沙利文提出："工业时代的主体思想正在消

---

①中国科协原主席、著名科学家周光召。
②清华大学钟玉琢教授。

逝，信息时代技术革新的步伐越来越快，这将促使我们更快地去了解和适应复杂多变、迅速发展的信息时代所需的军队组织结构与战争运作方式。"

目前，尽管各国信息化程度不同，但人类社会已经进入初级的信息化时代已成为共识。信息已成为社会的支柱，影响和制约着社会的各个层面。这里所说的初级信息时代主要有几个特征：知识的产生、传播和应用速度加快；发达国家对研究与开发（R&D）支出比重相对 GDP 持续增长；科学领域的突破性进展导致创新加快，成本降低；因特网宽带化、高速化和普及化，改变了人类的生产生活方式；社会信息化促发了政治、经济、文化、军事等各个领域的深刻变革。

当今世界信息化浪潮一浪高过一浪。发达国家、新兴工业国家或地区，在过去几十年大力发展信息经济的基础上，又进一步把信息化和信息经济、信息化军队的发展提到了新的战略高度。当然，美国始终在这一"浪潮"中保持着"领头羊"地位，欧洲及日本等紧随其后，发展中国家也在积极努力向信息化时代迈进。

（二）信息化战争

战争形态是一个螺旋式上升、渐进式发展过程。从世界战争发展史看，机械化战争是一个非常重要而且不可逾越的历史阶段，信息化战争是在机械化战争的基础上发展而来的新的战争形态。从工业时代走向信息时代，从机械化军队走向信息化军队，从机械化战争走向信息化战争，这是人类历史发展的客观规律。

信息化战争是机械化战争的继承和发展。如果没有机械化战争，信息化战争将无从谈起。信息技术的军事应用从根本上改变了机械化武器装备原有的发展轨迹，信息成为战斗力构成的关键因素，信息化武器装备作为实战对抗的承载者，改变了战斗力生成模式。然而，传统的兵力、火力和机动力依然是信息化武器装备的基本功能，也是作战效能的具体体现。正如信息产业不可能全面代替或否定传统产业一样，军事领域的信息技术也不可能全面替代或否定其他传统技术。同时，没有信息与火力、兵力、机动力的有机结合，机械化战争将会走进死胡同。信息技术在军队建设和现代战争中的推广应用乃至于革命性主导作用的发挥，离不开机械化，只有与其高度融合，才能产生信息化军队和信息化战争。因此，信息化战争是机械化战争的合理继承和全新发展。

机械化战争是大量使用机械化武器和技术装备以及相应战法理论进行的战争。机械化战争开始于 20 世纪初期，贯穿并主导了整个 20 世纪。机械化战争在人类战争史上起到了承上启下的重要作用，是战争形态发展的必经阶段，也是战争在常规条件下向着规模扩大方向发展的最后一个阶段。科技发展和战争演变的事实证明，机械化武器系统经历了近一个世纪的不断发展历程，对物理能量和机械能的利用率已趋近于极限。在这种情况下，战争形态转变的需求凸现出来，导致了核武器的出现，人类战争进入到核战争时代。

核技术改变了常规武器的能量形态，原子弹、氢弹、中子弹产生了空前巨大的摧毁力。第二次世界大战结束后，世界一些国家竞相发展了自己的核武器。尽管人们都知道，核战争一旦打起来，最终必将导致全球性的人类毁灭，然而为了本国的利益，仍在竭尽所能研究、制造、发展核武器。不过，在核战争成为人类不能有效控制的、可怕的"暴力工具"之后，人们面临想用但又不能随心所欲使用的尴尬情况下，核战争形态最终受到了限制。在这种背景下，为适应战争新的需求，信息化武器装备大量涌现并投入战场，信息化作战样式破土而出，并使人类战争开始向信息化战争形态转变。

信息化战争是依托网络化信息系统，使用信息化武器装备及相应作战方法，在陆、海、空、天、网络和电磁等空间进行的以体系对抗为主要形式的战争，是信息时代战争的基本形态。20 世纪 80 年代以来的高技术局部战争拉开了信息化战争的序幕，大量高新技术武器装备的使用，呈现出了不同于以往任何战争形态的新特征。20 世纪 90 年代初的海湾战争被公认为是信息化战争的雏形。之后的科索沃战争、阿富汗战争、伊拉克战争、利比亚战争等局部战争，使信息化战争形态日趋成熟。

美国人坎彭在 1992 年编著的《第一次信息战争》一书中宣称，海湾战争是世界战争史上的第一次"信息战争"。对此，尽管很多人仍存疑义，但海湾战争确实体现了情报战、电子战、心理战、导弹战、机动战以及 C^4ISR 系统对抗等信息战的内容，展现了太空在战争中的重要地位和作用。战场信息对抗成为与物质摧毁和反摧毁同等重要的较量内容，激烈程度及其在战争中的地位是以往战争所不曾有过的，直接影响到了战争的胜负。

1999 年 3 月 24 日，以美国为首的北约国家军队不经联合国授权，悍然对主权国家——南斯拉夫联盟共和国开战。"联盟力量"行动中，在强大的航天力量支援下，空袭一方共出动各型飞机 3.8 万架次、投掷各型导弹和炸弹 2.3 万余枚，对多达 2000 个军事目标和民用目标实施了多轮次、多波次的长达 78 天的空中打击，最终迫使南军接受撤军协议并从科索沃撤离，实现了战争目的。科索沃之战是一场非接触、非线性的仅靠空袭就达成目的的战争。北约军队拥有的信息优势在电子战、网络战、心理战等领域全面体现，美国空军还首次使用了电磁脉冲炸弹、石墨炸弹等特种信息作战武器。由于双方作战力量的巨大差距，这场战争是以美国为首的多国部队实施的以强对弱的典型"非对称战争"。但它却向世人清楚地表明，"信息主导，空天一体"的战争时代已经到来。北约利用其在信息和空天作战领域的强大优势，夺取了制信息权、制空权、制天权，进而夺取了整个战场的主动权和控制权，南联盟根本不可能赢得这场战争。

2001 年 10 月 8 日，美国对阿富汗发动了代号为"持久自由"的军事打击行动，大规模军事行动历时两个多月，最终推翻了塔利班政权。战争结束后，美军在阿富汗建立了军事基地。阿富汗战争中的信息化程度进一步提高，美军新的作战理论和新式装备得到了检验，尤其是信息战理论、空天一体战理论以及电子战武器、精确制导武器等信息化装备表现尤为突出。

2003 年 3 月 20 日，以美国为首的盟军对伊拉克发动了代号为"斩首"的空袭行动，伊拉克战争拉开序幕。次日，代号为"震慑"的大规模空袭行动展开，经过短短 21 天的空地"并行攻击"，就推翻了萨达姆政权。战争中，美军大量使用信息化武器装备，实践了其"先发制人"新战略和"网络中心战"以及"震慑与威慑"等作战新理论，展现了信息战的一些新特点。

2011 年 3 月 20 日，美、英、法等国对利比亚发动的"奥德赛黎明"首轮空袭行动中，仅第一波次就发射了 124 枚"战斧"式巡航导弹。至 24 日凌晨，通过 5 轮高强度打击，利政府军基本丧失防空作战能力。利比亚战争中，参战力量涉及 18 个国家，不仅投入了众多先进的太空和空中作战平台，还动用了包括航空母舰、导弹驱逐舰、核动力潜艇等海基作战平台，赛博空间司令部和"舒

特"系统首次直接参战，空间、海面、水下以及赛博空间共同构建了多维立体作战态势，多国部队联合作战、信息战、网络战、精确战等一些新模式、新战法、新装备得到实战检验。

局部战争的轨迹告诉人们：20世纪的后半期，战争形态开始发生转变；20世纪末期，信息化战争初露端倪；21世纪初期，信息化战争形态进一步成熟。

研究信息化越来越明显的局部战争实践，可以简单地刻画出信息化战争的概貌：战争中至少有一方主要使用信息化智能武器装备，在多维战场空间实施一体化联合行动。信息化战争是人类继机械化战争形态之后的一种新的战争形态，是信息时代社会生产生活方式在战争领域的具体体现。信息化战争与以往战争相比，呈现出一些鲜明的时代特征：武器装备智能化、作战编成一体化、指挥控制自动化、战场要素数字化、作战空间全维化、作战方式精确化、后勤保障集约化。

二、空天防御的内涵

进攻和防御是战争的一对基本矛盾，没有进攻就没有所谓的防御。信息时代的空天防御，伴随着信息时代的空天袭击应运而生。认清空天防御的概念、内涵与外延，对于我们用发展的眼光看待和认识信息化空防对抗，深刻理解当今和未来空天防御的发展规律，快速推进理论创新、观念创新和装备发展，准确把握信息时代空防对抗的力量结构、行动方式、作战规则等方面出现的新特征具有重要意义。

（一）何为空天防御

"问渠那得清如许，为有源头活水来。"研究信息时代的空天防御，必须首先要弄清什么是空天。

"空天"是"空"和"天"的合称，从地理学角度称为空间（space）。"空"指大气层空间或空气空间（air space），又称航空空间（aerial space）；"天"指地球大气层以外的空间，即外层空间（outer space），亦称太空或宇宙空间（astrospace）。虽然从空间地理的角度，大气层的最高限度可达16000千米，但约 99% 的大气质量集中在 30 千米 ~ 35 千米以下，且 100 千米是航天器绕地球飞行的最低轨道高度。根据国际航空联合会定义，在 100 千米的高度为卡门线，是国际公认的现行大气层和太空的界线定义。因此，目前人们通常将距离地球表面 100 千米以下称之为大气空间，100 千米以上就称为宇宙空间，而将 20 千米 ~ 100 千米的空间范围称为临近空间（near space），又称为"近地空间"或"亚太空"等。空间概略划分见图 1-1。当前，世界上普遍以领土、领海、领空作为国家最基本的主权象征。国家领土、领海以上的航空空间通常称为领空，是神圣不可侵犯的。因此，外层空间实质上就是"具有实施完全管辖和控制，有权禁止或准许外国航空器通过或降落的国家领空"以上的空间。

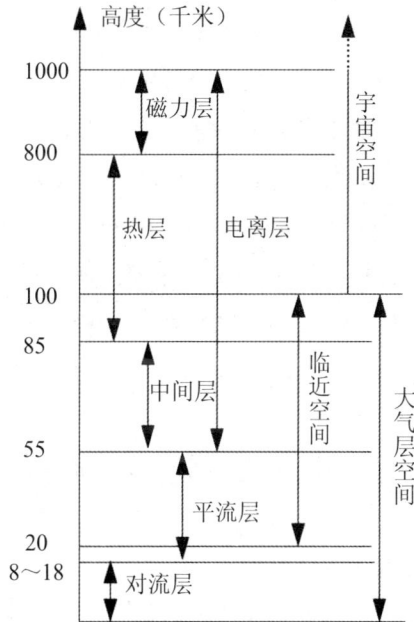

图 1-1 空间划分示意图

美军在联合出版物 1-02《美军军语及相关术语辞典》（2006 年版）对航空航天空间进行了定义，即围绕地球的大气层及其外层空间。对发射、制导及控制既在大气层又在外层空间飞行的飞行器而言，这两个空间可以看成是一个整体。美军的空天防御，又称"航空航天防御"（aerospace defense），并定义为：

为摧毁或防御来袭的敌机和导弹以及使敌方太空系统失效而采取的防御措施。

俄罗斯认为，未来防空问题是空天防御问题，空天防御是未来战争的主要样式，目的是免遭敌从空中——太空发起的进攻和打击。2004年，时任俄国防部长伊万诺夫宣布，为有效抗击21世纪潜在敌人的威胁，俄将建立"国家空天防御系统"，包括空军的防空兵和国防部直属的太空兵。随后，在太空兵的基础上组建了空天防御兵，并于2011年12月1日正式担负战斗值班任务。

我们认为，空天防御是防空发展到一定阶段的产物，是指对来袭的各种航空器、弹道导弹、航天器等航空航天目标防御的统称；是遏止或抗击敌空天袭击的作战行动，主要包括对敌航空器和航天器袭击进行的截击、反击和防护行动，亦称航空航天防御。其目的是通过打防结合、寓攻于防的手段、措施和行动，保护国家政治、经济、军事目标和太空系统免遭敌空天打击，少受或不受损失。空天防御按作战目的和性质，分为战略空天防御、战役空天防御和战术空天防御；按防御范围，分为全面空天防御和局部空天防御；按作战空间分为防天和防空等基本类型。其中，防空是指对航空空间目标的防御，防天是指对航天空间目标的防御，反弹道导弹涵盖在防天范畴之中。

空天防御作战，是指根据国家统帅部的战略意图，以航空航天防御（含反击）力量为主，联合诸军（兵）种和人民防空力量，以挫败敌方空天袭击、保卫己方重要目标安全为目的而实施的一系列防御性作战行动。它以庞大的高技术群特别是信息技术为支撑，在航空、航天空间的广阔范围内实施的空天一体联合作战。

空天防御力量，平时担负着建立国家空天防御态势，维护国家空天安全，慑止空天非军事威胁等任务，并支援抢险救灾、维稳处突等非战争军事行动；战时担负着掩护国家转入战时体制，抗击和反击敌之空天袭击，争夺和保持制天权、制空权、制信息权，保卫国家重要政治、军事、经济目标安全，保障军队行动自由、人民群众安全和支援其他形式作战行动的任务。

传统防空与空天防御的差别，主要体现在以下几个方面：一是作战指导。传统防空以抗击作战为主，属被动防御；而空天防御则强调尽早发现、尽远拦截，并在出现空天袭击威胁时先机打击敌源头，使空天防御战略重心前移，具有进攻与防御兼容的特点。二是作战样式。传统防空作战强调诸军（兵）种合同作战，而空天防御作战则强调一体化联合作战，实施体系对抗。三是作战空间。传统防空作战一般限于高度 30 千米以下的作战空域，而空天防御作战的高度则包括整个大气层空间和太空空间的数百千米乃至上千千米的高度范围。四是作战层次。传统防空作战强调战役战术层次的行动，而空天防御则是立足国家战略安全、战略利益的高度，往往是战略层次的行为、战役战术层次的行动，且战略战役战术界限更加模糊并融为一体。五是火力运用模式。传统防空作战强调集中运用火力，而空天防御作战则强调信息力、火力和机动力的一体化。

（二）空天防御的基本内涵

空天防御是国家战略行为。空天防御不仅是多维作战空间上的统一体，而且是各种力量在任务、能力、行动上有机结合的统一体。空天防御不是单纯的对空、对天防御，而是空天一体、攻防兼施的抗击、反击、防护的体系作战能力的整体对抗。空天防御作战能力与空天防御体系是两个概念，前者的生成与提升以体系的构建与调整为基础，体系的完备并非代表能力的强大，且能力的生成与提升也不仅仅依赖于体系自身，可以通过调整重组生成新的作战能力。空天防御作战行动具有层次性，包括战略、战役和战术空天防御行动。空天防御作战是一体化联合作战，强调整体作战效能的发挥，注重各种力量的全要素融合，尤其是软硬能力要素融合、系统集成和优势互补。

当前，在传统的防空作战向一体化联合空天防御作战过渡中，世界主要国家在继续提高防空作战能力的同时，重点推进反导防天体系的建设。美国建立了航空航天一体化的战略空军，俄罗斯组建了空天防御部队。针对未来空天防御面临的防卫星、防空天飞行器、防临近空间飞行器、防弹道导弹、防巡航导弹、防隐身飞机、防无人机等急需解决的"七防"问题，外军在空天防御作战力量的建设和运用上积极寻求有效办法，加速推进信息时代防御力量发展建设，努力为打赢未来信息化条件下的空天防御战争提供坚实基础。

1. 空天防御以新型空天观为引领

信息时代的空天防御观，是对信息化条件下空天对抗的基本认识。准确把握信息化空天防御的发展趋势，对国家空天防御力量的筹划、建设与发展具有重要而深远的意义。科索沃战争、伊拉克战争等残酷的现实告诫爱好和平的人们："无天便无空，无空便无防。"在推进空天防御领域的深刻变革过程中，为积极应对"空天打击革命"的威胁与挑战，首先必须彻底摒弃旧的防空观念，树立信息时代全新的空天防御观。

（1）国家战略利益存于空天。领空是国家主权的重要组成部分。随着高新技术的发展，领空的概念逐渐向空天扩展。太空具有人类取之不尽、用之不竭的替代能源；空间实验可以给人类带来巨大的物质利益；太空投资具有巨大的经济效应，可以带动大批相关高技术产业的发展。空天资源是国家的战略资源。能否进入太空、利用太空并在一定程度上控制太空，直接关系到国家在国际舞台上的分量和国家战略利益的拓展。正是因为某些国家在 20 世纪 50 至 60 年代成功开发并大力发展航天技术，形成了对其他国家的空间讹诈和太空挤压态势。从近几场高技术局部战争看，地球上空的各种卫星支援系统，在保证战场的单向透明和精确制导武器的有效运用上发挥了巨大作用，以天基信息为支撑的太空支援和对抗能力成为保证军事领先地位的重要支撑。随着太空商业化和军事化的迅速发展，空间在政治、经济、社会和军事等各个领域将日益彰显出巨大的战略价值。

（2）国家战略安全源于空天。信息时代，航空航天技术突飞猛进，外层空间开发和军事应用不协调、不同步的矛盾日益突出，国家空天战略安全面临的威胁与日俱增，空天安全逐渐成为最现实、最直接和最严重的国家威胁；空天一体化对陆上安全、海上安全以及其他军事领域的安全带来了日益严峻的挑战。目前，在空中、陆地和海洋进行的战争已波及太空，取得制天权，才能保持己方部队行动的自由。为此，一些国家早已按照空天一体战的需求，积极调整军队体制编制，大力发展天基武器系统，把太空看作信息时代战争的制高点，把航天武器作为空间斗争的基本作战武器，以快速机动、精确打击、防空反导等空天防御作战能力保证拥有航空航天优势和信息优势。随着空、天、地（海）、电（磁）、网络多维一体的综合广域侦察、通信导航定位、空间飞行器、高精度导弹及弹药的发展，空天威胁的力量、样式、诱因等呈现多元化趋势，空天安全为国家战略安全带来全方位、全频域、全时域的威胁与挑战。

（3）国家战略发展系于空天。进入 21 世纪，世界新军事变革加速发展，战争形态加速向信息化、网络化转变，综合运用信息时代最新科技成果的空天体系作战能力得到极大提高，空天战场对陆、海战场的控制能力进一步增强，以往的以支援、配合为主的空天一体力量进一步向战略主导力量方向转变。随着国家战略利益的拓展，世界安全环境的变化和空天领域斗争日益激烈，对空天安全的战略需求进一步增大。特别是随着国家海外资产、人员、市场、资源的规模和分布范围扩大化，对国际贸易、金融、能源的依存度不断上升，加之反恐、维和、抢险救灾等非战争军事行动任务的不断拓展，更需要一体化空天力量在预警监视、战略威慑、战场控制、战略投送、抗击反击等方面发挥不可替代的重要作用。未来 20 年，对世界来讲，航空航天武器装备将得到迅速发展，新一代隐身战机、无人机、空天飞机、高超音速飞行器、临近空间飞行器将陆续投入实战，并有可能成为战争中的"主角"；各种平台的激光武器、电磁武器、动能拦截弹等反卫和反导武器，以及临近空间侦察监视装备和武器系统，也都将投入实战部署。随着临近空间技术的实战应用，航天空间与航空空间的界限将不复存在，航空力量与航天力量的高度融合、无缝链接，必将强力推动传统空军向以航空和航天力量并重的空天一体的信息化空天军转变。

2. 空天防御以信息为主导

信息时代的背景下，信息优势是空天对抗的一种主导性能力优势。信息化条件下的空天防御作战，火力的运用固然重要，但科学地掌握和使用信息资源，是决定空天防御作战胜负的关键，也是衡量空天防御作战能力的首要标志。

信息时代的空天对抗，是装备信息化武器系统的攻防双方在信息化战场环境中的角逐与对抗。空天防御作战是飞机、导弹、激光等信息化武器的综合运用，从传感器发现、识别、跟踪到拦截器瞄准摧毁空天袭击目标以及效果评估的整个过程由信息串联。空天防御战场的情况瞬息万变，战机稍纵即逝。获得信息优势能力可获得决策优势，从而获得指挥控制优势和战场管理优势，使指挥员能够有效而灵活地统一使用所属部队、装备和各种作战资源，从而获得抗击作战、反击作战的能力优势；并通过作战力量的科学编组、战技手段的综合运用、作战空间的相互照应和作战行动的协调一致，形成整体作战威力，从太空、空中、地面、海上同时打击敌人的重心和节点，有效对抗敌之空天袭击。

　　为了获得空天防御战场信息优势能力，当前一些国家除了发展固定式网络系统外，还致力于研制机动式战区信息网络系统。这种机动式信息网络系统，可以通过传感器、网络、决策者、拦截系统的无缝衔接，取得信息优势，提高战斗力。它还能够帮助指挥员能动地将传感器网、武器交战网、指挥控制网、保障支援网按任务需求灵活组合在一起，联网成片，一体联动。

　　广泛而深入地运用信息化技术与手段，夺取和保持空天战场的信息优势，已成为一种大趋势。以信息为主导的空天防御作战模式将逐步取代以火力战为主体的传统防空作战模式。积极谋求信息与火力、机动、防护的紧密结合，以信息能主导物理、化学能量的释放，以信息资源配置物理资源，以信息为核心构建指挥控制网络，以信息化网络构建空天防御战场，已成为世界主要国家追求的目标。将制信息权放在空天防御作战的首位，不断完善空天防御信息作战机制，合理规划和建设空天防御信息作战体系，大力发展空天防御信息作战武器装备，培养空天防御信息作战人才，将是世界主要国家当前和今后相当长时间内空天防御建设的重点。

3．空天防御以攻势防御为主要形式

　　进攻是最好的防御。攻势防御是空天防御的基本观点。信息时代的空天防御更加强调攻势防御。所谓攻势空天防御，就是充分发挥空天防御体系的最大效能，寓攻于防、打防结合，强调源头打击和全维拦截相结合；注重在较远距离上打击敌空天袭击兵器，将空袭威胁消除在己方领土、领海、领空之外；注重作战全过程中对敌空天袭击基地（平台）的打击。随着武器装备的远程化、精确化，远程精确打击（反击）与全维精确拦截作战将成为攻势空天防御作战的主要手段。把空天防御兵器机动部署到敌国卫星星下点附近，把战斗机、地空导弹、激光武器统一筹划部署，实施一体化空地打击将成为现实。

　　信息时代的空天防御强调体系对抗，将以往的"机弹炮结合"扩展到"机弹炮星网结合"的新阶段。作战飞机、地（海）面防空反导武器以积极主动的作战行动拦截空天飞行器，消灭来袭空中目标；助推段拦截器、中段拦截器、末段拦截器、新机理武器构成了攻势空天防御的支柱性力量；空间卫星、太空雷等可对敌卫星（航天器）采取主动干扰、致盲、捕获和打击，争夺空间优势；网络

战力量对敌方基础网络、指挥控制网络系统（节点）实施干扰、信息阻塞、病毒植入等攻击，夺取网络优势。

4. 空天防御以联合作战为基本样式

信息时代的空天袭击是一体化作战。体系的网络化、力量的信息化、手段的多样化、时空的全维化，迫使空天防御力量将由分散型转变成集中型，由单一军（兵）种作战转变为多军（兵）种一体化联合防空反导反卫作战，以情报信息、指挥控制、武器装备、综合保障系统的整体对抗赢得空天防御作战的胜利。一体化联合空天防御是信息时代空天对抗的客观要求。

外军十分重视实施空天防御联合作战的理论研究和实践，强调以灵敏高效的指挥控制系统为中枢，科学编配和编组陆、海、空军的空天防御兵力及人民防空力量，使各种空天侦察预警力量、拦截打击力量和电子对抗力量、网络对抗力量有机结合，形成全方位、大纵深、多层次的多网一体、紧密铰链的空天防御作战体系；在统一指挥控制下，实施多军种一体、军民一体、空天一体的联合抗击作战、联合反击作战、联合信息作战。

5. 空天防御以大区域作战为主要模式

新型空天袭击武器的研制和使用，以及高机动作战、远程化作战等战法的运用，空天防御作战空间将从航空延伸至太空领域，以全程、全域防御为主的大区域防御，将最终取代以末端防御为主的目标防空和区域防空模式。

当前，外军都在以全维空天防御观为指导，积极推进适应信息时代空天一体化作战的空天防御力量和体系建设，抢占空天领域对抗的主动权；加速建立天基、空基、地基、海基相结合的预警体系，形成大区域、多层次的空天防御态势，提升早期预警、精确预警能力；研究探索空天防御作战力量编组和战法运用，为赢得大区域空天防御的主动和胜利提供支撑。

三、空天防御的地位作用

信息时代、网络时代和空天时代的来临，使国家安全的内涵和外延产生了广泛而深刻的变化。国家空天安全以前所未有的突出地位展示在世人面前。伊拉克战争、科索沃战争、阿富汗战争、利比亚战争告诫人们，空天安全的地位不但日益突出，而且愈加重要。空天防御建设不但不能有丝毫的放松，而且应该积极地强力推进。

（一）空天防御作战是维护国家安全的重要手段

面对严峻的空天威胁，最有效的手段是防空、反导与防天力量有机结合，建立涵盖全系统、全要素的空天防御体系，实施一体化的国家空天防御战略。

首先，空天防御是国家空天安全最基本的保障。没有制天权、制空权，就没有国家的空天安全、领土完整和主权独立；没有空天安全，就没有国家安全，国家战略利益拓展、海洋权益维护也无法得到保障。因此，空天防御是国家战略利益所在，是国家战略安全所系。

其次，空天防御是慑战并举的战略行为。和平时期，空天防御力量的存在，对敌人，尤其是对有空天衔接的周边国家是一种潜在的、有效的威慑。危机时期或战时，空天防御作战力量的强有力行动，可对敌方实施有效的空天打击，御敌于"国门"之外，挫败敌人的战争企图。

再次，空天防御是体系作战。国家空天防御体系以各军（兵）种防空、反导、防天力量为主体，包括人民防空力量、预备役防空力量以及各军（兵）种反击力量和军民综合防护防卫力量。这种全要素的空天防御力量，在作战中功能互补，形成了体系作战能力，作战效能倍增。

（二）空天防御力量是联合作战的重要组成部分

联合作战是体系与体系之间的对抗，战役的胜利依赖于参战的各种力量高效一体和整体威力的有效发挥，而空天防御力量是不可或缺的重要组成部分。

1. 空天防御力量是夺取信息优势的重要力量

未来的联合作战是信息化条件下的一体化作战，信息优势将成为交战双方全力争夺的焦点。通过信息对抗，剥夺敌方的信息优势，保持己方的信息能力，以"信息流"控制"能量流"和"物质流"，对敌方的精神和肉体实施双重打击,可以取得事半功倍的作战效果。首先,空天防御力量是信息获取、传输和应用的重要力量。在信息获取上,侦察卫星在空间轨道上对敌方实施 24 小时不间断的侦察,高空侦察机、预警机和无人驾驶侦察机则在高、中、低空各层空域实施机动灵活的重点侦察和补充侦察,空天侦察已成为联合作战信息获取的主要手段;在信息传输上,天基导航卫星和通信卫星可提供准确的位置基准和时间基准,以及大范围、大容量、实时化的通信保障;在信息应用上,陆、海、空、天各种空天防御作战平台接受来自指挥控制中心和空天信息平台的各种信息,对敌方目标实施精确、全程、多维的一体化拦截打击。其次,空天防御力量是信息对抗的重要力量。运行在空天战场上的电子战卫星和电子战飞机可远距离对敌电台、雷达站、火控系统、指挥控制中心等目标实施高强度的电子干扰,或发射反辐射导弹实施火力摧毁,使敌方作战体系因"信息流"中断而陷入瘫痪。

2. 空天防御力量是投放火力的重要力量

首先,航空航天技术的发展,大大提高了空天飞行器的承载能力。如第三代战斗机的载弹量已达 5 ~ 10 吨,可携带多种空中拦截弹药,火力更强大。其次,智能化弹药的使用,大大提高了空天火力的毁伤效果。在未来联合作战中,随着天基、空基、地基、海基动能和定向能等新概念武器的投入使用,空天防御武器的作战效能将上升到更高的水平。再次,空天火力反应灵活,可实施防区外打击,发射后不管,更加安全可靠。从"二战"开始后的历次局部战争中,空天力量投放的弹药量(含对地攻击与空战弹药)占总弹药量的比例在不断大幅度提升,并会越来越高。

3. 空天防御力量是实施军事威慑的重要力量

首先,空天防御力量威慑覆盖面广。由于航空航天技术的飞速发展,使得空天防御力量具有快速机动和远距拦截作战能力。这种能力,既是一种现实的作战能力,也具有很强的威慑功能。其次,空天防御威慑效能高。空天防御力量借助天基与空基侦察、监视、预警、导航定位、通信系统,可以对战场上任何地点的目标实施侦察,使战场情况更加透明,为提高拦截打击效果奠定了基础。空天防御力量通过对空天袭击兵器的有效毁伤,将给敌方造成强烈的心理震撼，迫使其不得不作出让步甚至屈服。在海湾战争和伊拉克战争中，美军的空天防御力量表现出超常的"看得见"、"反应快"、"拦得准"能力，给伊军造成极大的心理震慑。再次，空天防御力量的威慑运用方式灵活。在联合作战中，实施空天防御威慑，规模可大可小，进程可快可慢，运用收放自如，还可与空天进攻力量同时使用。因此，空天防御力量在实施军事威慑中具有重要的作用。

（三）空天防御系统是体系作战能力的关键要素

信息化条件下的联合作战是各军（兵）种在陆、海、空、天、电（磁）、网（络）多维战场空间进行的一体化联合作战。战役实施中，各种攻防作战行动、各种攻防作战样式交织进行。其中，空天防御系统是体系作战能力的关键要素，空天防御作战是重要作战样式，对战争的进程和结局起着重要作用。

首先，空天防御系统是体系作战能力发展的必然结果。20世纪初飞机和空战场的出现，引发了整个战争面貌尤其是传统陆战、海战面貌的根本变革，体系作战由两维平面变为三维立体，传统的陆战和海战演变为空地一体战和空海一体战。20世纪中期航天力量和航天战场的出现，再次引发了战争面貌的革命性变革，进一步拓展了体系作战的战场空间，形成了陆、海、空、天等多维结合的体系对抗新格局。从20世纪90年代起，空天一体战场，特别是在近期局部战争中空天力量表现出超强的高远势能优势、信息优势、火力优势和机动优势，使得空天防御战场的地位得到凸显。在未来的信息化战争中，体系作战能力将是军队战斗力的最重要标志之一，而空天防御系统将在其中扮演十分重要的角色。

其次，空天防御系统顺应了信息化条件下联合作战、体系对抗的客观需求。信息化条件下的空天袭击具有爆发突然、目的有限、规模可控、速决制胜、手段高技术化等特点，而空天防御系统汲取军事高科技的最新成果，具有快速反应、远程机动、超视距拦截、使用灵活等优势，可在短时间内做出反应，并实施精确拦截作战；可根据空天袭击的规模与威胁等级，适度适量地投入空天防御作战力量，有效地集中、释放拦截作战能量，并对敌作战体系的关节点实施"点穴"式精确打（反）击，瘫痪敌作战体系，最终迫敌就范，做到速战速决。在海湾战争和伊拉克战争中，尽管多国部队参战力量包括陆、海、空各军（兵）种，战场范围遍及陆、海、空、天、电、网等空间，但空天防御系统一直在战争中起着重要作用，保障了空袭行动的顺利实施。

四、空天防御形成动因及发展历程

（一）空天防御形成动因

空天防御时代的到来，有着深刻的时代背景。它是人类社会发展的必然结果，是维护国家空天安全的客观需求，也是科学技术发展并广泛应用于航空航天领域的必然产物。空天防御伴随空天袭击而产生与发展。

首先，信息时代的军事威胁主要来自空天，空天防御成为维护国家安全的重要手段和主要战争形式。20 世纪 80 年代以来的局部战争表明，信息时代国家安全面临多样化的威胁，而最主要、最现实的是空天威胁。空天进攻力量的一体化，空天袭击兵器的信息化，使得空天进攻兵器的作战效能倍增。特别是远程化、隐身化、无人化的高超音速飞行器以及转型空天打击兵器的出现，给国家空天安全带来了立体、全维的威胁，给国家空天防御带来了全新的严峻挑战。这种威胁与挑战，客观上对建立空天防御作战体系、形成空天防御作战能力产生了直接影响，催生了新的发展建设需求。

其次，传统防空体系能力先天不足的凸显，客观要求建立能够有效对抗空天袭击的防御作战体系。传统的防空作战体系在应对空天袭击方面有许多先天不足，包括能力短板有待弥补，作战要素有待健全，力量结构有待优化，体制编制有待调整，作战方法有待创新。传统防空模式根本无力为信息时代的国家空天安全提供有效保障，必须打破现有模式机制，建立新的一体化防空防天作战体系。

再次，航天空间是航空空间的自然延展，一体化的物理空域为空天防御一体化作战提供了更加广阔的空间。众所周知，随着飞机和航天器的问世，战争形态由过去的机械化平面战争过渡到信息化立体战争，航空航天环境成为新的第三维战场空间。这个垂直空间具有与地球表面的二维空间迥然不同的特点：一是航空航天环境只有一条明显的界线——地球表面。二是航空航天空间自地球表面向上无限延伸。在航天器问世前，航空空间在垂直方向是有限的，航空器的活动高度被限定于大气层内；而在航天器问世后，人们才将地表上方的空间分为航空空间和航天空间。航空空间和航天空间虽然存在着物理特性差异，但并没有绝对的物理分界线，二者之间有着无法分割的天然联系。航天器的发射和使用要穿越大气层，航天力量不可能脱离航空空间而开辟完全独立的战场。航空空间和航天空间为一整体，是空天防御作战的物理空间特征。

第四，航天力量与航空力量的发展一脉相承，相似的特性为空天一体化防御作战奠定了基础。一是空天平台的高度优势，开拓了更为广阔的视野。这种优势与先进的光学、电子等信息装备结合在一起，使信息的获取能力成倍提高，战场透明度增大。二是空天平台不受地形地物限制。目前，一些国家正在研制速度超过 5 马赫甚至十几马赫的高超音速飞行器，如美国的 X-37B 空天飞机、X-43 高超音速无人机、X-51 高超音速巡航导弹等，这些新型装备代表了空天武器的发展方向。三是航空航天器的远距、重载机动部署为空天行动提供了更加有效的手段。现代航空器的航程可达几千至上万千米，经空中加油可飞抵地球的任何角落；航天器不仅可在短时间内实现环球飞行，而且可以作星际飞行。战场时空观已发生改变，空间要素贬值，前后方界线更加模糊。四是随着粒子束、动能、太空雷等新机理、新概念武器的日趋成熟，航空器和太空武器将具有更大的作战效能……诸多共同的特性，使得航空与航天力量在空天作战中担负着类似的使命和任务；及时准确的信息感知能力，可为联合作战提供强大的信息支持；高速、远距、灵活的机动能力，使指挥员能够在任何时间、向战场上的任何地点迅速集中兵力、火力和信息力，既能为地球表面重要目标提供安全保障，又能通过对空天兵器的源头打击，破坏敌空天进攻作战体系。

第五，航空力量与航天力量既竞争又互补，整体使用与平衡发展将大大提高空天防御的作战效能。航空力量与航天力量进入了相互依存、相互作用、相互制约的新阶段。一是信息化的空中作战离不开航天力量的支援保障。航天空间具有高边疆、无国界的特点，实时的信息获取和传输可为航空力量远程作战、反导拦截以及源头打击提供有效支援，来自航天空间的信息支援可直接转化为空天防御的作战能力。美军认为，如果没有航天力量的支持，航空力量将丧失50% 到 80% 的战斗力。在空天时代的初级阶段，航天力量仅能执行侦察监视、预警、导航定位等支援保障任务，只有依附于航空平台，航天力量才能发挥出作战效能。二是航空力量的发展已扩展到航天空间。航天力量的发射和返回必须经过大气层,其发射基地和发射返回时空中通道的安全需要航空力量来保护;随着技术的发展,空中平台可以成为航天器重要的发射平台,包括使用飞机将空天飞机、高超音速巡航导弹甚至卫星等送入太空。当前,使用空中平台发射导弹和激光攻击太空中的卫星及其他航天器的试验已取得多次成功,正逐步投入作战部署。毋庸置疑,航空力量将成为未来夺取制天权的重要手段。

(二)空天防御发展历程

空天防御是传统防空的延续、继承与发展。"二战"期间英国抗击德国 V 型导弹袭击的行动,昭示了防空作战向航天发展的趋势。20 世纪 50 年代末期,战略导弹装备军队后,世界各军事强国开始了防天理论的探索与实践。1964～1969 年,美、苏两国分别部署了"卫兵"和"橡皮套鞋"反导系统。受当时科学技术发展水平的限制,美、苏的反导系统都存在很多问题,不足以有效解决反导防天问题。1972 年,美、苏两国签署了《美苏关于限制反弹道导弹系统条约》,开始了削减战略导弹的进程,在一定程度上起到了制约核武器使用和弹道导弹防御系统发展的作用。20 世纪 80 年代初期,美国提出了"星球大战"计划,苏联抛出"军事空间"计划与之抗衡。冷战结束后,一超独霸的美国宣布停止实施"星球大战"计划,但仍未停止相关武器和理论的研究。海湾战争后,美国提出了"星球大战"缩减版,即"战区导弹防御"(TMD)和"国家导弹防御"(NMD)。2001 年年底,美国宣布退出《美苏关于限制反弹道导弹系统条约》,加速发展新型弹道导弹防御系统和空天飞行器。随后美、俄、德、法、日等国陆续宣布成立天军,组建空天作战力量或空天防御部队。

总体上看,世界范围内空天防御的发展大体上经历了两个阶段,即初始探索阶段和发展形成阶段,且在未来一定时期内仍将处于发展形成阶段。实施真正意义上的一体化空天防御作战还要经过较长时间的建设和探索。

1. 初始探索阶段(20 世纪 50 年代末至 80 年代末)

尽管空中力量早在 20 世纪初就已经诞生,并在两次世界大战中发挥了巨大作用;但航空力量与航天力量真正开始联系在一起,则始于 20 世纪 50 年代末。

1957 年 10 月 4 日，苏联成功地向太空发射了第一颗人造地球卫星，开始了人类航天历史的新纪元。1959 年 2 月 28 日，美国成功发射世界上第一颗试验性侦察卫星——"发现者"1 号，航天技术的军事应用拉开了帷幕，也揭开了美、苏航天竞赛的大幕。航天器所具有的巨大优势及军事上的价值立即受到各国的高度重视。20 世纪 60 年代，航天技术尚处于发展的初级阶段，以发展侦察卫星为主，太空侦察是主要的"太空军事行动"。在 20 世纪 60 ～ 80 年代爆发的几场军事危机、冲突和局部战争中，侦察卫星在支援空中（地面）作战中都发挥了重要作用。特别是在 1973 年 10 月爆发的第四次中东战争中，侦察卫星首次用于实战，对战争的进程和结局产生了重要影响。

随着卫星侦察与洲际导弹等威胁的增大，美、苏两国开始着手研制和部署反卫星和反导武器。20 世纪 50 年代末至 60 年代，由于美国和苏联相继研制并部署了第二代战略弹道导弹，拥有了带核弹头的洲际弹道导弹，美国真实感受到了本土遭受他国攻击尤其是核攻击危险的可能性骤增。因此，美、苏双方竞相开始研发并部署弹道导弹防御系统。在防御核导弹攻击的背景下，美、苏两国均采取了"以核抗核"的反导策略。主要技术手段是在已经服役的以防御飞机为目的的地空导弹基础上进行改进，将常规弹头改为核弹头，开始建设洲际弹道导弹防御系统。其中，苏联于 1957 年着手研制、1964 年在莫斯科防区开始部署世界上第一个具有实战能力的"橡皮套鞋"反导武器系统。美国于 1967 年建立了"哨兵"系统，1969 年稍加改进并更名为"卫兵"反导系统。

然而，美、苏都意识到不管如何努力发展反导防御武器，都不能在大规模核攻击下保证自身安全。1972 年 5 月 26 日，苏共中央总书记勃列日涅夫与到访的美国总统尼克松在莫斯科签署了《美苏关于限制反弹道导弹系统条约》，试图通过限制导弹防御系统来保持双方战略核平衡。1974 年 7 月，苏、美又签订了《限制反弹道导弹防御系统条约议定书》，将反导条约允许的两个战略反导基地减为 1 个；苏联承诺不在洲际弹道导弹发射场部署反弹道导弹系统或者组成部分，美国则承诺不在其首都地区部署反弹道导弹系统或者组成部分。此后，美国采取积极务实的做法来推进弹道导弹防御系统建设。1981 年将北美防空司令部更名为北美航空航天司令部。1983 年 3 月 23 日，美国总统里根在电视上公开作了题为"战略防御倡议"（SDI）的讲话（作战概念图见图 1-2）。

该计划设想在 200 千米～1000 千米高空建立一个以太空定向能武器为主，以动能武器为辅、空间武器与地基武器相结合的多层次、多手段的反弹道导弹系统。从 80 年代中期开始，美、苏在研制部署战略弹道导弹防御系统的同时，进行了战区导弹防御的研究试验。苏联发展了由 100 枚具有双层拦截能力导弹组成的、性能更好的 ABM-X-3 反导系统，美国则只是加大了技术投入，并未实际部署新型反导系统。

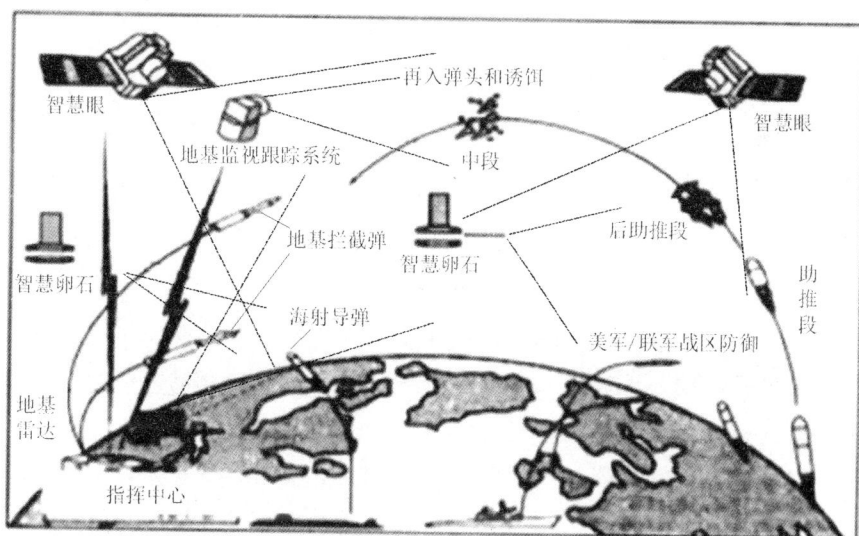

图 1-2 美国"战略防御倡议"作战概念图

在反卫星方面，美国和苏联先后进行了多种形式的反卫星研究与试验，并尝试过在太空以卫星来反卫星的验证试验。美国从 1959 年 6 月 19 日进行世界上第一次反卫星试验开始，先后进行了地基"奈基－宙斯"和"雷神"导弹反卫星系统、潜射"北极星"导弹反卫星系统、空基战斗机反卫星系统的研制和试验，包括从地面发射带有制导系统的小型拦截器和激光武器、从空中用 B-47 轰炸机发射装有核弹头的导弹以及从 F-15 战斗机发射寻的拦截器等验证试验。苏联早在 1963 年就开始研制地基反卫星拦截器，1968 年 10 月开始飞行试验，1978 年宣布达到实战水平，可攻击轨道高度 1000 千米以下的卫星。截至 1982 年 6 月，苏联先后进行了 20 次拦截试验，成功率约达 60%。同时，苏联还从

20 世纪 60 年代起开始了定向能武器研究。1975 年 10 月 18 日在莫斯科以南 50 千米处连续 5 次用氟化氢激光器，照射 2 颗在西伯利亚上空运行的美国导弹预警卫星，使其红外探测器饱和，暂时失效达 4 小时；同年 11 月 17 ～ 18 日，又对美国空军的 2 颗卫星进行了照射实验验证。1981 年，苏联在"宇宙"系列卫星和"钻石"号空间站上成功进行了 8 次激光武器试验，其中在 3 月份用 1 颗卫星上的小型高能激光器照射美国卫星，使其探测器失灵。到 80 年代中期，地基反卫星激光器开始在萨雷沙甘试验场部署。80 年代后期，天基激光武器原理样机亮相，并在"联盟"号飞船上进行了试验。

在发展空天作战力量的同时，美、苏均开始了空天作战理论的研究。美军 1971 年版的 AFM-1 空军条令第一次阐述了"空军在太空的作用"，明确规定"与航天器有关的具体责任由空军承担"。1979 年，美国空军颁布了《美国空军基本概则》，首次提出了以"航空航天力量"取代"空中力量"，把航空航天部队的含义扩大到包括飞航式导弹系统、弹道导弹系统和航天运载工具系统，并把航空航天空间确定为空军的作战环境。1962 年，苏军总参谋长索科洛夫斯基主编的《军事战略》一书提出"防空、防导弹和防宇宙武器部队为保卫国土免遭敌人的核突击而采取的行动是一种极其重要的战略行动"。

在 20 世纪 90 年代之前，由于受科学技术发展的制约，无论在武器装备还是在理论上，都尚处于探索阶段，但为以后的发展奠定了坚实的理论和技术基础。

2. 发展形成阶段（20 世纪 90 年代初～）

20 世纪 90 年代以来，信息技术的广泛应用，加速了航空航天技术的发展。空中力量在局部战争中的地位日益突出。航天技术日趋成熟，为空天一体作战的形成奠定了技术基础，空天袭击理论、空天防御理论研究逐步深化。在 1991 年爆发的海湾战争中，以美国为首的多国部队组织实施了人类战争史上第一次具有空天防御作战意义的反导作战。战争期间，多国部队共动用 70 余颗卫星，执行太空侦察监视、导弹预警、导航定位等信息支援保障任务，"爱国者"防空导弹通过导弹预警卫星提供的信息，多次成功拦截了伊拉克发射的"飞毛腿"导弹。20 世纪 90 年代中期至 21 世纪初期，是空天防御作战形成的重要时期，并在之后的伊拉克战争和阿富汗战争中，空天作战样式进一步得到发展，空天防御作战理论已具雏形，装备发展方向基本明确，人们对空天防御有了进一步的认识。

（1）拦截系统建设快速发展

20 世纪 90 年代初，苏联解体、华约解散，美、苏两国主导的冷战时代随之结束，美国由此成为世界上唯一的超级大国。在这种背景下，美国认为有了发展弹道导弹防御系统的战略机遇。因此，美国政府对"星球大战"计划进行了重大调整，1991 年老布什总统宣布 SDI 计划将重新定位于"对付有限打击的全球防御系统"（GPALS）上来，而不是针对苏联弹道导弹的大规模进攻的防御。1993 年克林顿政府宣布终止 SDI 计划，提出了"国家导弹防御和战区导弹防御"发展计划，并开始了实质性的建设步伐。

2001 年 12 月 13 日，美国时任总统小布什不顾联合国大多数国家的反对，在白宫正式宣布退出美、苏 1972 年签署的反导条约。2002 年 12 月 16 日，在"国家安全政策指令"文件中正式将 NMD 和 TMD 的名称取消，统称为"导弹防御"；将以前多个弹道导弹防御项目综合成为一个一体化的多层次弹道导弹防御系统，并将其分成中段防御、末段防御和初始段防御，开始了一体化弹道导弹防御体系建设。2002 年，美国与波兰等国展开秘密谈判，企图将反导系统部署在东欧，从而完善以美国本土为核心、亚洲和欧洲为两翼、覆盖世界大部分地区的全球反导网络。2007 年年初，美国重启与波兰、捷克两国关于部署反导系统的谈判，同时把最大的海基雷达站系统从夏威夷群岛调往靠近俄罗斯的阿留申群岛海域。2010 年 2 月 1 日，美国防部向国会提交了第一份《弹道导弹防御评估报告》，为适应 21 世纪美国当前和未来面临威胁的需求，该报告探讨了美国面临的弹道导弹威胁，对弹道导弹防御能力现状及潜能、部署、作战和维护等方面的组织和计划结构进行了全面评估；研究了美国与盟友及伙伴在导弹防御方面的合作前景。政策重点包括：美国将继续发展本土防御能力，以应对有限规模的弹道导弹袭击威胁；美国将防御针对美国前沿部署部队的地区导弹威胁，保护美国盟友及合作伙伴，并使其具备自身防御能力；新弹道导弹防御系统必须得到长期的财政支持；美国弹道导弹防御能力必须能够灵活应对威胁变化；美国将寻求领导不断拓展的弹道导弹防御国际合作等。

2010 年 5 月 23 日，美军第 7 防空炮兵团第 5 营的 100 多名美军官兵携带 1 套"爱国者"导弹系统，进驻波兰北部的莫龙格军事基地，迈出了美国建立欧洲反导系统的实质性一步。2010 年年初，美国在卡塔尔、阿联酋、巴林和科威特等中东四国部署了"爱国者"导弹防御系统。至此，美国在中东六国部署了导弹防御系统（另两国是以色列、沙特阿拉伯）。同时，美国为了"保护"在亚洲的利益，与日本、韩国共同建设了战区弹道导弹防御系统。根据美国 2010 年 2 月公布的欧洲导弹防御计划，除 2011 年前部署海基"宙斯盾"防御系统、"标准"-3 型ⅠA 拦截导弹和前沿部署雷达，以保护部分南欧地区的安全外，还将于 2015 年前部署海基"标准"-3ⅠB 及传感器，并在南欧地区部署陆基"标准"-3 型反导导弹；2018 年前在北欧地区建立第二个陆基"标准"-3 阵地，并部署"标准"-3ⅡA 导弹；2020 年前部署"标准"-3ⅡB 导弹。

另外，从 80 年代末、90 年代开始，美国在动能反卫星系统、激光反卫星系统、反弹道导弹武器、反卫星系统等方面进行了重点研制和大量试验，并取得了重大进展，有的已经具备实战能力。

苏联解体后，俄罗斯虽然经济困难，但始终把空天防御体系建设摆在十分重要的战略地位。认为国家没有可靠的空天防御体系，就不可能保障自身的安全，也不可能有效地使用进攻性武器。尤其是 20 世纪 90 年代以来几场高技术局部战争和美军空袭作战理论的发展，给俄罗斯带来了强烈震撼。为此，俄罗斯重点推进了空天防御武器系统建设，研制并装备了以"骄子"C-300ПМУ2、"凯旋"C-400、"安泰"-2500 为代表的新型防空反导武器系统，研发了 C-500 武器系统；并积极推进反卫拦截系统技术研发和试验，仅在 90 年代初就进行了 18 次卫星激光武器试验，并计划研制射程达 40000 千米的激光器，用于攻击位于地球同步轨道的预警卫星。

（2）太空信息支援系统形成系列化

20 世纪 90 年代，全球兴起的新军事变革推动了太空作战系统的发展。航天技术不断物化为天基武器装备；天基信息支援系统在种类、规模、性能等各个方面得到较大发展，具备了较强的战场信息支援和保障能力；数据链的投入使用，实现了航空器与天基信息支援系统的无缝铰链。航天器支援航空作战的范围从单纯的战场情报支援扩展到侦察、监视、通信、气象、导航定位、导弹预警等多个方面，具备了进行初级空天防御作战的能力。特别是美国，成为了航空航天领域装备技术发展和军事应用的"领头羊"，在其主导的海湾战争、伊拉克战争中，天基信息系统支援下的"爱国者"防空导弹大战"飞毛腿"战术弹道导弹，拉开了初级空天防御作战的帷幕。

（3）空天防御作战机制初步形成

美军的空天防御作战机制于 20 世纪 90 年代初步形成。从力量编成上看，美国空军是空天合一的军种，其编成内有航天兵部队和战略导弹部队，既负责战略航空航天进攻，又负责战略航空航天防御。进入 90 年代，为适应空天一体作战的需要，美空军开始组建航空航天远征部队。苏联解体后，俄罗斯于1992 年成立了独立的兵种——军事航天兵，负责各种军用卫星的发射和军用航天系统的管理、使用和作战指挥，并对太空反导系统、反卫星系统和卫星防御系统实施指挥控制。1993 年，俄在防空军编成内着手组建由宇宙空间作战、预警和侦察系统组成的宇宙空间防御系统，并升级 ABM-1"橡皮套鞋"反导系统，初步建成了空天一体防御体系；将空军司令部改编为航空航天司令部、防空司令部改建成空中—太空监视司令部。2011 年，伴随着俄军编制体制改革的全面调整和空天防御兵的正式诞生，俄各个军种司令部被剥离作战指挥链，由东部、西部、南部、中央 4 个战区联合战略司令部和空天防御兵战略司令部分别负责指挥其防区内和首都莫斯科地区的空天防御作战，标志着俄罗斯新型空天防御作战机制基本成形。

（4）空天一体作战理论基本形成

美军于 1990 年颁布了 AFM-25《太空作战》条令，明确了太空作战力量的特点、可能担负的任务及作战行动样式等，并强调要在各层次的军事行动中发挥太空力量的作用，增强联合部队的作战效能。1992 年，美空军在《美国空军航空航天基本理论》中，要求空军人员强化"太空心态"、"太空意识"，将"夺取太空优势"与"夺取空中优势"并列为航空航天力量的首要使命。1996 年 6月，美国空军大学公布了《空军 2025 计划》，从战略高度指出了美国空军在 21世纪的发展方向，即打造一支适应信息化战争需求的空天合一的航空航天部队。1997 年 7 月，美军颁布了《2010 联合构想》，指出"美国空军必须确保绝对的太空优势"。1998 年 4 月，美国航天司令部在《2020 年构想》中提出了控制空间、全球作战、力量集成和全球合作等作战思想。1999 年 5 月 9 日，美国空军部长和空军参谋长联合签发了《航空航天：保卫 21 世纪的美国》白皮书，代表了美国对空天作战的基本理论和认识；2001 年美空军颁布了《空军空天防御作战条令》，标志着美国的空天防御作战理论全面形成。

自 20 世纪 90 年代海湾战争结束后，俄军就开始加强了空天防御作战理论研究，之后逐步发展，形成了包括国家空天防御体系概念、任务、地位、作用、体系结构、准备和遂行作战等空天防御理论。俄军认为"空天袭击"是未来的主要威胁，必须实施"空天防御"，"保持防空部队和导弹航天防御部队的机构统一"，并建议"使防空兵力、导弹航天防御兵力、空军和航空航天兵一体化，建立空天防御军"。2001 年 1 月 25 日，俄罗斯总统普京正式批准了《2001～2005 年俄罗斯武装力量建设计划》等多份重要文件，提出俄将组建新的兵种——航天兵，负责军用卫星的发射、打击敌方的太空武器系统、监视美国导弹发射装置、对美国的国家导弹防御系统实施打击。2010 年 2 月 5 日，俄在颁布的《俄联邦军事学说》中，首次增添"组建国家空天防御体系"的内容。在俄罗斯新一轮军事改革规划中，提出 2020 年前将俄军防空反导防天力量打造成一支崭新的空天防御力量。2011 年 12 月俄空天防御兵正式出现在俄军编制序列中，新的空天防御管理和指挥体制开始运行，不仅标志着俄空天防御作战理论的基本形成，而且凸显了空天防御理论研究的先导作用，也表明了空天防御理论研究成果已经付诸具体行动。

第二章

信息时代空天防御的任务、样式与规律

> 战争只能根据概然性的规律推断。
>
> ——（德）冯·克劳塞维茨
>
> 不知道战争的规律，就不知道如何指导战争，就不能打胜仗。
>
> ——毛泽东

空天防御作战相比于传统的防空作战，其防御范围更加广阔，防御对象更加复杂多样，防御方向更具不确定性。空天防御的本质属性决定了其具有不同于传统防空的鲜明特性，只有明确空天防御作战的基本任务，认识空天防御作战的主要特点，把握空天防御作战的基本规律，熟悉空天防御作战行动样式，才能正确运用空天防御作战力量，最终取得空天防御作战的胜利。

一、空天防御的基本任务

综合世界主要军事强国对空天作战的认识，空天防御作战涵盖了空天领域中的拦截、信息、支援等多个方面，其基本任务包括：

（一）全疆域空天防卫

全疆域是指国家的全部领土、领海上空以及与国家利益紧密相关海域的上空。这与传统的国土防空内涵有很大区别，体现了新的防御思想。以往传统防空的防御范围基本局限于国土或重要目标地区，防御的目标是以飞机为主的空气动力目标。而空天防御则是对来袭的各种航空航天目标的防卫。将作战空间由传统的航空空间延伸到航天空间是其鲜明的特点之一。因此，在未来信息时代的战争中，全疆域空天防卫将是空天防御的战略任务。

（二）夺取制信息权

信息力已经成为战斗力的主导性要素，夺取制信息权业已成为赢得信息化条件下局部战争胜利的先决条件。空天防御力量高度信息化，空天环境是信息传播的主要媒介，空天防御作战对制信息权有更强、更直接的依赖性。没有制信息权的保障，空天防御力量将无法发挥出应有的作战效能。同时，空天防御力量具有强大的信息作战能力，是联合作战中夺取制信息权不可缺少的中坚力量。因此，在未来的信息化战争中，空天防御力量将担负夺取制信息权的重要任务。

（三）夺取制空天权

制空天权是对航空航天空间的控制权。夺取制空天权可有效保障己方空天力量的活动自由和地面、海上力量的空天安全，同时剥夺作战对手空天领域的同等权力，并给对方造成严重的空天威胁。随着航空航天技术的飞速发展，现代空天防御力量具有攻防兼备的作战能力，已成为战略、战役力量的主要组成部分，对战争、战役的进程和结局起着决定性作用。战略、战役目的的实现在很大程度上依赖空天防御作战行动的顺利实施，而要保障空天防御作战行动的顺利进行，必须有效控制航空航天空间，夺取制空天权。因此，在未来信息化条件下的局部战争或联合战役中，夺取制空天权将是空天防御力量的主要任务之一。

（四）保卫核心目标和战区目标安全

核心目标是指对国家安全、稳定和发展，以及对战争进程和结局具有直接重大影响的目标。首都通常是一个国家的军事、政治、经济、文化中心，历来是敌人空中打击的核心目标，并仍然是未来空天防御的核心目标。保卫国家核心目标安全是国家空天防御作战的首要任务。

战区目标，是国家重要战略方向、事关战争进程的重要目标，不仅影响到空天防御的作战能力，而且关系到国家的持续作战能力。因此，保卫战区内重要目标的安全，有效抗击敌人的空天袭击，实行大区域联合防御和攻势防御，实施"空天一体"的整体抗击作战，是空天防御作战的基本任务。

（五）慑止空天危机

从军事角度分析，"空天危机"是指发生在空天领域、能够引起军事冲突或者引发战争的重要事件。对于空天领域而言，空天防御平时的任务就是"慑止空天危机"。因此，以强大的空天防御作战能力，并采取恰当的方法来有效处理和慑止空天危机，是空天防御的又一重要任务。

（六）实施空天支援保障

空天防御力量具有多功能性，除可以担负空天威慑、防御等作战任务外，还可担负各种支援保障任务，包括空天侦察、预警、导航定位、通信中继、气象观测、战场测绘等。随着信息化战争的发展和进程的逐步推进，空天支援保障任务在战争中的地位和作用将日趋重要和突出。

二、空天防御作战的主要特点

随着人类社会文明程度的提高、军事高技术的迅猛发展及其在现代战争中的广泛应用，信息时代的空天防御作战产生了诸多不同于机械化时代防空作战的新特点。

（一）空天防御战略地位明显增强

信息时代国家安全的威胁主要来自空中和外层空间，现代局部战争以空防对抗为主要作战模式已是不争的事实，空天进攻力量与空天防御力量的较量已成为具有决定意义的较量。信息时代，科技的进步推动了空天作战手段的飞速发展，空袭能力得到快速提高，进攻方使用较少的空天袭击兵力就可以对他国的政治与经济中心、交通与通信枢纽、军事基地与指挥中心、国家和军队领导人的住所等重要目标进行精确打击，以有限的空天袭击战役甚至是战术行动达成战略目的。

信息时代的空天袭击不是单纯的作战手段，而是实现空袭方战略意图的工具。空天袭击不仅包括战术空天袭击，而且有战略、战役空天袭击。空天袭击已不再是局部战争的前奏，而是贯穿战争全过程的主旋律。进攻方利用空天袭击力量的打击和威慑行动，征服或影响对方的意志，迫使对方改变其行为或政策，实现"小战而屈人之兵"甚至"不战而屈人之兵"的战争最高境界。随着国家空天防御战略地位的明显增强，空天防御必将成为未来信息化战争的一种基本作战样式，其成败直接影响战争的进程与结局。因此，无论平时或战时，没有有效的空天防御能力，要维护国家主权、领土完整和抵御侵略，要发展经济、保护人民的和平生活是非常困难的。

（二）空天防御作战将在极其复杂的环境下实施

随着空天袭击武器的信息化、远程化、精确化和智能化，空天防御作战必将在极其复杂的空天战场、电磁战场和网络战场展开，在全方向、全纵深、全高度、全频谱的环境中实施各种作战行动。在空天防御作战中，整个防御作战地区不论前方后方，不论军事目标还是政治、经济目标，不论白天还是夜间，也不论战争初期还是中后期，都将始终处于敌人空天袭击的威胁之下。因此，作战环境更加复杂，作战行动异常艰难。

（三）空天防御作战行动是体系对抗

信息时代的空天袭击，是在陆、海、空、天、电（磁）、网络多维空间，综合使用网络化控制系统和信息化作战平台、精确制导弹药实施的一体化空天突击。空天打击的体系作战特点，客观上决定了防御一方必须以体系对抗体系，单纯使用任何一种空天防御力量、单纯采取任何一种空天防御手段，都不能完成空天防御作战的使命。

信息化条件下的空天防御作战具有特殊的"五高"特性：作战体系高度一体化、力量要素高度兼容化、战役布势高度全维化、作战手段高度多元化和指挥控制高度实时化。空天防御作战体系效能的有效发挥，不仅取决于诸军（兵）种的整体作战能力，而且还取决于构成空天防御作战体系的侦察预警系统、指挥控制系统、信息传输系统、信息处理系统、拦截武器系统、反击武器系统和防卫防护系统等的共同作用。因此，只有依托国家空天防御体系，统一使用各种防空防天力量、反击力量和信息战力量，实行"抗击、反击、防护"相结合；实现物理空间、电磁空间、网络空间的无缝隙链接与攻防斗争一体化，充分发挥空天防御体系作战的整体威力，才能战胜敌之信息化条件下的一体化空天袭击。

（四）空天防御作战指挥控制复杂困难

信息时代的空天战场与机械化时代的防空战场相比，作战空间多维化、电磁环境复杂化、参战军（兵）种多样化、武器装备多型化、作战手段多元化，使得国家空天防御作战要素构成一个更加庞大、结构复杂、相互关联、相互依赖、相互制约的作战体系。参战力量以空军力量为主体，包括陆、海军的空天防御力量，还有民兵及预备役防空力量。这些具有不同性质、任务、能力和建制的部队分散部署，担负着不同的具体任务，使得指挥、控制和协调空天防御作战力量的协同行动更加复杂困难。

三、空天防御作战行动样式

在未来信息化条件下的局部战争中，空天防御将是空天一体作战的主要样式之一。在未来的联合战役中，空天防御作战既可能作为一种独立的样式，也可能作为相对独立的作战阶段，并且贯穿于战役的全过程。空天防御作战行动样式，按作战手段可分为信息作战、抗击作战、反击作战和防护作战等；按防御作战力量的空间位置可分为地基防御作战、空基防御作战和天基防御作战；按防御对象的性质可分为防"软"杀伤和防"硬"摧毁作战；按防御对象的种类可分为防巡航导弹作战、防弹道导弹作战、防隐身飞机作战、防无人机作战、防临近空间目标、防空天飞机作战以及防新机理武器作战等。

（一）空天防御信息作战

空天防御信息作战，是指在空天战场上，防御一方运用航空、航天和信息作战力量进行的一系列争夺和保持空天战场上制信息权的作战行动。空天防御信息作战既是进攻和防御作战的有机组成部分，也是一种相对独立的作战行动。通常先于其他作战行动展开，并贯穿整个空天防御作战的全过程。

空天防御信息作战的基本手段可分为电子战、网络战和实体战等；按照对抗的领域可分为情报战、电子战、心理战、网络战等。各种信息作战行动样式相互交织，效能不同，紧紧围绕实现空天防御作战最高目的组织实施。

情报战在空天防御信息战中居于首要地位，其目的是获取空天防御作战所需情报，阻止敌获取进攻作战所需的情报。信息时代，情报战已发展成为最成熟的信息作战样式之一，是空天防御作战力量为掌握敌空天袭击作战企图、计划、行动和手段，及时进行必要对抗准备，最大限度地打击敌人、保存自己而采取的措施和行动。主要包括情报侦察与反侦察、情报欺骗与反欺骗等活动，主要有雷达侦察、光学侦察、无线电技术侦察和谍报侦察等手段。

电子战，是指空天防御作战力量为削弱、破坏敌方地面、海上、空中、太空电子设备的使用效能和保护己方电子设备正常发挥效能而采取的措施和行动。电子战涉及的电磁频谱，目前已从极低频段一直扩展到亚毫米波、红外、可见光、紫外波段，分为射频对抗(亦称无线电对抗)和光电对抗。应用范围也已渗透到空天防御作战的指挥控制、导航、制导、伪装等各个方面。实施空天防御电子战，主要行动包括电子侦察、电子干扰、实体摧毁和电子防御等。

网络战，即空天防御力量以计算机和计算机网络技术为基本手段，在整个网络空间进行的各类信息攻防作战的总称。网络战是空天防御作战体系攻防作战的重要样式。主要行动分为网络攻击（如"黑客"攻击、病毒攻击等）和网络防御两大类。网络攻击主要手段与攻击目的见表2-1。

表2-1 网络攻击主要手段与攻击目的

攻击手段 \ 攻击目的	窃取	篡改	破坏
计算机病毒		√	√
逻辑炸弹			√
木马程序	√	√	√
口令入侵	√	√	√
拒绝服务式攻击			√
网络嗅探器（sniffer）	√		
欺骗式攻击	√	√	√

（二）空天防御抗击作战

空天防御抗击作战，是指综合运用各种防空、反导、防天力量，为挫败敌空天袭击而实施的各种抗击作战行动的总称。空天防御抗击作战的目标，既包括传统的巡航导弹、空地导弹、预警机、侦察机、轰炸机、攻击机等，也包括弹道导弹、隐身飞机、无人机、空间卫星和临近空间飞行器等新概念、新机理武器。信息时代空天防御抗击作战，必将是应对敌综合运用基于信息系统的各种空天力量和手段，实施的高强度、高精度、非对称、非线性、非接触式的一体化空天袭击。因此，需要建立包括预警探测系统、指挥控制系统、拦截交战系统、综合保障系统和防护系统在内的一体化空天防御作战体系，并构建大区域动态联合防空防天战役布势，灵活运用战术战法，形成体系抗击作战能力。主要作战样式包括：

1. 反空袭作战

反空袭作战是指运用各种防空力量对从大气层内来袭的空袭兵器实施拦截打击的行动。可以预见，防空作战仍将是未来一段时间内重要而普遍的空天防御作战样式。但是，在太空力量支援下的反空袭作战将更加复杂，更加激烈。既要抗击来自航空空间敌携带精确制导弹药的各种空袭平台，也要对付从超低空到超高空的巡航导弹、空地导弹，必须统一集中使用空、海、陆军歼击航空兵、地空导弹兵、高射炮兵以及民兵预备役部队等防空力量，从尽远距离开始对来袭之敌进行拦截，实施连续不断的层层抗击。

2. 反导作战

反导作战是指运用反导武器系统对来袭的弹道导弹实施拦截摧毁的行动。弹道导弹因其射程远、速度快、威力大、突防能力强而成为实施远程精确打击的重要手段，而这些优势正是反导作战所面临且必须解决的重点和难点问题。反导作战武器系统，主要包括天基、空基、地基、海基地空导弹、动能武器、激光武器系统等。组织实施反导作战，可针对弹道导弹不同飞行阶段的运动和结构特征，实施多段分层一体化的拦截战法，即实施弹道导弹飞行助推段拦截、中段拦截和末段高低的"三段四层"拦截。

3. 反航天轨道武器作战

反航天轨道武器作战，是指运用各种防天武器系统对在轨航天武器进行拦截摧毁的行动，实际上就是天战行动。抗击目标主要是敌方在轨飞行航天飞船、航天飞机、空天飞机、轨道轰炸机、航天站、卫星、临近空间飞行器等。反航天轨道武器的主要战法包括：以航天飞行器和空天飞行器、临近空间飞行器和飞机、陆基和海基等作战平台使用激光、动能拦截弹、导弹等武器实施天对天拦截、空对天拦截、地（海）对天拦截。

4. 反航天袭击作战

反航天袭击作战是指运用防天力量对从太空来袭的攻击武器实施拦截摧毁的行动。它与反航天轨道武器作战相比，区别在于反航天袭击作战不是对在轨运行中的飞行器进行攻击，而是对航天器释放的对地实施攻击的武器进行拦截。随着航天器及其武器装备的不断发展，从航天空间或经由航天空间突击地球表面目标将成为一种重要的火力打击方式。对防御一方而言，能否抗住敌航天袭击直接关系到防御态势的总体稳定，也直接关系到战略战役目的的达成。从航天武器装备可能的发展情况看，未来反敌航天袭击作战主要是反空天飞行器袭击作战。

其中，反空袭作战又称为防空作战，反导作战、反航天轨道武器作战、反航天袭击作战可统称为防天作战。目前，发达国家正着手建立和完善的内外层空间一体，以反隐身飞机、反弹道导弹、反临近空间飞行器、反轨道飞行器、反航天袭击武器"五位一体"为主体的防空防天体系，代表了未来空天防御体系的发展趋势。

（三）空天防御反击作战

空天防御反击作战，是指空天防御一方运用进攻武器，对敌空天袭击作战体系及相关源头目标实施突击，以消灭敌空天进攻作战力量于地（海）面、太空基地为目的而实施的进攻性作战行动。空天防御反击作战是转变防御作战被

动性的重要途径，通常在敌发起进攻之前或攻击间歇期实施，是空天防御作战最有效的手段，是积极防御的主要表现形式。

空天防御反击作战行动具有相对被动性、时间急迫性、力量联合性以及攻防交织性等特点。反击作战可大量消灭和牵制敌空天袭击力量，打乱敌人的空天进攻计划，减轻抗击作战的压力，摆脱防御作战的被动地位，是取得空天防御作战主动权最积极的手段和行动。

空天防御反击作战的主要力量包括常规导弹部队、空天远程精确打击力量、空降作战力量等，主要武器包括弹道导弹、轰炸机、巡航导弹、反卫星导弹，以及激光武器、微波武器、次声波武器、动能武器等。空天防御反击作战的重点目标：一是打关节点，以破坏敌空天作战体系，如打击分布于空、天、地（海）物理空间的指挥控制信息系统和拦截打击系统的关键节点；二是打敌作战依托，以制敌于地面（海面），如打击机场、航空母舰、导弹发射基地、卫星测控中心、航天发射基地等；三是打保障系统，以迟滞其作战行动，如打击油库、弹药库、航材库等保障设施。

由于空天防御作战对地基和天基系统的依赖性强，反击作战不仅可以直接攻击敌进攻力量，而且可以采取各种手段打击、摧毁敌地基和天基保障系统，同样可以瘫痪敌航空、航天攻击系统，达成防御作战的效果。因此，组织空天防御反击作战行动时，应灵活运用多种反击手段，精选目标、打敌要害，巧择时机、乘敌之隙，隐蔽神速、出奇制胜。

（四）空天防护作战

空天防御作战的防护行动，是指为降低敌空天袭击的破坏效果，而对地（海）上和太空目标采取的各种伪装、防护措施、手段和行动。它是国家空天防御行动的有机组成部分，也是保存空天防御作战实力的重要方面，对于稳定战局和提高持续作战能力，保存战争潜力和维护国民经济的有序运转，以及鼓舞全国军民的士气和斗志，具有重要的战略意义。

信息时代的战争是透明或单向透明的战争。各种传感器广泛分布在太空、空中、地面、海上以及电磁网络或信息空间，不仅物理透明，而且战役战术企图也难以掩盖。在"发现即意味被摧毁"的信息化战争中，防护行动的地位更加重要，任务更加艰巨，组织实施也更加复杂。

遂行空天防护作战行动，主要包括地（海）面防护作战和太空防护作战行动。空天防护行动的重点：一是集中作战精锐力量，重点加强对国家首脑机关与政府要害部门、重要城市与高价值民用目标、战争潜力与国民经济基础类目标、重要军事与战场设施、主要作战集团等目标防护。二是加强军队自身防护，重点防敌信息侦察，并做好对敌化学武器、生物武器、电子武器和新机理杀伤武器的防护。三是保存战争潜力，组织战略物资和器材、重要国民经济设施和高新产业设施的转移、疏散和掩藏。四是消除空袭后果，组织抢救、抢修、抢供、抢运等。五是指导全民防护行动，包括非参战人员以及城市居民的疏散、隐蔽和防护。

四、空天防御作战的基本规律

空天防御作战与其他作战样式一样，有其自身的发展规律，决定了空天防御作战的发展方向和能力水平，且不以人的意志为转移。空天防御作战规律，是指空天防御作战实践中各要素之间客观、必然、稳定的本质联系，是空天防御作战学说的核心和理论基础。从空天防御作战与社会经济联系的角度看，有政治决定律、经济支撑律、军民融合律；从空天防御作战与科学技术联系的角度看，有技术推动律、信息主导律；从空天防御作战的内部运动看，有体系对抗律、优胜劣败律等。这些规律，是空天防御的一般性规律，也是现代战争的普遍规律。由此可见，现代战争的普遍规律对空天防御作战同样具有普适性。然而，空天防御作战毕竟是新兴的作战样式，区别于其他作战样式的特殊规律才是研究的重点。揭示和把握信息时代空天防御作战规律，是空天防御作战理论研究的重要任务。通过对近期几场局部战争中空天防御作战典型战例以及未来空天袭击和空天防御发展趋势的分析，信息时代空天防御作战的规律主要为：

（一）空天一体律

空天一体律，是指空天防御作战必须与空天力量发展及其功能融合的趋势相适应。空天防御作战是航空航天技术和航空航天力量发展的结果，是空天力量运用的重要方面。空天一体律,反映了信息时代空天防御作战的本质与特性,是空天防御作战的基本规律。

从空间环境上看,空天一体不可分割。航空空间和航天空间同属地球表面以上的垂直空间,二者没有明显界限。在航天器问世之前,人们把地表之上统称为天空,向上是无限的。航天器问世之后,天空被人为地画了一条无形的鸿沟。然而,这条人为画出的鸿沟却无法从本质上改变内层空间与外层空间紧密联系、不可分割的事实,同样也无法改变"天"与"空"无缝衔接的作战环境。虽然目前由于技术水平的限制,在30千米~100千米的高度还存在着一个航天、航空器活动的"空白区",但是如果空天飞机和临近空间飞行器等新型装备研制成功,这一"空白区"将不复存在,航空航天作战一体化特征也将成为现实。未来一个历史阶段,战场将主要在地球表面以上至与地球同步轨道航天器的高度之下的空间,而其影响和指向的范围,则可包括以地球为基准的陆、海、空、天、电、网多维战场。

从信息环境上看,空天一体不可分割。以争夺制信息权为目的的信息战已成为现代战争的"制高点"。争夺信息优势的关键是争夺空间优势,高科技的航天系统所具有的感知、传输、处理和分发信息的能力,可为全维空间战场提供全面、准确、及时的战略、战术信息。未来航天系统还将具备从空间实施攻击与防御的能力,在争夺制信息权的斗争中将发挥越来越大的作用。主要体现在:一是空间侦察监视力量可对全球进行全方位、全天候、全天时的侦察覆盖。照相侦察卫星分辨率达到了分米级,电子侦察卫星实现了全频段覆盖,导弹预警卫星可提供长达30分钟的预警时间,海洋监视卫星可对水面和水下各类舰船实施全方位、全天时监视。二是卫星通信系统可"实时"或"近实时"地传送作战情报,提供语音、数据和图像等多种通信方式。三是卫星导航系统可对地面、海上和空中各类目标进行精确侦察与定位,提高了各类作战平台的机动能力和打击精度,实现了对敌方的精确打击。四是气象卫星可从外层空间获取全球大气气象资料并对天气形势进行分析预报,为作战行动提供有力的气象保障。五是空天飞机、载人空间站、航天飞机等航天器的发展已取得重大进展,并已证明有着巨大的军事潜力。六是以地基平台、空基平台和天基平台攻击敌方航天器的反卫星系统正在加紧研制,卫星的自身防卫技术也在快速发展之中。

　　从作战指导上看，空天一体不可分割。天基平台的出现对空军作战的诸多要素产生了重要的影响，改变了空中作战的面貌，空中战场逐步向太空延伸，并融合为空天战场，成为未来战争夺取制信息权和制空权的主导战场。空天一体作战的发展对信息时代空天力量的作战思想、作战理论、作战样式、作战运用和部队建设产生了深刻影响。空天作战包括多种一体化作战样式。即作战活动基本类型均为空天一体，包括进攻性航空航天作战（空天进攻作战）、防御性航空航天作战（空天防御作战）和保障性航空航天作战（空天保障作战）。对于一次空天作战而言，可能包括全部空天力量进行的全部样式的空天一体作战，也可能只包括一部分力量和一部分作战活动。目前，在各类作战飞机不断更新换代的同时，运载火箭、弹道导弹和人造卫星、飞船、空间站、航天飞机等军用航天器有了很大发展，空天飞机、高超音速巡航导弹也在积极研制之中，这些兵器的发射和使用基本上都是两次穿越大气层（离开地球和返回地球），用以打击地面目标;或进行一次穿越大气层飞行，用以拦截打击空间、空中目标。天战兵器不可能不涉及航空空间而开辟完全独立的战场。携带反导导弹和激光武器的飞机可以打击弹道导弹和低轨道航天器，一部分防空导弹也可以进行反导作战。因此，在地球表面上空无论是执行进攻性任务还是防御性任务，都需要把航空空间和外层空间作为一个整体进行统一谋划。

　　从作战力量上看，空天一体不可分割。空天作战力量包括航空、航天及相关地（海）面部队，即活动于航空空间、航天空间的作战力量、保障力量以及可以作用于航空和航天空间的地面（海面）作战力量。这些力量包括航空部队、航天部队、防天部队、防空部队、反导部队以及弹道导弹部队。空天作战活动在统一指挥下协调一致地实施，在一定级别实行一体化编组，即空天力量在一个司令部指挥下，按照统一的目的和计划，密切协同，功能互补，形成一个有机整体。航天空间具有高边疆、无国界的特点，在信息获取和传输方面，比航空空间更有优势，能为空中作战提供更有效的支援。在不久的将来，空天飞机、临近空间飞行器将进行实战部署，可实现全球快速打击。而航空力量具有远程奔袭、猛烈突击和机动灵活的特点，能把来自航天力量的信息支援直接转化为战斗力。现代信息化战争的"制空权"将由传统的大气层内扩展到控制外层空间的"制天权"。没有天基平台的支援就不能进行现代意义上的空中作战。航

空力量与航天力量的高度融合，必将促使航空航天力量产生质的变化，实现由传统的以航空力量为主的空军向以航空航天力量并重的空军之转变。

战争发展的规律揭示，空天一体作战在形式上已经发展到陆、海、空、天、电、网多维一体；在层次上已经涵盖了战略、战役、战术各个层面；在内涵上不再局限于各种空天力量的简单协同，而是功能上的取长补短与结构上的优化组合；在目的上不再仅仅追求时间的同步和空间的同位，而是注重能力与效果的融合。空天一体律表明，信息时代的空天袭击与空天防御是体系对抗，空天防御作战则是一体化的联合作战。

（二）攻防相关律

空天进攻与空天防御，作为互相对立的双方，共同存在于空天斗争的统一体中，构成了既斗争又统一，既互相制约又互相促进的一对矛盾。自海湾战争以来的历次局部战争中，世界军事强国（或多国部队）在利用天基平台支援空中力量实施进攻作战的同时，均建立了严密的空天防御体系，保证了战争的顺利推进。攻防相关已成为信息时代空天对抗的基本规律。

首先，空天防御作战对攻防相关提出了新需求。空天防御作战是在空间信息系统的支持下，由各种先进的作战平台和武器弹药在广泛的空天战场环境中进行的一体化联合作战，客观上对空天防御作战体系提出了攻防兼备的需求。进攻是最好的防御，防御是为了有效的进攻。在实施空天进攻作战时，要组织严密的战区防空和重要目标防空；而在实施空天防御作战时，也要进行空天反击作战，包括信息网络空间的攻势作战。

其次，把握攻防相关能够有效地提高空天防御作战效果。"善守者，藏于九地之下；善攻者，动于九天之上"。攻防兼备是打赢信息时代空天防御作战的基本需求。空天防御作战只有充分融合空天系统的信息功能、拦截打击系统的作战功能、一体化的指挥控制功能和地面系统的支援保障功能，形成"进可攻、退可守"、攻防兼备的一体化联合作战能力，才会大幅提高空天防御作战效果，进而缩短战争进程，降低战争损失。

再次，空天防御作战力量具有攻防兼备的特性。近期局部战争实践表明，天基信息支援下的空中进攻作战是威慑、打击敌方和取得战略主动权的有效手段，而空天防御作战则是完成空中进攻作战的前提条件。在目前阶段，空天防御作战仍是以军用飞机和地面防空系统为主要作战平台。为了适应信息时代攻防相关的作战规律，多数国家在空天军事力量建设方面，都将天基信息支援力量、空中进攻力量和空天防御力量的一体化、信息化建设作为重点，逐步建成信息化环境下攻防兼备的空天防御作战体系。

攻防相关律证明，航空力量与航天力量、空天防御力量与空天进攻力量的一体化建设发展和一体化作战使用，是信息化条件下局部战争对空天防御作战的新要求。组织空天防御作战，必须针对空天袭击的进攻特性，适应抗击空天袭击的需要建设空天防御力量，以期在任何情况下都能做到快速反应，把握先机，占据主动，立于不败之地。

（三）目的层次律

信息时代空天防御作战目的，是通过各种防御和进攻（反击）手段，消灭敌人空天进攻力量，或降低其空天袭击效果，夺取"制天权"、"制空权"、"制信息权"，保卫国家重要政治、经济、军事目标安全，保存国家和军队的防卫力量、反击力量和战争潜力，以最终取得反空天袭击作战的胜利，即毛泽东说过的"消灭敌人，保存自己"。由于空天防御是战争的重要组成部分，因此考察空天防御作战目的，应从战争大环境出发，从分析最高目的、中间目的和直接目的入手。

最高目的。战争是军事力量的直接交锋，是政治、经济、科技实力的综合较量，赢得反空天袭击作战胜利的关键是对敌方空天袭击源头施以毁灭性的打击。同时，必须有效地保存空天防御作战力量，把保卫重要目标安全与保存空天防御作战实力有机地统一起来。

中间目的。保卫目标安全的重要条件是空天防御作战力量必须有效夺取和保持"制天权"、"制空权"、"制信息权"。因此，空天防御力量必须以积极防御手段，破坏敌空天袭击体系，在主要方向、关键时节、重要地区实现对空天和信息的控制权。

直接目的。空天防御作战的直接目的在于有效地歼灭空天袭击之敌。因此，空天防御力量必须综合采取火力抗击、电磁攻击、网络攻击等手段，以保卫目标安全为根本出发点，最大限度地消灭和破坏敌空天袭击有生力量。

空天防御作战目的的层次律表明，空天防御作战坚持战略与战术的统一，抗击与反击行动的统一，信息战与火力战的统一，消灭敌人、保存自己与保卫目标安全的统一，反映了信息时代空天防御的本质属性。

（四）集成效能律

空天防御作战目的的实现，既有赖于正确的作战指导，也有赖于空天防御作战力量的整体效能发挥。

从作战空间看，空天作战力量"不是大气层内、太空和计算机网络空间的优势之和，而是它们的乘积。丧失其中任何一域的优势，即便不会使整体崩溃，也会危及整体效能。"[①]从空天防御作战体系的效能实现途径看，它取决于体系内部的结构与联系；能够使空天防御作战体系发挥出最佳效能的内部结构，被认为主要取决于体系集成效能。从作战任务与编成规模上看，空天防御力量具有层次性。即国家战略层面的空天防御作战力量、战区战役层面的空天防御作战力量和分区战术层面的空天防御作战力量。但无论是哪个层面的空天防御作战力量，都是由预警探测力量、指挥控制力量、拦截打击力量和综合保障力量等构成的组合体，是综合集成的一体化作战力量。对空天防御作战力量的效能评估，包括保卫目标安全程度和抗击效率两个方面的指标，但通常采用抗击效率指标作为检验和表述空天防御作战力量效能的直接标准。

空天防御集成效能律表明，必须运用系统论的观点，寻求空天防御作战力量的合理结构，即合理确定各种力量的规模、数量、结构、性质、配置和指挥关系，综合集成各种作战要素，以获得最佳的作战效能。

---

① 《国家卫士——美国 21 世纪空军》白皮书（2007 年）。

信息时代空天防御的战场环境

战争创造环境，同样环境也创造战争。

"平面"不是终点，"立体"也不是终结，战场空间是不断拓展的。

战场是敌对双方进行作战活动的空间，战场环境是指战场及其周围对作战活动有影响的各种情况和条件的总称。分析把握信息时代空天防御的战场环境，对于顺利实施空天防御各种行动意义重大。随着高新科学技术的发展，构成空天战场环境的诸多要素也发生了不可逆转的深刻变化，战场空间正在不断拓展。空间、技术和力量是构成空天战场的基本要素，三大要素既相互依赖又相互制约，技术决定力量的发展水平，力量行为对技术具有重要的反作用，而空间不仅是力量活动的基本场所,而且对技术的发展有着重要的制约作用。空间、技术、力量的这种互依互动的密切关系，构成了一体化空天战场。空天战场环境要素构成见图3-1。

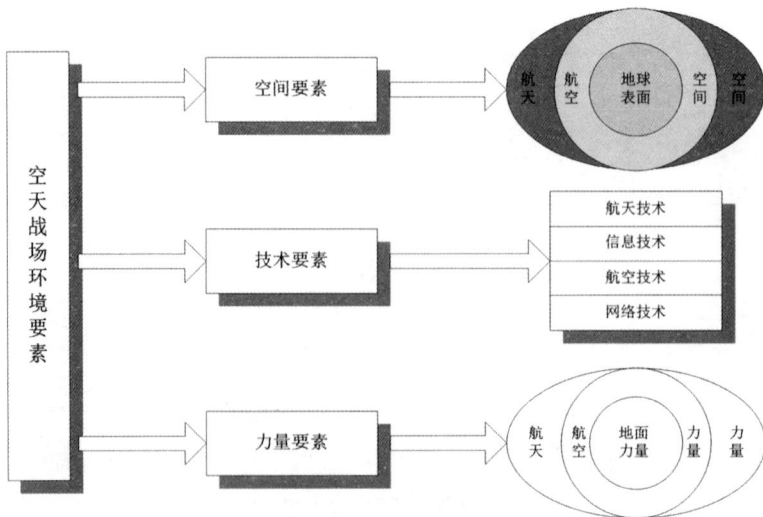

图 3-1 空天战场环境要素构成示意图

为了研究的方便，本章以空间为轴线，力求全面认识、研究与分析信息时代空天防御赖以存在的战场环境。

一、居高临下的航天战场

航天战场的开辟以人类成功发射卫星为标志。从人类第一颗人造卫星发射成功之日起，宁静的太空从此被打破，军事大国争夺航天制高点的斗争也因此拉开了序幕。航天技术的发展，各种航天器的应用，使人类活动与争夺的领域从陆地、海洋、空中扩展到太空。得天独厚的航天战场成为继陆战场、海战场、空战场之后的第四维战场，也将成为空天防御作战的主战场之一。

（一）航天战场物理环境

航天战场，是指敌对双方进行天战活动的空间，又称太空战场、外层空间战场、天战战场等。在航天战场上，交战双方以卫星、空间站、航天飞机等航天器为作战平台，以航天部队、防天部队为基本作战力量，以观测、导航、制导、通信、监视、预警、支援保障、天袭、反天袭等为主要手段，以夺取"制天权"为主要目的而展开激烈对抗。

无论航空还是航天，都是以距离地面的高度和方位来进行空间定位的。认识航天必须先认识地球，了解航天空间必须先了解地球空间。我们所生活的地球是一个平均半径为 6371 千米的椭圆形球体，与太阳平均距离为 1.496 亿千米。所谓的地球空间是一个行星空间，以地球为中心、半径为 930000 千米的球形区域是地球引力的作用范围，这个球形区域就是地球空间。以地球为参考点，根据宇宙空间距离地球的远近可分成近地空间（100 千米~ 150 千米）、近宇宙空间（150 千米~ 2000 千米）、中宇宙空间（2000 千米~ 50000 千米）和远宇宙空间（50000 千米~ 930000 千米）。目前，40% 的航天器和 99% 的洲际弹道导弹与潜射弹道导弹主要运行于近地空间和近宇宙空间，60% 的不载人军用航天器运行于中宇宙空间。

航天战场环境在未来空天防御作战中具有举足轻重的战略地位，只有加强航天战场建设，在战略上争取主动，才有坚实的基础。航天战场环境通常由自

然环境、天战能力水平环境、航天轨道环境和电磁频谱环境等构成。

1．自然环境

航天战场的自然环境与通常的大地自然环境迥然不同，极其复杂。地球引力、地球磁场大气变化，以及宇宙射线、带电粒子、流星体、高真空、高温差、失重和太空灾害性天气等环境因素，不仅严重制约着人类大规模、长时间地直接进入外层空间活动，而且对航天力量的人员综合素质、武器装备提出极端苛刻的要求，从而影响着航天力量的部署与作战行动。

2．天战能力水平环境

是指由交战双方武器装备性能水平及人机结合所能发挥出来的技战术水平所构成的战场环境。目前，天战只能是非直接对抗性的航天信息战，天战水平只能用在轨航天器多少、性能优劣来衡量。未来，随着航天技术的飞速发展，当军事航天武器装备达到相当水平时，作战手段及样式将会发生根本性变化，就会在航天领域发生"真刀真枪"的激烈较量，天战形式就会从信息保障型向直接实战型转变，航天战场才将真正名副其实。

3．航天器轨道环境

在进行航天器运行轨道设计时，由于覆盖和载荷工作条件等原因，经常采用不同的运行轨道，几种典型轨道的特点见表3-1。航天器运行轨道指航天器围绕地球或其他天体运行时其质心运动的轨迹，由入轨点的位置、速度大小和方向决定。航天器轨道，按偏心率，可分为圆轨道、近圆轨道、椭圆轨道、大椭圆轨道；按轨道倾角，可分为赤道轨道、极轨道、倾斜轨道、临界倾角轨道；按轨道高度，可分为近地轨道、中地轨道、远地轨道；按运行周期，可分为地球静止轨道、地球同步轨道、超同步轨道、太阳同步轨道等。航天轨道环境虽然是自然生成的，人类改变不了其存在，但如果人类无章无序地向外层空间大量发射航天器，就会改变空间轨道的运行环境，空间尤其是近地空间将会成为人造垃圾场（有资料表明，截至2010年，分布在航天器轨道上的太空垃圾至少有3000吨），使其失去使用价值。

表 3-1 典型卫星轨道类型及特点

特点 轨道类型	轨道特性	用途	代表
地球同步轨道	地球同步轨道周期与地球的轨道周期相同。最有用的地球同步轨道是地球静止轨道，它是比赤道平面高 35786 千米的圆轨道。	远距离通信、电视转播、导弹预警、导航	GPS 和北斗导航卫星；东方红四号；风云二号
太阳同步轨道	太阳同步轨道是航天器轨道面的进动角速度与平太阳在赤道上移动的角速度相等的轨道。主要特性为：卫星从同方向飞经同纬度的地方平太阳时相等；对于平太阳，卫星从同方向飞经同纬度的太阳高度角相等。	低轨道气象观测、照相侦察、地球资源勘探	韩国阿里郎 2 号卫星；美国的泰罗斯卫星；中巴的资源一号
极轨道	轨道倾角等于 90 度，轨道平面包含地球的轴线，并且轨道穿过地球的两极。在极地轨道上运行的卫星可以直接扫过地球上的每一个点。	侦察、导航、气象、测地、勘探	欧洲的智能 1 号；风云一号；美国海军导航卫星

4. 电磁频谱环境

从地表到航空空间、航天空间的信息传输，都是以无线电波的形式实现的，即电磁频谱环境。电磁频谱的划分见图 3-2。

（二）航天空间并不太平

人类对航天的梦想和追求从未停止过：从第一颗航天飞行器升空到人类迈步太空再到行走月球，在探索宇宙、征服太空、开发空间的同时，昭示着人类的智慧与伟大，并能够通过航天技术的发展为人类造福。但是，国家与民族的冲突和矛盾同时延伸至人类所能达到的、所想达到的任何空间，少数军事大国试图通过控制航天空间、独霸航天空间来独霸世界、控制宇宙。航天空间不再平静，也不再太平。

航天空间作为军事领域的空间"制高点"，已成为当今维护国家安全和国

	Hz			KHz			MHz			GHz	
···	30	300	3	30	300	3	30	300	3	30	300	3000···

| 极低频 | 超低频 | 特低频 | 甚低频 | 低频 | 中频 | 高频 | 甚高频 | 特高频 | 超高频 | 极高频 |

应用分布：
- 地震电磁辐射前兆检查
- 地下遥感
- 超远程及水下相位差导航系统
- 远程脉冲相位差导航系统
- 导航（机场着落系统）
- 超视距雷达
- 电视
- 短路径通信
- 超视距地空通信
- 广播、航空导航
- 全球通信
- 远程通信、广播
- 接力通信
- 卫星通信、卫星导航
- 电离层与磁层探测
- 时间频率标准传递
- 移动通信
- 卫星遥感
- 对潜通信、地质探测
- 雷达
- 微波

极长波	超长波	特长波	甚长波	长波	中波	短波	超短波	分米波	厘米波	毫米波	亚毫米波	光波
···	10000	1000	100	10	100	10	1	100	10	1	0.1···

| | km | | | m | | mm |

图 3-2 电磁频谱划分

家利益必须关注的领域。未来信息化战争将是陆、海、空、天、电磁、网络一体化的战争，没有强大的航天力量，不但没有"制天权"、"制信息权"，也将无法取得"制空权"和"制海权"，最终丧失战争的主动权，国家的安全也无法得到保障。从多场高技术局部战争可以看出，无论是陆战、海战还是空战，都必须依赖天基系统在测地、气象、预警、通信、监视、跟踪、定位、导航、打击效果评估等方面的支援与保障，而且这种依赖程度将会不断增强。

航天空间不仅是获取信息优势的场所，而且是提高精确制导武器打击精度的关键。GPS 制导技术的运用，发展了防区外精确打击战术，既保证了控制人员的人身安全，又提高了命中率（目前可达 90％以上）。美国在历次局部战争中越来越多地使用 GPS 精确制导弹药，其所占比例从海湾战争的 7.8％提高到伊拉克战争的 68％。在航天系统支援下，新一代"战斧"式巡航导弹从计划火力到发射所需时间，已从 1991 年海湾战争的 22 小时缩短到 2003 年伊拉克战争的 20 分钟，目前已缩短到 10 分钟之内。未来的星载大型相控阵雷达，采取卫星布网,能够提供多种弹道导弹、卫星、载人航天器和轰炸机群的准确位置信息,探测距离为 2000 千米~3000 千米,目标容量在 1000 批以上。发展中的微型卫星组网(10 颗~20 颗),可以监视机动式弹道导弹的动向,发现、识别伪装隐蔽的武器装备、假目标,而且能穿透地表发现藏在地下数米深处的目标。

苏联 1957 年 10 月 4 日发射第一颗人造卫星"斯普特尼克 1 号"(СД-1)后不久,美国前总统肯尼迪就大声疾呼:"谁控制了宇宙,谁就控制了地球;谁控制了空间,谁就控制了战争的主动权。"从此,美国和苏联就开始了争夺空间霸权的激烈竞争,全球主要航天发射中心见表 3-2。从 1957 年到现在,世界各国共发射了近 6000 颗卫星(航天器),其中有 70% 以上的卫星(航天器)直接用于军事目的。侦察、监视、预警、通信、导航、气象卫星等天基系统成为信息化战争的主体部分。特别是自海湾战争以来,世界各军事大国都在争相利用和控制航天空间,把夺取"制天权"作为夺取信息化战争主动权的制高点,航天战场已逐渐成为陆、海、空之后第四个角逐的主战场。

表 3-2 全球主要航天发射中心

航天中心名称	所在国家(地区)及位置
卡纳维拉尔角发射场	美国,佛罗里达州卡纳维拉尔角
范登堡空军基地	美国,加利福尼亚州阿圭洛角正北
库鲁航天中心	法国,南美洲北部大西洋海岸的法属圭亚那
鹿儿岛航天中心	日本,南部鹿儿岛县
种子岛航天中心	日本,南部种子岛
卡普斯金亚尔靶场	俄罗斯,伏尔加格勒市
拜科努尔发射场	俄罗斯,哈萨克斯坦境内
普列谢茨克基地	俄罗斯,北部阿尔汉格尔斯克地区
斯里哈里科塔发射场	印度,南部东海岸的斯里哈里科塔岛
西昌卫星发射中心	中国,四川省凉山彝族自治州
酒泉卫星发射中心	中国,甘肃省酒泉市
太原卫星发射中心	中国,山西省太原市

资料来源:新华网(2011 年 1 月 6 日)

作为航天技术超级大国，美国深知谁能夺取制天权，谁就能赢得制信息权、制海权和制空权，进而领跑未来战争。因此，美国不断推出了"星球大战"、"空地一体战"、"空天一体战"、"空海一体战"等概念、理论、战法。航天作战理论的繁荣，更增加了未来战争的不可预测性、不可控制性和恐怖性。人们不敢想象如果有几个可与美国抗衡的航天大国按照美国的航天战设想与之进行交战，未来太空将会是怎样的景象！太空会安全吗？人类会安全吗？人类还可以生存吗？毋庸置疑，一旦有了航天战争，太空就会布满更多的垃圾，民用航天空间会越来越危险。如果爆发航天大战，那对人类将是极大的灾难。

现代战争的事实和航天装备试验的例证都表明，世界军事航天发展的步伐正在加快。核战的阴影尚未散去，天战的利剑又已高悬。大力发展军事航天技术，夺取和保持航天优势地位，已成为信息化条件下世界军事强国所追求的重要目标。航天空间，必将成为军事较量的"大舞台"。

（三）天兵天将披挂上阵

随着航天战场的战略地位日益提高，航天空间已成为打赢信息化战争的战略制高点。俄罗斯总统普京曾说过："如果没有航天部队或者空间军事力量的话，那么根本谈不上加强全球的战略稳定。"美国空军军事航天负责人罗伯特·迪克曼也说："如果没有航天系统，美国不可能赢得战争的胜利。"

随着大国备战天战的步伐加快，有些国家已组建了"天军"。1982 年开始，美国相继组建空军航天司令部和海军航天司令部。1985 年，美国国防部设立航天司令部。1993 年 12 月，成立空间作战中心。1998 年，成立了陆军航天司令部。目前，美国拥有 8 个航天联队、43 个航天中队和 9 个洲际弹道导弹中队，未来发展目标是将目前的航空航天部队转变为航天航空部队。俄罗斯曾于 2001 年 6 月 1 日宣布组建了新的兵种——航天兵，简称"天兵"，由军事航天部队和空间导弹防御部队构成，其中军事航天部队编成 4.3 万人，下辖 3 个大型航天发射场和 1 个航天器试验与控制中心。2011 年 12 月，在航天兵和空天防御战役战略司令部的基础上，组建了世界上又一个新的兵种——空天防御兵。印度在 2007 年宣布建立了空军航天司令部，目前编成有 1 个师的航天部队，并计划在 2020 年前再组建 2 ～ 3 个师的航天发射部队。此外，日本、韩国也在筹建、发展本国的航天部队。

"天军"、"航天兵"、"空天防御兵"是空天时代的产物,是人类战争和军队发展建设中的一个必然结果。首先,随着航天技术的快速发展,航天空间已经成为人类征服宇宙的"高边疆",而这个高边疆恰恰是"天军"、"航天兵"、"空天防御兵"一显身手的军事主战场。其次,天战武器装备在局部战争中支援陆、海、空作战所发挥的巨大作用,足以看出"天军"、"航天兵"、"空天防御兵"在未来军事斗争中举足轻重的地位。再次,战场空间的拓展,必须有与之相适应的军(兵)种去填补,否则就会失去军事战略优势。由于空天战场作战特点和地理区域位置的特殊需求,使得已有的军(兵)种没有能力进入到那个空间区域作战,必须组建新军(兵)种才能完成特定区域的作战任务。在空天时代的召唤下,天兵天将随之披挂上阵。

(四)航天技术迅猛发展

航天技术是探索、开发和利用太空以及地球外天体的综合性工程技术。军事航天技术是服务于军事目的的航天技术,包括航天器运载技术、航天器发射技术、航天器技术、航天测控技术和载人航天技术等。

航天器运载技术,是航天技术中的关键性基础技术。目前,一次性运载火箭是航天器运载技术的集大成者,航天器借助一级或多级运载火箭的巨大推力克服地球引力和大气阻力,将人造卫星、宇宙飞船、空间站等航天器安全地送往太空的预定轨道。

航天器发射技术,是发射各类航天器的综合性系统技术。主要由指挥系统、测试发射系统、通信系统、时间统一系统、气象系统、大地测量系统、技术勤务系统等组成。各系统职能任务不同,均为保障航天器顺利升空提供必要的保障服务。

航天器技术,是指运行在地球大气层以外空间、基本按天体力学规律运行的各种飞行器的技术。航天器技术分为无人航天器技术和载人航天器技术两大类。军用航天器技术主要包括军用卫星技术、天基武器装备技术和天基武器平台技术等。

航天测控技术,是指对运载火箭和航天器飞行的各个阶段(发射、运行、回收等）进行跟踪、测量、监控和信息交换，保证航天器正常飞行的综合技术。

载人航天技术，是指人类驾驶和乘坐航天器在太空从事各种活动并安全返回地球的综合性系统工程技术。

二、独具特色的临近空间

临近空间是近年来才被人类所重视的领域，其概念首先由美国人提出。临近空间一般是指距地面 20 ～ 100 千米的空域，处于现有飞机的实际最高飞行高度和卫星的最低轨道高度之间。大致包括大气平流层区域、中间大气层区域和部分电离层区域，是空天防御作战的一个新战场。这个空域之下的空域就是我们通常说的"航空空间"（俗称"天空"），是传统航空器的主要活动空间；它之上的空域就是我们平常说的"太空"，是卫星等航天器的运行空间。

（一）物理环境有利有弊

临近空间空气稀薄、气温极低，有严重的臭氧腐蚀和强烈的紫外线破坏，但气象状况远不如航空空间那样复杂。由于临近空间比太空低很多，飞行器到达的难度、费用和风险等自然也就小得多，但它比"天空"又高很多，更有利于情报收集、侦察监视、通信保障以及对空对地作战等。因此，临近空间是有非常重要应用价值的空域。

临近空间环境研究是分析临近空间系统效能的基础，是物理系统建设和研究的重要前提。临近空间独特的环境因素直接关系到平台的材料选择、有效载荷光学器件和电子器件的性能以及有效载荷功能的发挥。

风特性及影响。临近空间处在对流层之上，气候条件稳定，不会发生云、雨、雷暴等强烈的天气现象，但是存在风，并且在不同的高度、不同季节、不同地区有着不同的持续效果。风速在空间高度 20 千米处达到一个最小值，然后随高度的增加快速增加，在 60 千米的高度，风速可达 140 米 / 秒。风的特性直接影响到临近空间平台的悬停能力和控制方式选择。

温度特性及影响。临近空间温度较低，但是随着高度的增加，温度有所升高。而且昼夜温差大，太阳光照射面与背面温差大，这些特性对临近空间平台系统材料的选择有重要影响。

压力特性及影响。在 20 千米高度附近的大气压力约为地面的 5.3%,随着高度上升压力下降,到 30 千米高度时约为地面的 1.1%。压力特性对飞行器的外形结构设计和运行方式的选择有直接影响。

辐射特性及影响。臭氧浓度在 20 千米高度附近会达到最大,之后随高度增加浓度下降,到达 30 千米时,浓度仅为最高值的 3%。但是随着臭氧浓度的下降,紫外线等太阳辐射将逐渐增加。这些辐射特性对发展临近空间系统有制约作用,紫外线辐射对材料、设备等都有严重影响。

(二)空间区位优势明显

临近空间曾经长期默默无闻,一般航空器无法接近,人造卫星、航天飞机等航天器又是匆匆过客,一直以来未得到系统的开发和利用。直到近几年,以美国为主的世界各航空航天大国对临近空间的关注逐渐升温。

抢夺临近空间领域的竞争已经展开,美国、欧洲、日本、俄罗斯等国家都制订了临近空间开发计划。美国空军认为临近空间飞行器在军事领域有很大的用武之地,在早期预警、侦察与战场监控、通信中继、信息干扰、导航、有效载荷运输、全球快速打击等方面具有广阔的应用前景,必将在未来军事行动中发挥重要作用。目前,临近空间飞行器在国外已处于技术研究和演示验证阶段,距离投入使用还需克服一些技术挑战。但可以预见,随着技术的不断突破,在不久的将来,临近空间飞行器将成为参与空天对抗及服务国家战略安全的重要角色。

(三)预警技术首当其用

目前,在临近空间飞行器技术领域中,预警技术的应用研究居于领先地位。这是因为:一是航空预警技术最为成熟,容易移植和嫁接;二是预警需求是现代战争最为急迫解决的问题;三是临近空间的物理环境十分有利于预警技术的应用。临近空间预警关键技术主要在以下 4 个方面寻求突破:

一是面向任务的顶层设计和系统设计技术。它是指临近空间飞行器的合理布局和优化技术、飞行器侦察传感器与地面计算的合理布局与分工协作技术等综合设计技术。

二是目标探测与识别技术。它是指包括米波与毫米波探测技术、红外探测技术、多传感器信息融合技术在内的综合技术。

三是复杂背景和目标有效特征的建模、可检测性与可识别性的预测与评价技术。主要是指抑制强背景干扰，利用运动、形态和光谱等复合特征的检测识别技术，目标／背景特性与识别技术的仿真及建模技术、性能定量评价及预测技术。

四是实时信息处理技术。它是指并行信号处理技术。包括分布式并行处理系统和嵌入式、可扩充、模块化应用软件等技术。

三、不断扩大的空中战场

空中战场的开辟以航空器用于军事目的为标志。自从飞机投入战场以后，人类战争便开辟了一个新的战场空间——空中战场，即第三维战场。战争空间也因此由平面跃升至立体。从第一次世界大战到现代局部战争，空中战场上演了一幕幕惊天动地的立体战争的活剧，环境日趋复杂，范围不断延伸。

（一）物理环境异常复杂

空中战场环境，是指对空中战场作战活动有影响的各种情况和条件的统称，包括地形地貌、水文气象、人造工程、电磁频谱、社会经济以及空防工程构筑、作战物资储备等战场建设情况。交战双方在空中战场中运用航空、地面防空、雷达、电子对抗、空降等作战力量，以侦察、通信、监视、预警、空运、空袭、反空袭等为主要手段，进行以夺取"制空权"为主要目的的作战活动。航空空间飞行器主要是飞机、巡航导弹等空气动力目标。目前，人类实用的航空空间一般在 30 千米以下，是空天防御作战的重要组成部分。

随着现代科学技术的发展，特别是隐身、激光、微波、声波、次声波、电磁脉冲、航天技术、无线电遥控技术、智能机器人及无人机等高新技术在军事领域的深入运用，使影响空中战场环境的因素更加多元化、复杂化。按照担负空中交战、对空作战任务的空中平台（弹药）距离地面的高度区分为超高空环境、高空环境、低空环境和超低空环境。航空空间高度层划分及特点见表 3-3。

表 3-3 航空空间高度层划分及主要特点

高度层	真高（米）	空气密度	主要特点
超高空	>15000	随着高度的升高，空气密度下降	表速小、迎角大，发动机易喘振、停车，引起飞机抖动、失速。机动性差，不利于空战和对地攻击。
高空	7000～15000		真速大，耗油量减小，航时和航程长，利于战斗巡航。机载设备有效距离大，可克服地杂波干扰。易被地面雷达发现，受地空导弹的威胁增大。
中空	1000～7000		飞机载荷大，是最理想的高度层，机载设备最理想的工作高度。
低空	100～1000		耗油量大，续航能力低，机载设备距离近，易受地面杀伤，机动性较超低空好，利于隐蔽出航和对地突击。
超低空	<100		燃料消耗大、续航能力降低，机载电子设备作用距离缩短，发现和识别地标难度大，易受障碍物和飞鸟的威胁，利于突破防空系统。

（二）地位作用日益凸显

目前，航空空间是人类开发最早也是利用最为充分的空间。它上接天，下连地（海），这种特殊的战略位置，使得人类对航空空间的争夺显得比以往任何时候都更为激烈。航空空间不仅是中小范围侦察、预警、监视的主战场，而且还是电磁干扰、兵力投送、火力打击的主战场。

20 世纪 80 年代以来的历次局部战争表明，制空权、空袭与反空袭对战争的进程和结局具有决定性作用，而且空中战场环境更加复杂、对抗更加激烈，并正日益扩大——海上战场空中化、陆地战场空中化。海湾战争中，38 天的空中进攻战役主导了战争的结局；科索沃战争开创了独立空中进攻作战达成战争目的的先例。

空中战场之所以不断扩大，其根本原因在于武器平台与各种弹药作战空域的扩大。先进的航空发动机技术、导航技术、燃料技术和新材料技术广泛应用于空中作战平台和武器弹药，雷达可以看得更远、更准，飞机和导弹可以飞得更远、更快、更高或更低，使得空中战场在向物理空间的边界不断延伸。从纵向上看，由一树之高到数十千米。从横向上看，远程弹道导弹可跨洲际攻击，远程战略轰炸机不经空中加油即可飞行上万千米，巡航导弹射程可达3000多千米，空空导弹能进行超视距作战，新一代地空导弹不仅可以拦截飞机，还可以对付高空、高速的弹道导弹，战略侦察机可以在30千米以下高度执行侦察任务，预警机可探测200～400千米范围内的低空、隐身飞行目标，空中加油机可同时为多架飞机加油。这些平台和弹药使现代空中力量在战争中具有不可动摇的地位，并发挥着不可或缺的作用。

（三）航空技术日臻成熟

航空技术是以空气动力技术为基本的综合性技术，包括航空动力与推进技术、飞行控制技术、火力控制技术、航空弹药及制导技术、机载雷达技术、航空隐身技术，以及其他诸如一体化设计技术、空中加油技术、无人驾驶技术等。

航空动力与推进技术，包括空气喷气发动机技术和推力矢量推进技术等。目前，由于动力与推力技术的发展，军用飞机真正进入了高超音速时代。

飞行控制技术，包括飞行驾驶技术和导航技术等。前者通过操纵控制飞机的水平和垂直陀面及襟、副翼来改变飞行姿态，以期达到一定的飞行高度、速度或完成需要的机动动作；后者主要是对飞机进行目标指引的技术。

航空火力控制技术，是指用来搜索、识别、跟踪、瞄准目标，控制弹药的投射方向、时机、密度以摧毁目标的技术。装备先进火控系统的飞机不仅可以进行全天候、全方位、全高度作战，而且具备了超视距、多目标的攻击能力，飞机的智能化水平显著提高。

航空弹药及制导技术，是指研制机载导弹、炮弹、炸弹的技术。目前，先进的航空弹药大多采用了红外制导、（半）主动雷达制导、惯性制导、卫星制导、激光制导、电视制导等多种制导方式，极大地提高了武器命中精度。

机载雷达技术，现已研制出了机载脉冲多普勒雷达、相控阵雷达、边搜索边跟踪雷达，且具备了上视、下视能力和多目标跟踪能力。

航空隐身技术，是指利用各种技术手段，减弱雷达的反射波、红外辐射等特征信息，使敌方的探测系统捕捉不到目标，从而提高飞机突防能力和生存能力的技术。目前,隐身已经成为军用航空飞行器发展的潮流,已装备和在研的新一代战机普遍具备隐身特性。

四、杀机重重的电磁战场

信息时代,随着战争形态和军队建设向信息化转型,人类在陆、海、空、天四维战场空间的基础上,又开辟了第五维空间——电磁空间,形成了新的战场环境——电磁战场环境。目前,电磁环境成为战场环境的构成要素,电磁空间已成为夺取现代战争主动权的关键性场所,是空天防御作战的又一重要战场。

(一)电磁战场不再神秘

战场电磁环境,是一定战场空间内各种电磁信号的总体状态。是对作战有影响的电磁活动和现象的总和,主要由雷达、通信、广播、电视、导航定位、电子对抗、敌我识别和各种光电辐射,以及闪电等自然电磁辐射组成。信息化条件下,电磁辐射信号的时域、空域、频域和能域的广泛分布以及电磁辐射信号类型的众多,导致电磁环境的复杂性,对战争进程和结局有重要影响。复杂电磁环境,是指在一定的空域、时域、频域上,电磁信号纵横交叉、连续交错、密集重叠,功率分布参差不齐,对相应的电磁活动产生重大影响的电磁环境。突出表现为激烈对抗条件下全频谱、多类型、高密度的电磁辐射信号在空间的立体传播及其相互影响。主要特征为:

一是信号密集。信息化条件下的战场环境中,敌对双方使用的电子设备体制杂、数量大,电磁信号密集。现代战场上集中了众多类型和体制的大功率或高灵敏度的电子设备,电磁信号密度已达到每秒 100 万个脉冲。如美军的 E-3 预警指挥机,装备有 30 多个辐射源、20 多副天线;美军的一辆地面指挥车所装备的通信设备多达 100 多种;美海军的"华盛顿"号航母战斗群至少装备了 200 部不同类型的雷达;美陆军集团军级的指挥控制系统,仅无线电台就有万余部,一个摩托化步兵师内的电台数量就多达 2000 余部。在时域上的密集程度也达到了前所未有的状态。以空中雷达信号为例,在接收机动态范围内,20

世纪70年代雷达脉冲密度是每秒4万脉冲,20世纪80年代是每秒100万脉冲,90年代是每秒100万～200万脉冲,目前已超过每秒200万脉冲。在信息传输方面,美军在伊拉克战争中,总的信息传输容量达到每秒783兆字节。目前,美军"国防信息系统"网的通信带宽比海湾战争时扩大了10倍,空中作战指挥中心数据交换能力提高了100倍。随着信息系统的发展,电磁信号将会更加密集,电磁频谱更为拥挤,从而使整个战场的电磁环境更为恶劣。信息化战场上的电磁环境不仅局限于一种或几种平面定向电磁波,而且是计算机与众多电子器材相互匹配的立体电磁合成网络。这种情况将会越来越严重。

二是信号种类繁杂。随着通信电台、雷达以及光电设备等电子信息系统更新换代速度加快,各种新体制电台、雷达和光电设备层出不穷,辐射源复杂多样,使得电磁辐射信号日趋复杂繁多。目前,现代战场上电磁信号频谱囊括了从超长波、长波、短波、超短波、微波、毫米波直至光电频谱在内的极宽频段,几乎覆盖了整个电磁频谱范围。仅通信信号种类就多达100种以上。在雷达方面,由于广泛采用相控阵雷达技术、脉冲多普勒雷达技术、多参数捷变雷达技术、脉冲压缩雷达技术、单脉冲雷达技术、噪声雷达技术、合成孔径雷达技术、毫米波雷达技术和低截获概率雷达技术等,使得雷达信号种类令人眼花缭乱。

三是信号动态重叠。电磁战场的动态性,是指在一定条件下电磁环境存在方式的变化属性。战场电磁环境是由敌我双方、人工与非人工、电子对抗与非电子对抗信号环境的共同作用下综合而成,各式各样的电磁信号充斥了整个物理空间。一定的空间范围内容纳了众多电子系统,类似的电子系统应用于相似的频率范畴,使电磁环境呈现出兼容与非兼容的矛盾状态。一方面,电磁环境的复杂程度主要取决于电子设备的工作状态、工作性质等,而不仅仅是参战各方电子设备、系统的编制数量和装备的设计性能。另一方面,在同一作战空间内,季节、天候、地形等条件的不同和电离层高度、电介质性质、地磁场分布等因素的变化也会造成电磁环境的变化。而且,随着战争的发展,军事电子系统在各作战阶段中运用的方式和程度也有一定变化,电磁环境也表现出很强的不稳定性。电磁环境的动态交叠,其核心表现为电磁波传播在空域上的交错、电磁辐射行为在时域上的集中、电磁辐射信号载频在频域上的拥挤和电磁辐射强度在能域上的起伏。每一域的电磁辐射活动情况都分别从不同方面表现出电磁环境的复杂性。

四是电磁应用冲突强烈。战场上的电磁应用,是基于电磁波辐射、传播、接收的军用活动。大量电子设备的密集使用以及电子战手段的大量运用,使现代战场上的用频装备表现出冲突强烈的外在特征。一是电子设备的大量密集使用使电磁信号密集,决定了战场用频设备之间的冲突不可避免;二是电磁频谱可用频段有限,加剧了电磁应用之间的冲突;三是电子战手段的运用加剧了战场电子设备之间的冲突。

另外,战场上各种军用电子设备是根据作战需求进行配置与运用的,作战目标的不同引起电磁信号在空域和时域分布上有所差异。在时域上,有些电磁信号持续时间很短,比如猝发通信信号等;而有些电磁信号持续时间很长,比如各种陆基预警探测雷达等。通信装备工作频率更加复杂,在短波波段可每秒 5 跳、10 跳、20 跳,超短波波段可每秒 100 跳、200 跳,甚至更高。在频域上,不同的军用电子设备由于作战应用不同,其所使用的频率范围也不尽相同。现代通信信号占用的频率范围可达 2 兆赫兹～ 4 吉赫兹。雷达信号的工作频率范围多集中在 1 ～ 18 吉赫兹。在空域上,由于不同地理位置的战略地位不同,使得作战力量部署的类型和数量有所差异,重要作战空间范围内的电磁信号的种类与数量与其他作战空间相比呈指数增长。

(二)电子战走向前台

传统意义的电子战,重在电子保密,电磁防护常被列为作战保障范畴。而信息时代,电磁不仅充斥着整个战场空间,而且贯穿作战过程的始终。在近期几场局部战争中,电磁战场已成为电子软杀伤型武器和电子硬杀伤型武器共同作用的隐形战场,电子战已发展成为一种特殊的作战样式。

电子战的基本目的是,通过电子侦察获取军事情报,通过电子进攻破坏或瘫痪敌方的 C^4I 系统、削弱敌方兵器的作战效能,使用信息化武器系统打击敌方的信息系统,以积极的防御行动保障己方的 C^4I 系统和信息化武器系统免受敌方电子攻击的影响。电子战已渗透到现代作战的各个领域,发挥着极其重要的作用:

一是电磁战场全方位覆盖。现代局部战争实践表明，信息化条件下的电磁斗争已经渗透到指挥、控制、通信情报、空袭与反空袭、反舰反潜等极为广阔的军事领域，电子对抗能力已经成为信息化战争中战斗力的要素之一。

二是电子战已成为不可或缺的重要作战手段。夺取制电磁权是夺取战场主动权的先决条件。信息化条件下的战场透明度空前提高，拥有高技术优势的一方可以全时域、全空域掌控电磁权。有效的电子进攻可使敌情报系统难以发挥效能、指挥瘫痪，还可使激光制导、雷达制导、红外制导等精确制导武器的效能明显降低甚至失效。据美军统计，配有自卫电子进攻设备的轰炸机生存率达70%～95%，反之不超过25%；作战飞机带电子进攻系统出击时的生存率为97%，反之则不超过70%；水面舰艇不装电子对抗设备时，被导弹击中的概率为加装电子对抗设备时的20倍。

三是电磁领域是作战双方争夺的焦点。电子战武器装备不仅具有较高的效费比，而且可对总体作战能力起到"倍增器"作用。在1982年的第四次中东战争中，以军运用了电子战手段，在贝卡谷地仅用6分钟就摧毁了叙军价值20亿美元、苦心经营多年的19个萨姆-6防空导弹阵地和30架飞机。在海湾战争和科索沃战争中，由于美军及其联军在战争全过程中实施电子进攻，彻底干扰、压制、摧毁了伊拉克和南联盟军队的指挥控制系统、情报侦察和预警系统、防空雷达制导系统，使伊军、南军的雷达变成了"睁眼瞎"，导弹和高炮发射则是"盲目打"，指挥控制更是"乱弹琴"。

五、无处不在的网络战场

信息时代的空天对抗，催生了第六维战场——网络战场的诞生。网络空间如同物理空间一样，是未来空天作战的新型战场。网络是实施一体化联合空天对抗不可或缺的重要载体，一体化联合作战行动离不开网络的支持。情报信息传输通过网络进行，指挥控制指令通过网络传输，拦截打击武器装备通过网络联为一体，攻防体系对抗在网络中实施，体系作战效能通过网络得以实现。

计算机网络空间也称计算机网络环境，是指各种军用或民用的计算机系统及其网络共同构成的虚拟空间，涉及政治、经济、文化、科技、外交和军事等各个领域，是继陆、海、空、天、电之外没有硝烟的第六维战场。战争博弈的双方必须依据网络战的特点，研究网络战理论及网络战的战术战法，探讨网络战部队的建设、装备发展等一系列重大问题，才能铸造空天防御作战克敌制胜的"网络利剑"。

（一）一体化网络战场

"快速、精确、高效、合成"的作战需求与信息网络技术的有机结合，催生了信息网络这种新的作战平台，形成了一体化网络战场空间，使作战指挥效能倍增。战争和非战争军事行动对信息网络的高度依赖，各类网络攻击技术手段的不断出现，导致网络战的产生，并对军事领域乃至整个国家安全构成严重威胁。

1. 网络战场无疆界

由于军用与民用信息技术、信息网络设施等相互融合、互相渗透，导致信息网络系统能够在任何地点都可能成为潜在战场。因此，未来的信息化战场及其与作战有关的信息活动将突破传统的战场界限，不受局部的陆、海、空、天交战空间的束缚，既无地面、空中之分，也无前、后方界限之别；既不受天候因素制约，也不受地形因素影响；既可对整个战场进行网络的平面覆盖，也可对整个战场进行网络的立体交织。甚至对主动进攻的一方来说，无须兴师动众，无须远程机动，只需打开电脑，键入己方相关意图指令，即可干扰、攻击、毁伤千里之遥的电子目标。

2. 网络战力量广泛

网络对抗中，每个芯片都可能成为一种潜在的攻防武器，每台入网的计算机都将可能成为一个作战单元，每一个网络操纵员都可能成为网络战士。交战双方必将竭力发动包括民间在内的网络战力量参与"网络战"，设法进入敌国敌军的网络系统，甚至渗透于入网设备和数据库中，窃取有关资料，修改作战或保障计划，干扰指挥程序，对网络中关键输入输出接口实施阻塞，破坏其"信息流"。

3. 网络战场无缝一体

未来的空天作战体系是由各种作战系统和作战要素联结成的一体化信息网络系统。一体化的各种战场传感器、预警探测系统能够全方位、全维度、全天候、全时辰地掌握瞬息万变的战场情况，能够对敌战场态势乃至作战过程中的行动进行精确的探测、识别、跟踪与攻击；信息化武器装备的发展，将使每个火力单元、单兵都能发挥应有的作用，并与其他作战单元信息共享、相互支援、协同作战，构成了无缝一体的网络战场空间。

4. 网络战技术是"双刃剑"

与其他军事技术一样，网络战技术是把"双刃剑"，既可提供高效、快捷、准确的信息情报和实施指挥控制，成为未来战争的"强点"，为赢得未来作战的胜利提供强有力的支撑；也可能因其自身的"弱点"而成为未来战场和信息化军队的"软肋"，遭敌"网络闪击"而导致整个作战的失利。网络战技术的应用既为信息化战争带来契机，又可能带来致命的危险。

（二）不断发展的网络战手段

网络战是以网络为战场，以计算机为武器，以先进的信息技术为手段，在虚拟的网络空间进行的信息攻防作战的总称，是交战双方为夺取和保持网络制信息权而采取的一系列对抗行动。

所谓空天防御网络对抗，是指利用各种可能的手段和措施，突破敌方空天袭击网络系统的安全防范体系，对网络系统、信息系统等进行侦察、侵扰、欺骗和破坏，使其信息处理效能、网络通信作用、武器作战能力等降低或丧失，并采取各种有效措施保护己方计算机网络与信息系统免遭敌方攻击的综合作战行动。其实质是在充分研究敌方计算机网络安全技术与防范措施的基础上，寻找其网络系统的安全漏洞、并实施攻击与破坏。其内容包括利用、控制和破坏敌方计算机网络系统，保护己方计算机网络系统免遭敌利用、控制和破坏等。当前，战场上网络战的主要手段见表3-4。

表 3-4 战场网络战的主要手段

主要手段	作用领域		实施方式
网络探测	物理层		间谍观察、记忆、拍照 飞机和卫星空中成像侦察
	信息层	信号层	信号截获、定向、定位和解密 电磁泄漏探测
		网络层	（计算机）网络探测
网络攻击	物理层		炸弹、定向能、电磁脉冲、反辐射导弹
	信息层	信号层	信号干扰和压制
		网络层	（计算机）网络攻击
网络防护	物理层		伪装、隐藏、物理加固、电磁加固
	信息层	信号层	信号加密 TEMPEST 防护
		网络层	（计算机）网络防护

资料来源：《解读网络中心战》（王正德，国防工业出版社，2004 年）

在空天防御网络战场上，主要有 4 个方面的作战行动：一是利用，即从敌我双方的计算机网络系统中最大限度地获取己方所需的各种情报信息；二是控制，即改变敌方计算机网络系统中的信息和软件，使敌方计算机网络系统按照己方意图运行；三是破坏，即网络"黑客"运用诸如邮件炸弹、计算机病毒、特洛伊木马等程序以及硬摧毁武器等，破坏敌方计算机网络系统中的信息、软件和物理实体，使敌方计算机网络系统无法正常工作甚至瘫痪；四是保护，即保护己方计算机网络系统不被敌方所利用、控制和破坏，确保计算机网络的保密性、完整性、可靠性、可用性、不可否认性和重建性等。

目前，典型的网络战样式主要有：（1）网络窃密战，即通过计算机或计算机网络窃取对方的秘密资料。通常分为"外部窃密"和"内部窃密"两大方式。外部窃取——利用电缆或互联网络，从电脑或网络中提取其所存储的秘密资料；内部窃取——通过对方内部人员来窃取计算机所存储的秘密资料。计算机网络窃密具有隐蔽性好、渠道众多、防范困难、易于见效、威胁性大等特点。目前，世界各国围绕计算机网络窃密与反窃密的斗争愈演愈烈，已成为当今国际情报斗争的一个隐形战场。（2）计算机病毒战，即将计算机病毒通过软件、硬盘、通信线路或其他方式植入计算机系统或网络，致使整个系统发生紊乱，甚至造成瘫痪。实施计算机病毒攻击的主要方式有 3 种：一是空间注入，即利用计算机病毒武器将带有病毒的电磁辐射信号，向敌方电子系统或 C^4I 系统某一未被保护的接收处理系统进行辐射，并将病毒植入。二是网络 / 节点注入，即通过敌方电子系统或 C^4I 系统中某些薄弱的网络 / 节点，将病毒直接注入敌方某些设备。三是设备研制期注入，在敌方电子设备研制期间，通过一定的途径将病毒植入计算机硬件、操作系统、维修工具或诊断程序中，长期潜伏，待设备交付使用后，病毒由某些特定的条件激活而起作用。（3）网络"黑客"战，即利用专业或业余的计算机高手，或专门的网络战部队，通过民用或军用互联网，进入敌方计算机系统进行骚扰或破坏，从中窃取军事情报，破坏其计算机文件和数据库，或根据需要破坏敌方的电话网、金融系统、工业管理系统、电力网以及交通航管系统，致使敌方的通信中断、经济瘫痪、交通阻塞，国家陷入严重混乱，达到"不战而屈人之兵"的目的。实施战场网络攻击时，从无线信道接入的攻击和从有线信道接入的攻击流程参见图 3-3 和图 3-4。

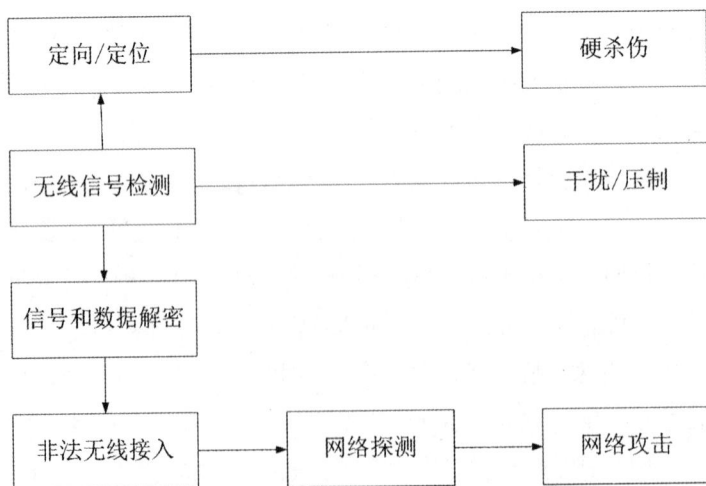

图 3-3 从无线信道接入的攻击步骤示意图

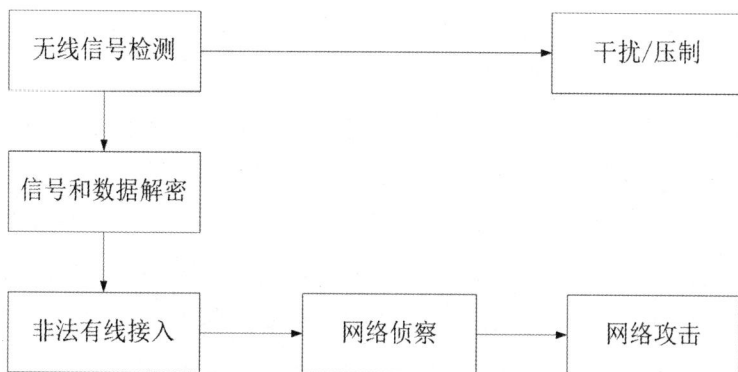

图 3-4 从有线信道接入的攻击步骤示意图

随着计算机技术和信息技术的发展，战场上的网络战技术将不断翻新，计算机新型病毒、芯片细菌、微米／纳米机器人等将成为网络战的新手段。类似"舒特"系统等新型网络攻击手段的应用既为网络战带来契机，又可能带来致命的危险。在网络战异军突起的今天，空天防御作战需要认真研究和解决的重大现实课题主要包括：利用网络的脆弱性，秘密潜入网络系统，实施诸如信息窃取、信息污染、信息欺诈、心理攻击、病毒袭扰、拒绝服务、黑客攻击之类的攻击行动；对关乎国计民生的政治、经济、军事等网络系统实施毁灭性破坏，能够使经济生活陷入停顿、社会发生动乱、作战指挥失灵、战争难以为继的进攻与防护的方式方法；设置防护屏障，构筑自己的"网络长城"，阻敌于"网门"之外，把握先机，做到攻防兼备等。

六、空天防御战场环境新特征

信息技术支撑下的空天战场有别于传统的陆、海、空战场，并伴随着信息技术的发展及军事运用而呈现出了诸多新特征。

（一）战场新时空特征

唯物主义辩证法认为，时间和空间是物质的存在形式，任何物质的存在都离不开时间和空间，空天防御作战活动也不例外。信息化战争中，大量空天武器的装备和运用，使空天战场的时间和空间因素发生了重大变化，呈现出与传统防空作战不同的时空特征。

首先，空天战场改变了传统的战争时间观。时间就是战斗力，赢得时间是赢得胜利的必要条件，时间因素更为重要。一是空天作战持续时间缩短。高技术的应用使武器装备的效能获得了极大提高，战争节奏加快，作战进程缩短，作战效能大幅跃升，为短时间内达成作战目标奠定了物质基础。二是空天战场有极高的毁伤性和消耗性。综合国力是战争的基础，综合国力必然会随着战争的久拖不决而下降，可以说任何国家都难以承受长期的战争消耗，都力求能在尽可能短的时间内达成战争目的，速战速决。在信息时代的空天战场上，作战时间精确到以分、秒甚至毫秒、微秒、纳秒衡量。

其次，空天战场铸就了全新的战争空间观。信息时代空天战场空间的新特性，主要变化表现在战场空间无限扩展化，物理空间、电磁空间和网络空间的一体化、作战部署分散化、力量运用一体化等方面。

再次，时空转换发生了新变化。"以空间换时间"或"以时间换空间"是传统战争经常使用的战法，主要原因在于传统战争中时空观有很大的伸缩性和模糊性。由于空天作战具有作战节奏快速化、精确化、智能化、空间广阔等特点，攻防双方均寄希望于利用时空优势来加快战争进程、争取作战主动权。时空转换加快的同时又十分脆弱，因而必须站在战略的高度，严密把握，缜密处之。

（二）战场新技术特征

技术的进步推动着人类社会不断向前发展。人类每一项重大技术的发明和发展，都成为人类社会滚滚向前的不竭动力。空天作战作为各种技术交合荟萃的特殊领域，为各种尖端技术的应用提供了前所未有的"大舞台"。空天战场是高技术战场，几乎云集了人类所有的尖端技术，形成了以航空航天技术、信息技术和计算机网络技术为中心的高新技术群体。尖端技术高度密集是空天战场最基本的技术特征。

航空航天是高新技术群集中应用领域。美国科学家预测，21世纪人类科技发展将在三个领域取得突破性发展，即纳米技术、生物生命技术和宇航技术，而这些技术将首先和广泛应用于航空航天领域。航空航天技术又依赖于相关技术的支撑。随着科学技术的倍增式发展和突飞猛进式的飞跃,动力、电子、火控、计算机、信息、新材料、新工艺等技术的进步为航空航天技术的成熟起到了积极的促进作用。在航空领域,吸波材料、钛合金等新型材料广泛应用,推力矢量、隐身等先进技术逐步成熟,电传操纵取代了机械操纵,雷达、红外探测取代了目视搜索,智能化武器弹药取代了普通的航空炸弹;在航天领域,多级火箭技术为人类飞天奔月架上了"天梯",从多级远程洲际导弹到人造地球卫星,从载人飞船到国际空间站,从载人登月到火星探测,都与大量高新技术的支撑密切相关。

(三)战场环境新特征

战场环境是决定战争胜利和作战方式方法的重要因素。任何战争都离不开其所依赖的战场环境。对于空天战场而言,物理战场环境呈现出许多新特征。

首先,广阔无垠的空天战场为空天作战提供了展示能力的机会与场所。传统的陆、海、空三维战场空间相对于空天战场空间有很大的局限性,无论是横向宽度还是纵向深度,总是离不开人类所依赖的地球。而航天战场的开辟,使战场空间获得了无限的扩展。对茫茫无际的宇宙而言,只要获得技术支持,战场空间就可以得到相应延伸。

其次,至高无上的战略位势为空天作战提供了信息获取、远战、高战、速战的优势环境。航天空间无遮无拦,无阻无滞,可以运用各种摄影成像器材鸟瞰监视地球上所有国家的一举一动,只需3颗地球同步侦察卫星就可以使地球战场达到透明,利用天基作战平台可以快速拦截来袭的远程弹道导弹。

再次,纷繁复杂的自然环境对空天作战具有不同程度的影响。航空航天器必须克服地球引力影响,才能在空间战场遂行拦截打击任务;航空航天器必须克服地球大气、磁场、射线等因素的影响,才能降低或避免风、雨、雷、电、粒子束、宇宙射线、流星体、宇宙垃圾和地球磁场带来的自身安全威胁;航空航天器必须克服高温差带来的影响,才能确保兵器与人员的正常工作。

(四)作战力量新特征

空天作战力量是由空天武器装备与作战人员有机结合所构成的一体化军事

力量。空天防御战场的时空特征、技术特征和环境特征，客观上对空天防御武器和参战人员提出了更高要求，高技术武器和高素质人才构成了空天力量的基本特征。

首先，高技术的空天武器装备是实施空天对抗的物质条件，对战争的发生发展、快慢节奏、胜败结局等具有直接作用，并影响着军队的作战理论、战略战术、作战方式、体制编制等。空天武器装备具有运用的战略性、构成的系统性和功能的双重性等重要特征。从武器装备运用的战略性上看，一方面，发展空天武器装备尤其是发展航天武器本身就是一种国家战略行为；另一方面，使用空天武器既可以遂行空天战略威慑，又可以实施空天防御和打击（反击），已成为空天大国实现国家战略目标的主要手段。从装备体系构成的系统性上看，一方面，就单套空天武器装备而言，其自身就具有很强的系统性；另一方面，对整个空天装备体系而言，无疑是一个复杂巨系统，分布于各种物理空间的各武器系统之间也必须相互依靠、互为支撑、功能互补。如果分系统之间缺乏紧密铰链或整体协调不畅，都可能严重影响作战体系整体威力的发挥。空天武器装备大多具有技术双重性功能，不仅可作为战略手段使用，也可作为战役、战术手段使用；不仅可以为军所用，而且可以为民所用；战时可用，平时也可用。这种技术上的军民共用、平战结合、战略与战术并重的特征，使空天武器装备具有比包括核武器在内的其他力量更大的发展与运用空间。

其次，高素质作战人才是驾驭和运用空天武器的复合型新型人才。空天战场极为复杂的空间环境和高技术特征，对航空航天人才有着特殊的要求：文武一体、博专兼备，既是"勇士"中的"秀才"，又是"秀才"中的"勇士"；既是"通才"中的"专才"，又是"专才"中的"通才"。

第四章

信息时代空天防御面临的主要威胁

你不可以说文明没有进步——至少在每场战争中，他们总能以新的方法杀人。

——（美）威尔·罗杰士

空天防御是现代国家安全的第一道防线，《制空权》作者朱里奥·杜黑在20世纪20年代就说说过："在空中被打败等于战争失败。"世纪之交的几场局部战争已经表明，国家安全环境尤其是空天战场环境将日益复杂，并呈现出多元化、综合化的发展趋势，来自空天的威胁成为最现实、最经常、最严重、最直接的安全威胁。

一、不断扩大的弹道导弹威胁

弹道导弹亦称弹道式导弹。由火箭发动机推送到一定高度和取得一定速度及弹道倾角后，发动机关闭，弹头沿着预定弹道飞向目标，飞行轨迹绝大部分为自由抛物体轨迹的导弹。弹道导弹按发射点通常分为地地弹道导弹和潜地弹道导弹；按射程分为洲际（射程8000千米以上）、远程（射程5000千米～8000千米）、中程（射程1000千米～5000千米）和近程弹道导弹（射程1000千米以下）；按使用推进剂分为液体推进剂和固体推进剂弹道导弹；按结构分为单级（运载火箭）和多级弹道导弹；按性质分为战略导弹和战役战术导弹。其中，战略导弹是指用于遂行战略作战任务，打击战略目标的导弹，通常为中、远程或洲际核导弹。战役战术导弹是指用于遂行战役战术作战任务，打击战役战术目标的导弹，通常为近程常规导弹。

战略导弹是核打击力量的主体和战略威慑的重要手段；战役战术导弹是现代局部战争中进攻作战的"撒手锏"武器。目前，全球已有40多个国家拥有弹道导弹。美国、俄罗斯是弹道导弹的最大拥有国，英国、法国、以色列、印度、巴基斯坦、伊朗、朝鲜、韩国、土耳其等国及我国的台湾地区均装备有一定数量的弹道导弹。仅亚洲地区各类弹道导弹部署数量就已超过 3000 余枚，占世界装备总量的 30% 以上。随着弹道导弹技术和大规模杀伤性武器的扩散，弹道导弹威胁呈不断扩大的趋势。预计到 2030 年前后，世界上将会有约 40 个国家具备研制弹道导弹的能力，有 60 多个国家装备各类弹道导弹。随着核威慑失衡以及有核国家"核讹诈"的可能性，国家空天安全将面临更加严峻的战略与战役战术弹道导弹威胁并存、近程至洲际多种射程弹道导弹威胁并存，以及多种强度威胁并存的现实环境。部分国家和地区装备的主要弹道导弹情况见表 4-1。

表 4-1 部分国家和地区装备的弹道导弹情况

国家	型号	弹头质量（kg）	最大射程（km）	装备国家、地区
俄罗斯	SS-21（圣甲虫）	480	120	俄罗斯、白俄罗斯、乌克兰、哈萨克斯坦、捷克、斯洛伐克、波兰、匈牙利、叙利亚、利比亚、也门等
	SS-26（伊斯坎德尔）	480	280	俄罗斯、叙利亚、伊朗等
	"飞毛腿"-B	980	300	俄罗斯、乌克兰、白俄罗斯、哈萨克斯坦、格鲁吉亚、叙利亚、伊朗、埃及、利比亚、阿富汗、朝鲜、越南等
	"飞毛腿"-C	600	550	俄罗斯、朝鲜、伊朗、埃及、叙利亚等
	SS-27（白杨 -M）	1200	11000	俄罗斯
	SS-27mod2（镰刀 B/ 亚尔斯）	1100	12000	俄罗斯
美国	民兵 -3	907	13000	美国
	三叉戟 C-4	768	7400	美国
	三叉戟 D-5	1200	11100	美国
	陆军战术导弹系统（ATACMS）	268	150-300	美国

（续表）

国家	型号	弹头重 （kg）	最大射程 （km）	装备国家、地区
印度	"大地"-1	1000	150	印度
	"大地"-2	500	250	印度
	"大地"-3	500	450-600	印度
	"烈火"-2	1000	2500	印度
	"烈火"-3	300-1000	3500	印度
	"烈火"-5	1000	大于5000	印度
朝鲜	"劳动"-1	800	1300	朝鲜
	"劳动"-2	800	2000	朝鲜
	"大浦洞"-1	800	2000	朝鲜
	"大浦洞"-2	1000	6000	朝鲜
	BM-25 舞水端	1000	2500	朝鲜
韩国	NHK-1	300	150	韩国
	NHK-2	500	250	韩国
中国 台湾	"青蜂"	400	130	中国台湾
	"天戟"	500	300	中国台湾
	"天马"	500	1000	中国台湾
巴基斯坦	"哈特夫"-1	500	100	巴基斯坦
	"哈特夫"-2	250-400	200	巴基斯坦
	"哈特夫"-3	700	290	巴基斯坦
	"高里"-1	1200	1500	巴基斯坦
	"高里"-2	700	2300	巴基斯坦
	"沙欣"-1	700	750	巴基斯坦
	"沙欣"-2	1000	2500	巴基斯坦

（续表）

国家	型号	弹头重（kg）	最大射程（km）	装备国家、地区
以色列	"杰里科"-1	450	500	以色列
	"杰里科"-2	——	3500	以色列
	"杰里科"-3	750	6500	以色列
伊朗	"姆沙克"-120/160/200	500	130/160/200	伊朗
	法塔赫 A-110	500	210	伊朗
	"流星"-3	800	1300	伊朗
	"流星"-4	800	2000	伊朗

数据来源：《世界导弹大全》（第三版）（魏毅寅，军事科学出版社，2011 年）

值得注意的是，由于战略导弹的使用受到很大制约，美军从 2006 年起开始启动"核改常"计划——对战略导弹进行常规弹头改装，使之成为全球快速打击武器之一。该计划近期实施的项目是对海基"三叉戟"导弹、已退役的陆基"和平卫士"导弹进行技术改装，使其作为常规远程打击武器使用。美国国防部《2006 年四年防务审查报告》认为，赋予"三叉戟"导弹常规打击任务是弥补美国近期常规快速全球打击（CPGS）能力不足的费用最省、风险最低的最佳选择方案。根据美国全球快速打击装备发展设想，其弹道导弹常规全球打击方案主要包括：

常规地地洲际弹道导弹。该类弹道导弹飞行速度快，最大可达 20 马赫，从发射到击中目标的飞行时间在 30 分钟左右；弹道高度最大可达 1200 千米；雷达反射截面积小，探测难度大；采用多弹头、诱饵、弹头机动等措施，突防能力强；再入速度达 7000 米/秒以上，攻击目标圆概率偏差为 10 米级。

常规地地中近程弹道导弹。中近程战术弹道导弹命中精度高，攻击目标圆概率偏差为 9～30 米；飞行速度快，从发射到命中目标，飞行时间只有几分钟到十几分钟；弹道高度 100～600 千米，再入速度最大可达 4500 米/秒以上。防御作战准备时间短暂，拦截困难更大。

潜射远程常规导弹。美国国防部《2006 年四年防务审查报告》要求在 2 年内部署能够用"三叉戟"导弹投送的精确制导常规弹头。为此，国防部要求国会 2007 财年拨款 1.27 亿美元发展"三叉戟"导弹的常规打击能力，包括在 12 艘战略导弹核潜艇中各用 2 枚常规弹头替换"三叉戟"导弹的核弹头。在 2009 财年国防预算中，有 900 万美元用于"三叉戟"导弹延寿试验台（LETB-2）再入装置的飞行试验。据称，该试验台可大大提高"三叉戟"导弹的打击精度。"三叉戟"常规导弹（每枚导弹携带 4 个弹头）最大射程可达 11100 千米，命中精度圆概率误差为 10 米，原计划在 2011 年具备初始作战能力。

新型潜射中程导弹。这是一种由 GPS 制导的弹道导弹。拟装备于 4 艘作为常规武器携载平台的"俄亥俄"级核潜艇上，使用"三叉戟"IID5 导弹的发射筒发射，命中圆概率误差为 20 米，计划 2015 年前形成初始作战能力。该导弹的直径约 1 米，仅仅是"三叉戟"导弹的一半，但同样具备打击 7200 千米外目标的能力。

二、种类繁多的空中威胁

随着信息化技术广泛应用于现代空天作战装备体系之中，进攻型武器装备性能不断提高，以"远、隐、无、精"为特征的空中打击将给防空一方带来前所未有的威胁。

（一）远程空袭武器的威胁

目前，航空空间内的远程空袭武器的威胁主要是战略轰炸机和巡航导弹。

1.战略轰炸机的威胁

战略轰炸机，一般是指用来执行战略任务的中、远程轰炸机（近程为小于 3000 千米，中程介于 3000 千米与 8000 千米之间，远程为大于 8000 千米），是大当量核武器的运载工具之一，战略核力量的重要组成部分，既可作为进攻性武器使用，也可遂行战术轰炸任务以支援陆、海军作战。

现代战略轰炸机载弹量大，可携带多种型号的空地导弹、巡航导弹、精确制导炸弹、特种炸弹，可同时攻击多种、多个目标；飞行距离远，最大航程超过 1 万千米，可实施远程奔袭精确打击；有的远程轰炸机（B-2A）还具有隐身性能，雷达有效散射面积小、雷达探测距离近，不易识别、突防能力强。

美、俄空军目前装备的战略轰炸机是其实施战略空袭的主战空中平台。美国现役的战略轰炸机主要有 3 种型号——B-1B、B-2A、B-52（主要性能见表4-2），计划在 2018 年前后装备新一代战略轰炸机 B-3。俄罗斯现役的战略轰炸机也主要有 3 种型号——图 -95、图 -160、图 -22M（主要性能见表4-3），计划在 2017 年前后完成新一代战略轰炸机的研制。

表 4-2 美空军三型战略轰炸机主要性能表

性能 ＼ 机型	B-1B "枪骑兵"	B-2A "幽灵"	B-52 "同温层堡垒"
实用升限（m）	15000	15152	13250
作战半径（km）	5500	5200	7400
最大航程（km）	12000	11675	16100
载弹方案	①巡航导弹；②AGM-69 近距攻击导弹；③核弹；④集束炸弹；⑤常规炸弹；⑥联合空地防区外导弹	① AGM-129 先进巡航导弹；②核弹；③常规炸弹；④联合直接攻击武器；⑤集束炸弹；⑥燃烧弹	①核武器：空地导弹，巡航导弹；②常规武器：炸弹，联合防区外武器，风修正子母弹
飞行速度（m/s）	巡航 248，最大 420，低空 268	巡航 275，最大速度 326	巡航 250，最大 289，低空 188
雷达截面积（m²）	0.75	0.1	100
正常起飞重量（kg）	180000	168430	221350
最大起飞重量（kg）	21636	170550	229066

此表数据根据相关公开资料整理。

表 4-3 俄空军三型战略轰炸机主要性能

性能 \ 机型	图 -95 "熊"	图 -160 "海盗旗"	图 -22M2/3 "逆火"
实用升限（m）	15000	18000 ～ 20000	18300
作战半径（km）	约 5500	5200 ～ 5600	高空 3700，低空 1930
最大航程（km）	14000	12000 ～ 16000	5500/7000
载弹方案	①巡航导弹；②水雷、鱼雷、无线电遥控炸弹和核弹、空地导弹	①炸弹；②巡航导弹；③ AS-16 空地导弹	①核弹；②常规炸弹、空地导弹；③攻击导弹
飞行速度（m/s）	巡航 211，最大 275	最大速度 782 低空 289	巡航 306，最大 510 低空 220
正常起飞重量（kg）	154000		75000
最大起飞重量（kg）	185000	275000	83900

此表数据根据相关公开资料整理。

在海湾战争中，美军部署了 68 架 B-52G 型战略轰炸机，发射了 35 枚 AGM-86 空射巡航导弹，投下了 25700 吨普通炸弹。在 "沙漠之狐" 空袭行动中，B-1B 首次用于实战，从 20000 英尺的空中投放了 MK-82 精确制导炸弹。在科索沃战争中，美军部署了 18 架 B-52G、5 架 B-1B 和 6 架 B-2A 型战略轰炸机，首次同时使用 3 型轰炸机于一场战争，发射了 AGM-86C、AGM-129 型空射巡航导弹，投掷了 "联合直接攻击弹药"（JDAM）、MK-82、MK-84 等型精确制导炸弹，首次使用了 GBU-87/89/97 集束炸弹、电磁脉冲炸弹和石墨炸弹。在阿富汗战争中，美军部署了 B-52H、B-1B 和 B-2A 型战略轰炸机，使用了 GBU-28 "地下掩体" 攻击炸弹、AGM-154 "联合防区外发射武器"（JSOW）在内的大量精确制导弹药，对阿富汗塔利班据点等实施了精确打击。在伊拉克战争中，美军出动了 28 架 B-52H、4 架 B-2A 和 11 架 B-1B 战略轰炸机，使用 AGM-86C、AGM-129、AGM-86D 型空射巡航导弹、卫星制导的小型 "联合直接攻击弹药" 及电磁脉冲炸弹、石墨炸弹等精确制导弹药和特种弹药，空袭了伊拉克诸多重要目标。近期局部战争中，美军战略轰炸机的使用情况见表 4-4。

表 4-4 近期局部战争中美军使用的战略轰炸机

战争名称 \ 使用情况	机型 / 架数	主要弹药
海湾战争	B-52G/68	35 枚 AGM-86 空射巡航导弹；普通炸弹 25700 吨，占多国部队总投弹量的 29%，日均投弹量约 598 吨。
沙漠之狐	B-1B/6	MK-82 精确制导炸弹（500 磅）。
科索沃战争	B-52G/18	AGM-86C 空射巡航导弹、AGM-129 空射巡航导弹、JDAM、MK-82、MK-84 精确制导炸弹、CBU-87/89/97 集束炸弹、电磁脉冲炸弹、石墨炸弹及其他弹药。
阿富汗战争	B-52H/18 B-2A/6 B-1B/	GBU-24 "宝石路" 激光制导炸弹、GBU-28 "地下掩体" 攻击炸弹、MK-20 "石眼" 集束炸弹、JDAM、JSOW 及电磁脉冲炸弹、石墨炸弹。
伊拉克战争	B-52H/28 B-2A/4 B-1B/11	AGM-86C 空射巡航导弹、AGM-129 空射巡航导弹、AGM-86D 型空射巡航导弹、卫星制导小型 JDAM 及电磁脉冲炸弹、石墨炸弹。

资料来源：《15 场空中战争：20 世纪中叶以来典型空中作战评价》（章剑，解放军出版社，2006 年）

2. 巡航导弹的威胁

美军在近期几场局部战争中使用的巡航导弹主要是空基 AGM 系列巡航导弹、海基 BGM 系列巡航导弹。巡航导弹具有如下特点：雷达散射截面积小，飞行高度低，突防概率较高；射程远，最大射程可达 3000 千米；发射平台安全系数人；精度高，命中精度为 1～3 米。因此，巡航导弹已成为现代局部战争中空袭作战的"急先锋"和突击对方纵深地区、设防严密目标的主要手段之一。美军几型巡航导弹性能见表 4-5。

俄罗斯在近 10 年来的联合演习中，通常都要进行巡航导弹试射，包括空射型巡航导弹、舰射型巡航导弹和陆射型巡航导弹；每次演习试射数量通常为 4～6 枚，主要是试射新（改）型的巡航导弹。通过试射，一方面了解导弹性能，另一方面起到威慑他国的作用。俄几种在役巡航导弹性能见表4-6。

表4-5 美军在近期局部战争中使用的巡航导弹性能表

名称 ╲ 性能	最大射程（km）	巡航高度（m）	飞行速度（m/s）	精度（m）	制导方式
BGM-109"战斧"系列	920～2500	海7～15、陆50、山地100	245	9	GPS+光学数字场景匹配+地形匹配
AGM-86A/B/C	1300/1500/2500	海8～15、陆50、山地100	227/265/248	185/185/30	地形匹配+惯性导航系统或GPS+惯性
AGM-129	3000		286	16	惯导+激光雷达
AGM-84E	95	61	258	3	惯导+GPS+红外成像
AGM-84H	150	61	亚音速	1	惯导+GPS+凝视焦平面红外成像
AGM-158	278	>500	>275	1～3	INS/GPS+IIR

此表数据根据相关公开资料整理。

表4-6 俄军在役巡航导弹主要性能

名称 ╲ 性能	最大射程（km）	巡航速度（m/s）	制导方式	命中精度（m）	飞行高度（m）	发射方式
AS-15	2500	260	惯导+地形跟踪	150	50～1000	空射/舰射/陆射
AS-15B	3000	260	惯导+地形跟踪	150	50～1000	空射/舰射/陆射
X-55	3500	138～333	地形匹配+卫星导航+景象匹配	<20	50～1000	空射

此表数据根据相关公开资料整理。

　　另外，法国、英国、德国、意大利、印度、韩国、伊朗、中国台湾等国家和地区也都装备了一定数量的巡航导弹。韩国 2010 年成功发射了"玄武"-3 巡航导弹，其射程达 1500 千米。

　　从上述统计分析可以看出，在未来相当长的一段时间内，战略轰炸机仍然是战略空袭的主要作战平台。随着新一代战略轰炸机的投入使用，以"战略轰炸机＋巡航导弹（空地导弹）"构成的空中远程精确打击将成为远程空对地精确打击的一种主要模式。

（二）超音速巡航导弹的威胁

　　人类很早就进入了超音速时代。在当代世界的武器库中，高超音（声）速飞行器主要包括 3 类：高超音速巡航导弹、高超音速飞机以及空天飞机。近几年超音速、高超音速巡航导弹脱颖而出，其卓越的战术技术性能，令世人刮目相看，同时也引起世界各国的高度重视。

　　所谓音速（声速），即声波在空气中的传播速度，一般为 340 米 / 秒（或用 1 马赫表示）。超音速，一般是指速度为 1 ～ 5 马赫。高超音速，通常是指速度在 5 马赫以上。

　　在以往的局部战争中，美军曾使用大量的空基、海基巡航导弹实施空袭。不过，那些巡航导弹多为亚音速巡航导弹，飞行速度较慢，使用先进战斗机、地空导弹、高射炮等兵器均可将其击落。科索沃战争中，南军对巡航导弹的 GPS 制导系统实施电子干扰，诱偏了多枚巡航导弹；使用萨姆 -2、萨姆 -3、萨姆 -7、萨姆 -9、萨姆 -13、萨姆 -14、萨姆 -16 防空导弹和高炮、高射机枪等武器，采取航路设伏的战法，击落了美军 42 枚巡航导弹。

　　随着火箭发动机技术、制导技术、信息技术的发展并被应用于武器装备，诞生了新一代巡航导弹——超音速巡航导弹。美国、俄罗斯、印度、瑞典、日本、韩国都在加速研发超音速巡航导弹，以期尽快拥有空袭作战的"撒手锏"。亚音速巡航导弹的动力系统多为涡轮增压发动机，超音速巡航导弹则使用超燃冲压火箭发动机，并在大气层内飞行，速度非常快。所谓超燃冲压发动机，是指在超音速气流中进行燃烧的冲压发动机，超音速燃烧能减少气流的压缩和膨胀损失，降低静温和静压，减轻发动机的结构负荷。超燃冲压发动机可以从飞行中获取氧气（无需携带氧化剂），可以节省重量。在消耗相同质量推进剂的条件下，超燃冲压发动机能够产生 4 倍于一般火箭发动机的推力。

美国早在 20 世纪 70 年代就开始提出发展超音速对地攻击导弹的设想。美国海军在 1995 年年初公布了发展新型远程巡航导弹的计划。2004 年启动了 X-51A "驭波者"（Wave Rider）超音速巡航导弹项目，计划在 2020 年前批量装备。X-51 于 2009 年 12 月 9 日进行了首次试射，之后每年进行一次飞行试验。最近一次于 2013 年 5 月 1 日进行了有动力飞行试验并取得圆满成功，在此次试验中，B-52H 将 X-51A 运载至 1.5 万米高处释放，X-51A 依靠固体火箭发动机推进器在 26 秒内加速至 4.5 马赫后推进器分离，启动超燃冲压发动机，推至 1.8 万米高空，速度达到 5.1 马赫。美国空军称 "驭波者" 在约 6 分钟的时间里飞行了约 426 千米（239 海里），尽管此次飞行试验并未达到 7 马赫的设计飞行速度，但预示着美军的高超音速飞行器研制已经取得了实质性的重大进展。X-51A 能够在 2 小时内对全球任何地方的目标实施精确打击，在无须利用盟国或海外基地的情况下，即可发起迅雷不及掩耳的攻击。受经费限制，未来，美军的空天飞机和高超音速飞机装备的数量不可能太多，高超音速导弹将在其三超（高超音速巡航导弹、高超音速飞机以及空天飞机）"全球快速打击" 装备体系中发挥至关重要的作用。

俄罗斯在进攻型武器研制方面一直没有放松。俄军高层认为，在俄国家经济困难、国际地位下降的情况下，只有通过发展进攻力量才能拥有威慑力和 "话语权"。1998 年 2 月，俄罗斯导弹生产和设计商（NPO）与印度国防部研究与发展局（DRDO）签订了联合研制 "布拉莫斯" 超音速巡航导弹的谅解备忘录。目前，"布拉莫斯" 巡航导弹已研制成功，并陆续装备印度三军部队。其中，海射型 2005 年开始装备，每艘驱逐舰、护卫舰装备 8 枚；陆射型 2007 年装备陆军部队，2012 年前装备 260 枚；空射型 "布拉莫斯" 于 2012 年装备印度空军的苏-30MKI 和图-142 飞机，2010 年 3 月已订购 240 枚。该型导弹长 8.1 米（导弹发射储存器长 9 米），弹径 0.67 米，射程 50～350 千米，巡航高度 14000～15000 米，飞行速度 2.5～2.8 马赫，末段弹道高度 10～15 米，贴近海平面并作蛇形机动弹道飞行，以躲避敌方拦截。导弹采用主动雷达 +GPS 卫星导航制导方式，梭镖式气动外形设计，弹身表层涂有印度自行研制生产的雷达吸波涂料，可增强隐身性能，提高突防概率。动力系统采用固体火箭助推器＋冲压发动机。

从目前各国已装备部队和正在研发的（高）超音速巡航导弹指标分析，其相比传统的亚音速巡航导弹而言，至少有五大优势：一是更快的攻击速度。亚音速巡航导弹打击 1000 千米外的目标需要 1 个多小时，高超音速巡航导弹只需不到 10 分钟。二是更强的突防能力。现有的巡航导弹主要依靠超低空飞行与隐身技术突防，易被拦截，在科索沃战争中就有数十枚"战斧"遭击落；而对于高超音速巡航导弹来说，现有的防空武器基本无计可施。三是更大的破坏力。高超音速武器本身就具有很强的杀伤力，对钢筋混凝土的侵彻深度可达十几米，特别适合打击深埋于地下的指挥中心等坚固目标。四是更先进的技术。高超音速巡航导弹技术先进，主要体现在其开发研制中广泛利用了当代最先进的推进技术（如超燃冲压发动机技术）、一体化设计技术、先进材料与工艺技术。五是引发大战风险低。由于 X-51 之类的高超音速巡航导弹不需要载机冒着危险飞越他国领空，特别是有核国家，因而无需担心会引发国际纠纷甚至核大战的风险。

高超音速武器装备的出现，使未来作战进入了一个"高速作战"时代，它采用的超音速冲压发动机被认为是继螺旋桨和喷气推进之后的"第三次动力革命"。目前使用的传统武器装备可能都需要经过"颠覆性"的改造后才能适应未来战场的需要。这对武器装备的发展提出了新的课题。可以预见，在未来10～15 年间，高超音速巡航导弹将装备一些国家的军队。而这种新一代巡航导弹装备之日，就是空天袭击作战样式真正开始变换之时。

（三）隐身武器的威胁

当代著名的隐身飞机包括美国装备使用的 B-1B、B-2A 战略轰炸机和F-117A "夜鹰" 战斗轰炸机（已退役），以及 F-22 "猛禽"、F-35 "闪电Ⅱ"第五代战机。其他国家如俄罗斯、日本、韩国、印度都正在研制新一代隐身战机，预计最快到 2018 年前后装备部队。未来 10 年，美军新一代隐身战略轰炸机 B-3 和第六代战机 F-XX 也将装备部队使用。美军第五代战机的主要性能见表 4-7。

表 4-7 美军第五代战机主要性能表

性能 \\ 机型	F-22A "猛禽" 战斗 / 攻击机	F-35 "闪电Ⅱ" 联合攻击机 (JSF)
机载电子系统	APG-77 火控雷达，ALR-94 雷达告警器，高级数据合成座舱显示器，合成电子战系统，数据链，AN/AGP-67 雷达	AN/APG-81 相控阵雷达，综合电子战系统，EOTS 光电瞄准系统
机载武器装备	6 枚空空导弹，2 枚 JDAM，2 枚风力修正弹药布撒器，8 枚小口径精确弹药或 24 枚激光 / 雷达复合制导子弹药	8 枚 SMACM 巡航导弹和 2 枚微型联合防空区外发射空地导弹
探测距离（km）	296	196
最大速度（Ma）	1.8	1.6
巡航速度（Ma）	1.5	1.3
作战半径（km）	2170	1300 ～ 1575
实用升限（m）	18000	18000
攻击目标（个）	18 ～ 24	22
最大使用过载（g）	9	9
单机造价（$）	1.42 亿	9600 万

资料来源：根据相关公开资料整理。

20 世纪 60 年代，美国空军把部分隐身技术成果应用在 U-2、SR-71 战略侦察机上，70 年代后美国开始研究和发展全隐身飞机（F-117A），从此全面拉开了隐身武器研制、生产、装备的帷幕。随着隐身技术的发展和推广，各种隐身武器不断出现，隐身飞机、隐身导弹对国家空中安全带来了严重的威胁。美军部分隐身飞行器的隐身水平见表 4-8。

表 4-8 美军典型隐身飞行器的隐身水平表

机型	雷达散射截面积（m^2）
B-1B	0.75
B-2	0.10
F-117（已退役）	0.02
F-22	0.05
AGM-129A	0.005

资料来源：《21 世纪预警探测系统》（朱和平，军事科学出版社，2004 年 4 月），《雷达目标特性》（黄培康，电子工业出版社，2005 年）

从美国隐身武器发展路线看，可以分为 3 类：第一类为准隐身飞机，如对"黑鸟" SR-71、F-16C/D、F-18E/F、B-1B 等常规飞机采用部分隐身技术；第二类为全隐身飞机，如 F-117A 隐身战斗机、B-2A 隐身轰炸机；第三类为综合隐身飞机，强调多功能隐身及其可维护性，如 F-22、F-35 第五代战机。不同代次战机的雷达有效散射面积不断减小。其中，F-22 是一种集 5 个特点于一身的飞机：低可探测性（隐身）、高度机动与敏捷、超音速巡航（而不是只满足于以往老型号的短时间超音速冲刺）、载重大（有效载重不低于 F-15）和航程远（能够飞越包括第三世界战区在内的所有战区）。另外，正在研发的 B-3 隐身战略轰炸机能以 1.3 马赫的速度巡航，在不进行空中加油时航程可达 5000 千米、载弹量可能会超过 B-52 的 27 吨，服役后从关岛基地起飞 3 小时内即可抵中国首都北京上空。

俄罗斯认为在不影响机动性的前提下才考虑战斗机的隐身性。俄罗斯已经在包括苏-37 等多种飞机上采用了大量隐身技术，并对米格-29、米格-31、苏-27系列飞机等进行了隐身改装。目前，俄罗斯正在实施全隐身战斗机 T-50 五代机项目——"未来空战系统"（PAK-FA），计划在 2018 年前装备俄空军（单座机 250 架左右）和印度空军（单、双座机，共 250 架～300 架）。该型机 RCS为 0.5 平方米，滑跑长度为 300 米～400 米；机载雷达为 X、L、Ka 波段有源相控阵雷达，具有探测隐身目标、敌我识别 / 二次雷达、远程被动跟踪 / 定位和主动干扰等多种功能，可超音速巡航。

德国 MBB 公司一直在秘密地执行"萤火虫"隐身飞机计划，该飞机是一种类似于 F-117 的多面体隐身战斗机。另外，德国与南非、韩国合作研制的 AT-2000 新型超音速隐身轻型战斗机 / 先进喷气教练机，其外形呈现为 F-22 的缩比形，已于 2005 年服役。

法国研制的"阵风"、"幻影" 2000-5C 型战斗机等，通过机体关键部位采用吸波材料、采用翼身融合体设计、减少 90º 相交平面等方法，使 RCS 降低到只有 1 ～ 2 平方米。

日本在隐身武器研究方面已步入世界先进行列。日本在研的下一代隐身战斗机 ATD-X（心神），在设计上采用隐身与高机动性能相结合。

印度于 1991 年启动了中型隐身作战飞机研制计划，预计在 2015 年后投入使用，设计和研制经费达 32 亿美元。另外，印度已采用隐身技术对"美洲虎"、"幻影" -2000H、米格 -29 进行了改装，如在飞机机翼和尾翼边缘、发动机进气道及其他部位应用雷达吸波材料。外军公开的资料表明，"美洲虎"的雷达截面积减小了约 70%。

另外，一些国家为降低空袭导弹被拦截概率，提高突防和攻击能力，还研制了隐身导弹。例如美国的 AGM-129 先进巡航导弹、法国的远程多用途巡航导弹、英国的"风暴影子"巡航导弹、挪威的超音速隐身反舰导弹等。

从上述情况可以看出，未来使用隐身兵器实施空袭，既是信息化条件下空袭的主要手段，也必将使防空作战面临诸多挑战。随着空袭兵器的普遍隐身化，防空一方面临的挑战将更加严峻。主要体现在以下几个方面：

第一，目前的防空系统拦截隐身飞机难度大、作战效率降低。一是防空导弹维持杀伤区所需的制导雷达探测制导威力出现严重压缩。雷达作用距离与目标的雷达散射截面积四次开方成正比，若目标的雷达散射截面积减小至 1/10，则防空雷达探测距离将减小至 56%；若雷达散射截面积减小至 1/100，则防空雷达探测距离将减小至 32%。二是对隐身目标难以有效检测识别。隐身目标的雷达回波信号弱，极易淹没在背景干扰和各类杂波中，火控雷达、导弹导引头等制导设备难以有效检测、识别和跟踪。三是制导雷达对隐身目标的截获跟踪存在严重问题。随着距离的变化和雷达对目标照射角度的不同，隐身目标的雷达散射面积发生剧烈变化，从而造成目标信号的起伏较大，雷达稳定跟踪困难。

加之，隐身目标使地面雷达接收的回波信号产生较强的角闪烁效应，造成坐标测量系统测角起伏误差增大，进一步加大了跟踪误差。四是弹上导引头作用距离减少，中末制导交班能力出现严重失配。五是引战配合效率及杀伤概率有所降低。由于隐身目标的有效散射面积小，目标反射的照射信号相对较弱，从而可能致使引信起爆时机滞后，引战配合效率降低，加之跟踪和制导误差较大，杀伤概率明显降低。

第二，隐身技术与精确打击技术相结合，防空面临的威胁加剧。根据美空军在多次局部战争中空袭作战的相关数据统计，采用 32 架非隐身攻击机和 8 架隐身攻击机的典型模式时，各种保障飞机数量、直接作战人员数量、装备总价值以及出动费用等对比见表 4-9。由此可见，使用隐身飞机相对使用非隐身飞机的作战效费比大大提高。

表 4-9 美军攻击同一目标需要的常规飞机与隐身飞机数量及费用对比

飞机类型和数量 / 支援保障	32 架常规 F-16	8 架隐身飞机
F-15 护航	16 架	
EF-111 电子战	4 架	
F-4G 压制防空	8 架	
C-130 空中加油机	15 架	2 架
飞机总数	75 架	10 架
乘员数	100 人左右	8～16 人
资产价值	23.28 亿美元	5.97 亿美元
出动费用	794.9 万美元	95.6 万美元

备注：此表数据根据相关公开资料整理。

第三，隐身技术与战术使用相结合，改变了空战样式和战场态势。隐身兵器不但将传统空战的特点（速度、航程、灵活性、精确、杀伤力）发挥到极致，而且其高突防率与生存力，还提升和扩大了传统空战的优势，使隐身空袭成为新的作战样式。2000 年，美空军隐身飞机只占其空军战斗机总数的 2.5%；到

2030 年,美空军第四代和第五代全隐身飞机将占战斗机总数的 70% 以上,F-22、F-35、B-3、五代机等隐身飞机将成为美空军的主体,隐身空军将基本成型。美空军组建的"全球打击特遣部队",通常包含有 12 架 B-2 轰炸机(或 B-3 轰炸机)和 48 架 F-22 和 F-35 战斗机,其任务是在为期 1 ~ 3 天的远距离打击行动中摧毁敌方最关键的目标;能够在冲突开始的 24 小时内,出动 60 架次飞机(每架飞机平均出动一次多),用精确制导武器摧毁超过 270 个地面固定目标;而一个空军小型隐身机编队,也能够在一天之内至少打击 40 多个目标。同时,隐身兵器将装备使用方式方法和空战方法推向了新的阶段,打破了战场上相对的战略态势稳定,能够快速建立起空中优势和制空权。由于隐身兵器领先于反隐身兵器至少 10 年,发展反隐身兵器又比发展隐身兵器困难许多倍。因此,隐身兵器相对于反隐身装备的这种优势,对国家空中安全提出了新的挑战,并对攻防战略平衡产生了重大而深远的影响。

(四)无人机的威胁

无人机的全称是无人驾驶飞机。世界上第一架无人机是英国人在 1917 年研制成功的,第一架军用无人机被美国人用于越南战争。目前,世界上研制和使用无人机的国家已有 50 多个,产品多达 150 个型号 400 余种,拥有不同类型的军用无人机已超过 12 万架。

军用无人机按控制方式可分为无线电遥控、自动程序控制和综合控制三大类;按照外形尺寸可分为微型、小型、大型、超大型无人机;按照用途可分为侦察监视型、电子战型、靶校型、靶机型、攻击型、侦打一体型、通信中继型、空中预警型、战场损伤评估型无人机;按照升限和航程可分为超低空型、低空型、中空型、高空型无人机和短程型、中程型、远程型无人机;按照滞空时间可分为短时型、长时型无人机;按照发射方式可分为:手持型、炮射型、车载型、机载型、机场起降型无人机等。

军用无人机作为武器库中的重要成员,自 20 世纪 60 年代投入战场以来,经历过越南战争、中东战争、海湾战争、科索沃战争、车臣战争、阿富汗战争、伊拉克战争、利比亚战争的洗礼,性能不断提高,用途越来越广泛。其威胁主要体现在空中侦察和火力打击两个方面。相对有人驾驶飞机,无人机的四大优势使其受到各国军队的青睐。一是侦察能力强。无人机可在选定的目标区上空进行连续侦察，捕获目标区完整的电子情报和通信情报，包括移动电话的信息情报，这比卫星固定轨道、有人驾驶飞机固定航线的侦察更有优越性，特别是能按要求随意截获和收集特定时间、特定目标区的情报信息。二是滞空时间长。无人机在续航时间上大大高于有人驾驶飞机，目前装备的长航时无人侦察机最大滞空时间已达 40 多个小时，可用于执行战略侦察或直接向 C^4I 系统提供实时信息。三是制造成本低。一般无人机的成本通常只是有人驾驶飞机的 10% 甚至百分之几。从运行成本上看，无论是使用直接成本还是保障性费用，无人机都比卫星、有人侦察机低很多。由于成本低，即使被打掉，损失相对较低。四是作战损失小。空袭与反空袭作战中，有人驾驶飞机面临的威胁不断增大，而无人机则是实现人员"零伤亡"的最佳选择。使用无人机可不必考虑人员伤亡因素，能够适应更加恶劣的战场环境。

目前，美国、以色列、法国、英国、意大利、俄罗斯、日本、澳大利亚、德国、印度、韩国等国家都研制和装备了一定数量的军用无人机。其中，以美国军用无人机技术为"龙头老大"，以色列次之。据专家预测，到 2020 年前后，美国纵深攻击战术飞机的三分之一将是无人机。美军现役的无人机多达 75 种、1300 多架，著名的"全球鹰"、"暗星"、"幽灵射线"等无人机则代表了当代最先进的设计理念和技术水平。

"全球鹰" RQ-4A/B 是美国特里达·瑞安航空公司研制的大型长航时无人机系统，装备有光电、红外、合成孔径传感器以及增强的综合传感器组合、高分辨率成像系统、地面移动目标指示器等。该机巡逻速度 635 千米 / 小时，实用升限 20500 米，活动半径 5560 千米，转场航程 26760 千米，最大续航时间不小于 42 小时。"全球鹰"是 21 世纪初美军远程无人机的中坚，适合在低等至中等威胁环境下执行侦察任务，是目前世界上外形尺寸最大、航程最远的无人机。其机上安装的合成孔径雷达的探测距离范围为 20～200 千米，能在一天当中监视 1.374×10^5 平方千米的面积，图像分辨率达 0.9m，能识别地面上的飞机、导弹和车辆类型；能够对 1900 个 2×2 平方千米的可疑地区进行仔细观察，图像分辨率达 0.3m，能够区分静止目标和活动目标。2001 年，"全球鹰"开始装备美国空军，并在同年 11 月首次用于实战，参加美军对阿富汗的侦察行动。

"暗星"属于一种全新概念的新型无人机，由美国国防部高级研究计划局和防务空中侦察办公室负责组织制定和论证，主承包商为洛马公司和波音飞机公司。"暗星"外形奇特，机翼硕大，机身扁平，采用了无尾式翼身融合体设计，机翼的平面形状基本为矩形，前缘后掠角为 4.5 度，后缘后掠角仅有 0.5 度。机长为 4.57 米，机高为 1.52 米。其动力装置为 FJ44 涡轮风扇式发动机，最大起飞重量为 3900 千克，活动半径超过 1800 千米，可在 13700 米高度巡航飞行 8 小时。"暗星"可装备合成孔径雷达或光电探测器，除了具备大范围探测能力外，还具有通用性，可在现场互换。其设计性能为：在续航 8 小时时，总监视覆盖面积为 48000 平方千米左右；在 1 米分辨率时，搜索速度为 5480 平方千米 / 小时；能显示 0.3 米的目标点；单机可截获目标 600 个。"暗星"主要用于实时侦察和监视，具有自主起飞、自动巡航、脱离和着陆能力，并可在飞行中改变自身飞行程序，以执行新的任务。

"捕食者" A 型无人机是美国通用电子航空系统公司研制的中型无人机系统，为多用途、长续航力的无人机攻击机系统。1994 年 7 月首次试飞，同年 10 月交付美国海军 3 架，1996 年 9 月和 1997 年 8 月美国国防部指定其空军分别组建了第 11 和第 15 侦察机中队。"捕食者" A 型无人机分为 RQ-1A 侦察型和 MQ-1A 攻击型。飞行员通过人工飞行或半自主监视飞行或预设程序飞行来控制它，主要用于持续性的侦察、监视、情报以及攻击任务。该型无人机载有光电 / 红外有效载荷、激光目标指示器和信号情报有效载荷，装备两种数据链，可在机翼下挂载 2 枚 AGM-114 "海尔法"空地导弹。该机实用升限 7010 米，使用高度 3048 米～ 6196 米，作战半径为 805 千米，最大平飞速度为 202 千米 / 小时，巡航速度为 135 千米 / 小时，最大有效外挂载荷 136 千克，最大续航时间 40 小时～ 60 小时，被称为世界上滞空时间最长的无人机。"捕食者" A 型无人机先后在波黑战争、科索沃战争、阿富汗战争和伊拉克战争等局部战争中得到了实战应用；其中，RQ-1A 于 1995 年 7 月首次用于波黑战争，MQ-1A 于 2001 年 10 月首次在阿富汗战争中用机载导弹对地面目标进行攻击。

"死神"MQ-9 中型无人机系统。MQ-9"死神"是"捕食者"系列的最新型别，又称"捕食者" B 型无人机。MQ-9 于 1999 年开始研制，2001 年 2 月首次试飞。与 MQ-1A 相比，MQ-9 无人机尺寸更大，飞得更快、更高，有效载荷更大，作战效能更强，为多用途和长续航时间的无人攻击机系统。飞行员通过人工控制飞行或半自主监视飞行或预设程序飞行方法来驾驶它，主要用于执行情报、侦察监视和持续性地打击任务。"死神"无人机实用升限 15600 米，使用高度 7620 米～ 9144 米，最大飞行速度 444 千米 / 小时，巡航速度 370 千米 / 小时，使用半径 3704 千米，续航时间 32 小时。该机载有光电 / 红外传感器、激光目标指示器、合成孔径雷达，装备有两种数据链接选择，8 个外挂点可以携带开放构架的攻击武器和信号情报有效载荷。一次可携带 8 枚 AGM-114"海尔法"空地导弹，或者同时携带 GBU-12"宝石路"II 激光制导炸弹和 AGM-114 导弹，并计划在其上集成 227 千克的 GBU-38 JDAM 精确制导炸弹和 AIM-9"响尾蛇"空空导弹。

RQ-170"哨兵"无人侦察机是由洛克希德·马丁公司研制的一种主要用于对特定目标进行侦察和监视的隐形无人机，由于 2007 年年底在阿富汗南部坎大哈国际机场露面，他获得了"坎大哈怪兽"的外号。在 2011 年 4 月 1 日击毙本·拉登行动中，发挥了显著作用，引起广泛关注。2011 年 12 月，RQ-170 被伊朗"捕获"，再次成为世界关注的焦点。RQ-170 采用了飞翼式设计与背负式进气道的整体布局，装备光电 / 红外传感器、合成孔径雷达，可进行实时情报搜集和侦察监视；具备一定电子战自卫能力，具有导弹告警、发射红外诱饵弹、抛撒箔条等自卫手段。实用升限约 15km，巡航速度约 0.6Ma，最大续航时间约 24 小时。

X-45A"幽灵射线"和 X-47"飞马"无人机。1997 年，在美国国防高级计划研究局（DARPA）和空军的资助下，波音公司成功地验证了"幽灵射线"X-45A 无人战斗机的技术可行性。其验证机已于 2000 年 9 月 27 日在波音公司的圣·路易斯工厂首次向公众展示。X-45A 采用蜗蛹翼式机体布局。该机的空重为 3629 千克，最大起飞重量为 6804 千克，有效载荷 1360 千克。飞机上所有操纵系统均采用电驱动方式，机翼由泡沫芯和石墨 - 环氧材料蒙皮制成，成本低廉。机翼能拆卸，存放在储存箱里，存放时间可长达 20 年，使用时只需 30 分钟就可将机翼安装到飞机上。2006 年 6 月 30 日，美国 DARPA 和海军启动了海军舰载无人战斗机（UCAV-N）先进技术计划（ATP），诺斯罗普·格鲁门公司的 X-47A"飞马"成功地验证了舰载无人战斗机的技术可行性。"飞马"是一种奇特的飞行器，从外形上看像一个飞碟，采用了菱形翼，没有尾翼，也没有方向舵，机翼前缘的后掠角为 30 度。它有 6 个飞行控制面，2 个在机体上部，

2个在机体下部，这样设置比分段方向舵的雷达散射面积小。诺斯罗普·格鲁门公司还进行了一些特别的隐身设计，如进气道的设计使压气机下面的红外信号极小，飞机的 6 个飞行控制面的位置设计可以保证雷达散射面集中在严格限制的范围内等。"飞马"是一架全复合材料飞机，主要结构分为 4 个部分，即沿机体中心线上、下两部分，它采用一台 JT15D-5C 涡扇发动机，推力为 14.2 牛，发动机进气道位于机体的前上方，机内有 2 个武器舱，每个舱可放 1 个 454 千克的炸弹。2003 年，DARPA 将这两项计划合并，更名为联合无人空战系统（J-UCAS）计划，波音公司和诺·格公司将在该计划的资助下发展两个系列的验证机（X-45C 和 X-47B），具体参数见表 4-10。从 2012 年 12 月份开始，美军先后进行了多次 X-47B 着舰的适配性试验，并于 2013 年 5 月成功完成了弹射起飞和触舰复飞动作。毫无疑问，美军下一步将重点进行 X-47B 的着舰测试。有军事专家称，未来 X-47B 一旦投入使用，或将颠覆传统的海空作战模式。

表 4-10 X-45C 和 X-47B 无人机主要性能指标

性能 型号	机长 （m）	翼展 （m）	总重 （kg）	最大 速度	使用升 限（m）	续航时间 （h）	作战范围 （nm）	起飞 方式
X-45C	11.90	14.95	16553	460 节	12200	7	1200	跑道
X-47B	11.59	18.91	20861	亚音速	12200	9	1600	母舰

2009 年 7 月 23 日，美国空军公布了《2009 年至 2047 年无人机系统飞行路线图》，这一计划对美军在未来 38 年如何扩大无人机的使用进行了全面展望。美国空军提出将新一代无人机应用于各种各样的新任务，包括空中打击、空中加油、货物运输和远程轰炸等。计划 2020 年前，空中或地面上的一个控制人员将可以同时控制多架无人机（目前的地面控制人员，即使在先进的自动导航设备协助下，也只能连续监视单个无人机）；到 2030 年，无人机将具有"自动瞄准交战"能力，实现空中相互加油。预计到 2047 年，无人机将具有全球打击能力，甚至可携带小型核武器。如俄罗斯的 KC-172 采用惯导＋指令中制导＋主动雷达末制导，最大射程可达 400 千米。

目前，世界各国军队已装备的无人侦察机和无人攻击机，大都为单独作战模式。随着技术的进步，具备编队飞行、空中加油等能力的无人机将投入使用，从而改写无人机各自为战的传统作战模式，进而改写未来空中作战的样式。抗击无人机作战面临新挑战。一是发现跟踪难。现代无人机广泛使用隐身技术，不但尺寸相对较小，而且雷达、红外等隐身性能达到了相当高的程度。二是识别区分难。无人机采用模块化设计后，可以搭载不同的设备，执行战场监视、目标指示、电子战、火力打击等不同任务，由于其外形相似、设置平台一样，导致识别区分困难。三是有效防御难。反辐射攻击无人机是一种利用对方雷达辐射的电磁波信号，发现、跟踪，以致最后摧毁雷达的武器系统。它不仅可用于攻击雷达、干扰机和其他辐射源，而且高速反辐射无人机加装复合制导装置等设备后，还可用于攻击预警机和专用电子干扰飞机。美国的"勇敢者"200型、以色列的"哈比"型和德国的 KDAR 就属于反辐射无人机。其中，KDAR 采用无尾、十字形机翼的布局形式，机翼可折叠，放入一个 6.1 立方米的标准容器内。该容器既是储存和运输的包装，又是发射装置,每个容器可装 20 架 KDAR 无人机。

（五）精确制导弹药的威胁

精确制导弹药，以其命中精度高、附带伤亡小、作战效能好的突出优势赢得了世界各国军队的高度重视。在精确制导弹药大家族中，包括有空基、陆基、海基发射的形形色色的进攻型导弹和制导炸弹。目前，世界主要军事大国都在大力推进以攻为主的攻防兼备型军队建设，都在积极发展信息化进攻型武器装备,"进攻是最好的防御"已成为世界各国军界的共识。在这些国家中,美、俄两国是拥有精确制导弹药最多的国家。美国在近期几场局部战争中使用精确制导弹药的比例越来越高。可以预见的是，以空空导弹、空地导弹和空地制导炸弹为主体的精确制导弹药必将在未来的战争中发挥更大作用。

1. 空空导弹

空空导弹是指由空中飞行器发射，用来攻击并摧毁空中目标的导弹。是歼击机的主要空战武器，现代歼击轰炸机和强击机也多装备空空导弹。与地地导弹、地空导弹相比，具有反应快、机动性能好、尺寸小、重量轻等特点。与航空机关炮相比，具有射程远、命中精度高、威力大的优点。从 1944 年第一枚空空导弹问世，世界上已研制了上百种，目前已发展到第四代。从 1958 年首次投入实战，到越南战争中大量使用，至今已在海湾战争、科索沃战争等近 20 次局部战争中发挥了重要的作用。

空空导弹通常分为近距格斗导弹、中距拦截导弹和远距拦截导弹 3 种。近距格斗导弹是以攻击距离内的目标为主的导弹。多采用红外寻的制导，发射后可以不管。导引头的跟踪范围和跟踪角速度大，能实施离轴发射，发射距离从几百米到 20 多千米，最大过载 30 ～ 40g，机动能力强，如美军的 AIM-9 "响尾蛇"、欧洲的 AIM-132 等导弹。中距拦射导弹多采用雷达寻的制导，射程一般为从 20 千米到 100 千米不等，如美国的 AIM-120、俄罗斯的 P-77、法国的 "米卡" 等。远距拦射导弹采用复合制导，可由载机在距目标 100 千米以外连续发射数枚，攻击不同方向的数个目标。俄罗斯的 KC-172 最大射程可达 400 千米，采用惯导＋指令中制导＋主动雷达末制导，其载机可用这种导弹同时攻击 6 个目标。

目前，新一代的近距格斗导弹导引头采用红外成像或数字处理技术，离轴角达 90°，以推力矢量控制或改进气动布局来提高导弹的机动性能；采用新型机载火控系统，增强多目标攻击能力，使后向发射导弹达到实用程度。超视距拦射导弹采用隐身技术，复合制导和多模制导技术，组合式火箭—冲压发动机和多级推进技术、智能引爆和大威力战斗部技术等，提高抗干扰能力，具备发射后不管。为了适应未来空战的需要，空空导弹的近距格斗能力、远距拦截能力、抗干扰能力以及全天候、全高度、全方位作战能力更强，能攻击大机动目标和隐身目标，并具备下视下射能力。

2. 空地导弹

空地导弹是指从航空器上发射、攻击地面（海上）目标的导弹的总称。是航空兵进行空中突击的主要武器之一。第二次世界大战中，德国首先使用 HS293 导弹对商船进行打击；曾将 V-1 导弹装在飞机上，用以袭击英国伦敦。世界各国从 20 世纪 50 年代开始至今已研制装备了 70 余种空地导弹，并在战后的局部战争中得到了广泛使用，发挥了极其重要的作用，战果十分显著。

空地导弹的分类方法众多，如按作战使命，可分为战略空地导弹和战术空地导弹；按用途，可分为反雷达导弹、反坦克导弹、反舰导弹、反潜导弹及多用途导弹；按射程，可分为近程、中程、远程空地导弹。

战略空地导弹是为战略轰炸机等作远距离突防而研制的一种进攻性武器，主要用于攻击政治中心、经济中心、军事指挥中心、工业基地和交通枢纽等重要战略目标。多采用自主式或复合式制导，射程远（最大可达3000千米），通常采用核战斗部。战略空地导弹一般为装配核战斗部的远程巡航导弹，典型型号如美国的AGM-86B "阿尔克姆"、BGM-109A/G "战斧"和俄罗斯的X-55A/B "虹"等。

战术空地导弹装备在轰炸机、歼击轰炸机、多用途作战飞机、强击机、歼击机、反潜巡逻机、无人机和武装直升机上，用以攻击雷达、桥梁、机场、坦克、车辆及舰船等战术目标。动力装置一般采用固体火箭发动机，制导方式多采用无线电指令、红外、激光、雷达寻的或复合制导等，通常采用常规战斗部。外军部分空地导弹的典型型号及其主要性能见表4-11。

表4-11 外军部分空地导弹主要性能

性能 型号	射程 （km）	巡航高度（m）	巡航速度（M）	命中精度（m）	制导体制	国别
AGM-84H	150	61	亚音速	1	惯性+GPS+凝视焦平面红外成像	美国
远程SLAM	180~300	61	亚音速	1	惯性+GPS+凝视焦平面红外成像	
AGM-154C	185	—	亚音速	1~3	惯性+GPS+凝视焦平面红外成像	
AGM-158	278	500	大于0.8	1~3	INS/GPS+IIR	
AS-18（X-59M）	120	40~110	0.72	5	自动驾驶仪+电视	俄罗斯
APACHE-AI	400~600	30~60	0.85	1	惯性+雷达相关+双模	法国
AGM-88反辐射导弹	射程25千米，采用惯性+宽带被动雷达导引头					美国
ALARM反辐射导弹	射程45千米，采用惯性+宽带被动雷达导引头					英国
X-31P反辐射导弹	射程100千米，采用被动雷达导引头					俄罗斯
ARMAT反辐射导弹	射程93千米，采用惯性+宽带被动雷达导引头					法国

数据来源：《机载武器》（张伟，航空工业出版社，2008年）

未来，空地导弹将主要朝着增大射程、速度、打击效果，提高抗干扰、全天候突防、攻击多目标的能力以及一弹多用的方向发展。将广泛采用隐身技术、快速任务规划系统、GPS/捷联惯导和红外成像末制导、自动目标捕捉/识别技术，提高使用的灵活性、突防能力和命中精度；采用多种新型战斗部，提高打击地面、地下等各种目标的能力；采用综合抗干扰技术手段，进一步提高抗干扰能力；采用低成本和高可靠设计技术，注重模块化、通用化和系列化设计等。

3．航空制导炸弹

航空制导炸弹是指有制导装置和空气动力操纵面而无航行动力的航空炸弹。亦称灵巧炸弹。是广泛使用的航空炸弹之一。通常是常规炸弹上加装导引头和空气动力操纵面构成，有的加装滑翔或侵彻推进装置。制导炸弹的分类方法有多种，按制导方式通常分为自寻的制导炸弹、自主制导炸弹和复合制导炸弹三种，详见图4-1。

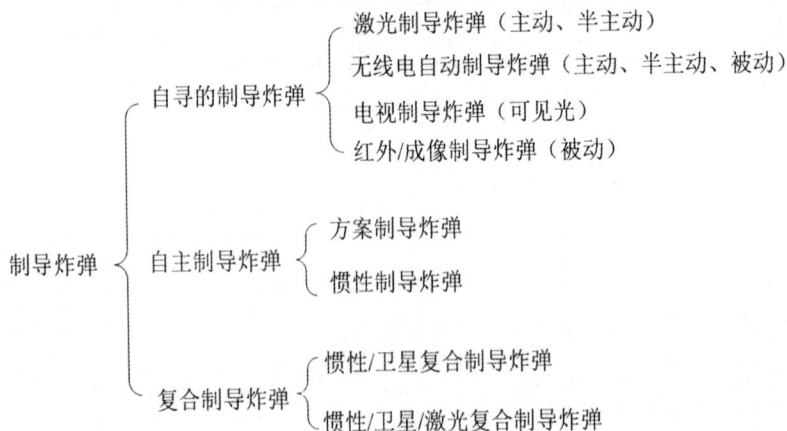

图 4-1 制导炸弹分类

目前，典型的制导炸弹包括：（1）激光制导炸弹。半主动激光制导是指炸弹本身不发射激光束，而由本机或他机或地面的激光源发射激光束，炸弹制导系统接收目标的激光回波，控制炸弹飞向照在目标上的激光斑，具有结构简单、价格便宜、命中精度高的优点。典型型号有美国的"宝石路Ⅰ"和"宝石路Ⅱ"型、

俄罗斯的 КАБ-500Л 和 КАБ-1500Л、法国的"马特拉"等。(2)光学成像制导炸弹。包括电视制导和红外成像制导炸弹。如美国的"幼畜"和"海尔法"、德国的"布萨德"等。"幼畜"AGM-65 有多种制导方式,其中 AGM-65/A 为电视制导型,其导引头由装在头部的电视摄像机和电子组件组成。AGM-65D/F/G 采用红外成像制导,导引头为光机扫描成像型。"海尔法"采用红外焦平面阵列实现凝视成像。(3)集束制导炸弹。是一种具有末制导功能的小型子母弹,主要用于直接攻击行进中的主战目标,如坦克、装甲运兵车、火炮、导弹发射车等。典型型号包括美国的 GBU-97 和俄罗斯的 КАБ-500ЛК。(4)联合直接攻击弹药。是一种采用捷联惯性制导 +GPS 制导的空对地常规攻击炸弹。与激光制导炸弹相比,联合直接攻击弹药可以在恶劣的气象条件下使用,对制空权的依赖性较低,可同时对多个固定目标实施全天候攻击,具有投放后不用管能力,能独立完成攻击任务。由于其价格低、威力大,美军的采购量也大。在伊拉克战争中美军投放的 JDAM 占精确制导武器使用总量的 90% 以上。(5)钻地制导炸弹。是指具有攻击深埋地下加固目标能力的精确制导炸弹。"宝石路Ⅲ"是美国为适应现代化战争需要而研制的第一代钻地制导炸弹,又称为低空投放激光制导武器,炸弹可在极低的高度上投掷,具有较高的攻击精度;其他精确制导武器如联合直接攻击弹药,也有其钻地型。

制导炸弹从"二战"后期出现,以其精度较高、威力较大、结构简单、成本低、适于大量装备使用等优点,得到了世界各国的高度重视,已先后发展了四代几种型号,是世界上装备和使用数量最多的精确制导武器,并广泛应用于现代战争。局部战争实践表明,精确制导弹药用于战争,使得战争的进程大大加快、时间大大缩短,附带损伤也大大降低,对被攻击对象的心理震撼力大大增加,精确制导弹药对未来空中安全的威胁日渐加剧。美军及其盟军自海湾战争以来历次局部战争中使用精确制导弹药的情况见表 4-12。

美国是生产、使用航空精确制导弹药的大国。在美国空军采购任务清单中,十分明确地规定了美空军关于"提供杀伤性精确交战能力",是美空军"精确交战(AFTZ)"中的第一要务和必须具备的首项能力。这种能力的一个要素就是它所拥有的航空精确制导弹药数量和质量。精确制导弹药的发展方向:一是打击距离更远,二是精度更高,三是杀伤范围可控,四是制导方式多元化,五是突防能力更强，六是抗干扰能力更强，实现全天候作战。

表 4-12 美军及其盟军在近五次局部战争中使用精确制导弹药情况统计

使用情况 战争名称	空袭天数	投弹总量（枚）	制导弹药（枚）	制导弹药比例
海湾战争	38	210800	15500	8%
波黑战争	16	1026	708	70%
科索沃战争	78	33000	11550	35%
阿富汗战争	61	22000	13200	60%
伊拉克战争	21	23750	16625	70%

此表数据根据相关公开资料整理。

三、日益严峻的航天威胁

1957 年 10 月 4 日，苏联成功发射人类第一颗人造卫星，标志着人类向往已久的"飞天梦想"成为现实。截至 2012 年 12 月，世界各国已经发射了 6000 余颗卫星（航天器），至今已有 130 多个国家 (地区) 在从事各类航天器的发射和使用活动。目前处于在轨工作的卫星 800 余颗，其中约有 70% 以上的航天器用于军事活动。这些航天器既为人类的发展进步带来了福音，同时也在时时刻刻地给各国空天安全带来巨大威胁，空天安全环境面临新的严峻挑战。来自航天空间的威胁，主要体现在航天侦察、反卫武器攻击、航天突击等方面。

（一）航天侦察的威胁

航天侦察威胁是指航天作战平台（如卫星、航天飞机、宇宙飞船、空间站等载体）通过电磁、光学、雷达等手段，对国防、军事部署与作战行动构成的直接或潜在威胁。航天侦察具有侦测范围广、速度快、平战合一等特点，可连续、全天候、全球实施。其最终目的是利用空间技术手段提供的各种情报信息为空中、地（海）面等作战空间的军事行动提供信息支援。

在海湾战争期间，美国有 70 多颗卫星为美军提供气象、监视和预警信息。美国国防气象卫星向各级指挥机构提供了实时的战区气象信息，并能分析伊沙漠地区的土质和硬度，为摩托化部队选择行军路线提供依据；军事电子侦察和照相卫星，为各级司令部提供了大量的目标数据和战场破坏效果评估信息；航天监视系统对伊拉克的"飞毛腿"导弹进行昼夜监视，为"爱国者"导弹实施拦截提供了及时可靠的预警信息。航天情报这种无形的战斗力资源，具有超过物质战斗力的作用。它把太空资源同陆、海、空三军力量结合起来，可组成空间作战指挥中心，能为作战指挥人员提供实时、综合、立体的作战图像、情报信息和综合作战环境。它与空中作战指挥和支援系统联网，能为飞行员提供进入和退出任务区的最佳飞行航线和地形跟踪的最佳数据；可直接向攻击飞机提供实时的战场信息，极大地提高了飞机的作战效能；可达成各级指挥员和战斗员信息共享，大大提高指挥和协调的时效性；可利用航天系统直接指挥和控制部队实施跨国作战行动等。

航天侦察主要包括航天成像侦察和航天电子侦察两大类型。（1）航天成像侦察，即航天照相侦察，目前主要是利用星载的可见光、红外和微波等遥感器对地面目标进行拍照，以获取图像类情报。航天成像侦察卫星是目前技术最成熟、精度最高、发射最多的一种军用卫星，占全部军用卫星的 60% 以上。典型的照相侦察卫星有美国"锁眼"KH 系列光学成像侦察卫星、"长曲棍球"雷达成像侦察卫星等。（2）航天电子侦察，即航天电磁信号侦测，主要利用星载无线电接收设备截获雷达、遥控遥测和通信等各种无线电信号，并进行分析和破译，获取敌方军政情报及电子设备的位置、频率等参数，为其他侦察系统和电子战系统提供准确的电磁信息支援。航天电子侦察具有侦察范围广、速度快、效率高等特点。典型电子侦察卫星主要有美国的"大酒瓶"、"水星"、"号角"、"高级猎户座"等卫星。

目前，卫星制导武器已经成为综合火力打击的主要手段，无论是飞机、舰船、巡航导弹还是地面装甲车辆等都已经与航天信息支援紧密地结合在一起，航天信息支援将直接转化为战斗力。因此，如若缺乏有效对抗航天侦察威胁的能力，则战争一旦爆发，航天侦察将直接威胁到所有作战行动的隐蔽、安全和有效性，使作战行动面临遭受重大伤亡和惨败的危险。

（二）反卫武器攻击的威胁

反卫星作战是以破坏或干扰卫星本体、地面控制站或接收站、通信和支援保障系统为主的作战手段。进入 21 世纪，反卫星作战被推到了新的高度。美、俄已拥有多种天基反卫星手段且具备实战能力。在轨空间站、"太空雷"、星载激光器、星载动能弹等卫星"杀手"将形成战斗力，势必对卫星运行造成极大威胁。

总的来看，卫星所面临的威胁包括软杀伤和硬杀伤两方面。软杀伤威胁一般持续时间短，在关键时刻影响卫星正常工作。硬杀伤威胁将会使卫星部分或全部失去功能——不能实施航天导航定位，中断空天、空地通信，失去航天侦察监视预警能力，进而丧失航天信息获取和掌控能力。

机载式动能反卫星武器是美、俄重点发展的反卫星系统，通过反卫星武器弹头本身或反卫星武器弹头爆炸产生的破片，直接与目标卫星高速相撞来杀伤目标卫星。1976 年，美国开始研制机载式动能反卫星武器。1984 年 9 月，美空军首次进行了机载反卫星导弹的打靶实验，击毁了一颗在轨道上运行的军用卫星。1985 年，又成功地击毁一颗废旧卫星。1989 年 1 月，美国又提出了新的动能反卫星武器计划，要求具备在一周内除掉 50 颗卫星的作战能力。航天飞机和战斗飞船在轨道上通过机械臂等方式直接捕捉敌人卫星，也是反卫星武器的重点发展方向。预计，未来独立的天对天攻击型航天战争将如同今天的战舰飞机一样，依靠天基设施的支撑和保障，对天基防御体系和作战目标发动攻击，并可实施独立的进攻行动。这种空间进攻作战的主要手段将是具有一定轨道机动能力并配有攻击武器的战斗飞船，支撑战斗飞船活动的主要基地是部署在各种不同轨道上的航天港。航天反卫星武器攻击手段见图 4-2。

（三）航天突击的威胁

航天突击，是指利用航天进攻性武器，从空间对敌方地（海）面重要目标实施突击的行动，是空天进攻作战的基本样式。航天对地突击的基本方法是利用航天武器对地（海）面目标进行直接硬摧毁或电磁软攻击。

航天管制的主要设施，包括深空探测雷达、人造天体测控网、轨道运行指

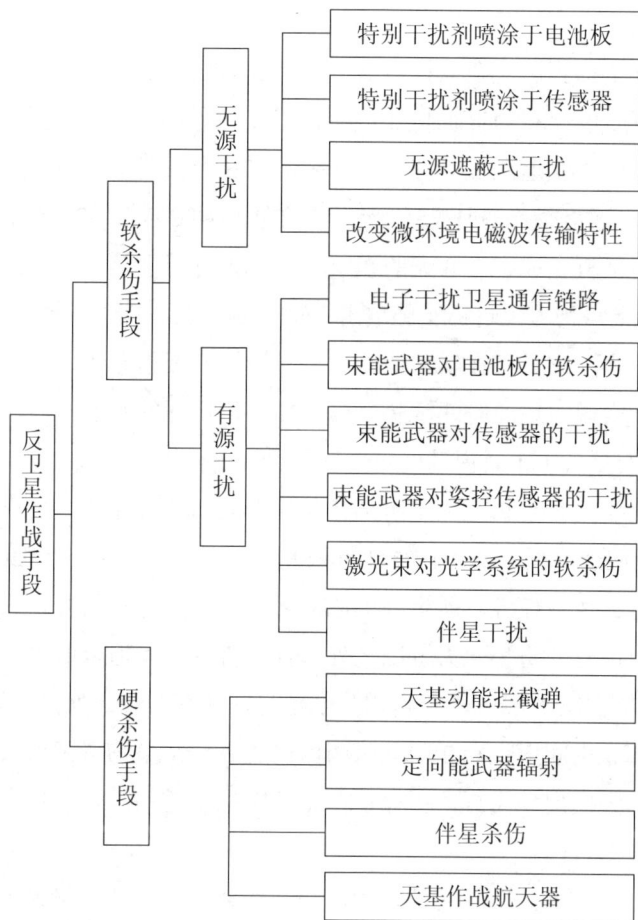

图 4-2 航天反卫星武器攻击手段构成示意图

挥控制计算机以及大型航天作战模拟设施等支撑航天作战的重要设备，大部分都部署在地球上。因而航天作战要取得有效的战果，必然要有从太空对敌方设置在地球上的航天管制设施进行破坏和攻击的能力。通过设置在太空基地（航天港、航天飞机等）或月球基地中的光、电设备获取并提供情报信息，针对地面航天管制设施采用软杀伤手段进行攻击，使对方的探测、遥控、指挥、情报、信息系统失灵，是航天进攻作战的主要方式之一。

航天对地（海）火力突击的主要作战对象为敌方重要的战略目标，使用的武器有轨道轰炸器、武装空天飞机等。美国最早提出了"空天一体作战"理论，并据此建设航空航天力量。2010 年 6 月，美军又抛出了"空海一体战"理论，旨在建设一支全球到达、全球打击、全球拦截的特别是针对中国的海上"巨无霸"。目前，美、俄都在加紧研制航天对地（海）攻击武器，打造快速打击能力。

美国研制的"轨道测试飞行器"——X-37B 空天飞机验证机，尺寸只有航天飞机的 1/4，速度最高可达 25 马赫，能在距地面 203～926 千米的低轨道上运行，首架验证机完成了 270 天的在轨飞行，既可用于航天侦察监视，也可携带导弹进行对地（海）上目标实施攻击。X-37B 作为美国"常规全球快速打击"计划的重要内容，它具备在轨驻留能力，可根据作战指令快速再入大气层或在轨投放武器，实现对地面时间敏感目标和高价值目标的快速打击，计划目标是在 2030 年左右具备 1 小时内精确攻击远程目标的能力。

高超音速空天轰炸机。美国防部认为未来的高超音速空天轰炸机具有如下优点：一是反应速度快。从美国本土起飞后 1～2 个小时内即可抵达地球上任何一个地方遂行作战任务，能更好地适应美军全球战略的需要。二是生存能力强。能在任何现有的防空火力范围之外飞行，符合美军追求的"零伤亡"作战理论。三是作战用途广泛。不仅可用作全球打击和空间激光反弹道导弹的平台，而且可用作部署空间卫星和在全球范围内快速运送军事物资和人员的平台。四是灵活性强。大气层外飞行，不存在侵犯别国领空的问题，可根据全球战略需要灵活选择打击目标。

空间作战飞行器。美国防部认为，空间作战飞行器计划将为美军提供进攻性和防御性反航天与航天监视能力、航天对地（海）打击能力，可以快速将卫星等航天设施送入空间轨道，并可达到 1 天发射 3 次。据称，空间作战飞行器的巨大作战能力已被美空军试验所证明，6 架携带 6.356 吨弹药的空间作战飞行器，相当于 10 架 B-2 战略轰炸机的攻击威力。快速性、突然性是空间作战飞行器袭击地（海）重要目标的核心特征。

共用航空航天飞行器。美空军认为，共用航空航天飞行器将会实现真正意义上的空天一体化作战。它可以运载小直径炸弹、无人机等，在任务下达 1 个小时内从太空和通过空中将弹药或飞机置于目标区域上空，并可以打击坚固和深藏于地下的目标，压制敌防空系统。美军计划在 2020 年前后完成共用航空航天飞行器的研发，并装备部队使用。共用航空航天飞行器的速度与机动性相结合，会使空天防御变得极为困难。

"航天箭"。"航天箭"（即"超音速棒束"）又称"上帝之箭"，是美国军方目前正在研制的一种新型动力学武器系统，不使用核弹头和炸药，而是从太空向地（海）面射"箭"，用于摧毁地面大型建筑和地下几百米深的掩体目标。这种武器系统装配强大的动力装置，发射一种数米长的箭形弹芯炮弹，能以数千米/秒的极超音速速度飞行，得到指令后，高速再入大气层。"航天箭"由一组成对工作的低轨卫星组成，一颗卫星携载控制和通信系统，另一颗则用作弹药发射平台。其弹药是一种钨金属制成的箭形炮弹，长 6.1 米，直径 0.3 米，弹体内部不装任何炸药，只配备简单的电子设备，在空气动力学舵面辅助下，对炮弹末端飞行阶段进行控制和引导，保障精确命中目标。这种箭形炮弹能以 11 千米/秒的初速进入大气层，发射后 15 分钟内就会刺入几百千米外的地面目标内部。专家预测，这一武器系统最早会在 2015 年以某种初级模型的形式问世，进行发射试验，并将引发新一轮动力武器系统研制热潮。

"太空弹"。部分国家为了对付威力巨大的精确制导炸弹、核导弹等攻击，在地下修筑了深达几十米的大量掩体，常规武器很难摧毁。太空弹安装有小型的助推火箭和制导电子系统，在地面控制人员的引导下，从太空轨道居高临下进行攻击，摧毁地下指挥所等重要目标。太空弹穿透力很大，可以钻入地下几百米，而精度可达厘米级。

近年来，俄罗斯军事专家也提出研发新一代超音速航空航天飞机的构想——可携带数十枚高精度巡航导弹或自动寻的航空炸弹，快速攻击地（海）面的战略目标。俄罗斯还计划研制可长时间在太空进行战斗巡逻的空天截击机，并在苏联的"螺旋"计划和"暴风雪"号航天飞机基础上，提出了研制MAKS-3 新型空天飞机构想：发射重量 620 吨，第二级重 275 吨，有效载荷重量 9 吨；乘员数量 2 人（或为无人驾驶），飞机长 19.3 米，机高 8.6 米，翼展 13.3 米，重量 27 吨。

由此可见，航天攻击武器的威胁大、防御难。一是从航天对地作战过程来看，突击兵力及其武器装备事先已经先行进入空间，在空间进一步完成突击准备后，再依任务指令对地（海）面目标发起突击。二是突击的目标可静可动，既能打击敌陆上或地下固定的战略性目标，也能在战区直接打击陆上、空中和海上的

运动目标。三是作战空间可大可小、可远可近、可高可低，突击时机可早可缓。因此，未来国家空天安全还将面临航天武器对地（海）重要目标打击的威胁。

四、日渐突出的临近空间威胁

临近空间的威胁主要表现在己方信息被侦察和地（海）面重要目标被打击两个方面。

（一）临近空间的侦察威胁

所谓临近空间的侦察威胁，是指敌方使用临近空间侦察装备对己方地（海）面军事活动情况实施侦察监视的威胁。目前，美军临近空间侦察装备主要有高空侦察飞艇、平流层侦察飞艇等。临近空间侦察的以下特点使其更具威胁性：

一是覆盖区域广。安装在临近空间飞行器上的照相机覆盖范围比航空照相机远数百英里，而且与卫星定期侦察相比更加灵活。同时，临近空间飞行器装备的通信窃听装置，可收到卫星监听不到的低功率传输信号。

二是作战性能好。与侦察卫星相比，临近空间平台是低轨道卫星高度的 $1/20 \sim 1/10$，这就意味着临近空间平台的光学系统的性能只要是空间平台光学系统的 $1/20 \sim 1/10$，就能提供与卫星相同的能力。换言之，如果利用相同尺寸的光学系统，临近空间系统分辨率可提高 $10 \sim 20$ 倍。同时，临近空间平台的运行高度比卫星低，一般在电离层之下，其电磁信号不用穿过电离层，在通信灵敏度方面具有较大的优势。

三是生存能力强。临近空间平台的雷达截面和热横截面非常小，其雷达截面仅有几百分之一平方米，与一只鸟的大小差不多，能够应对传统的跟踪与目标定位手段。临近空间平台与传统的空中目标相比，运动速度缓慢，就是使用现代多普勒雷达也难以捕获它。临近空间平台的光学特征不明显，只有在背景比它们更暗的时候（如黎明或黄昏时），平台才会显露。随着临近空间平台高度的增加，其受到攻击的可能性也越来越小。地空导弹设计的实用作战高度超过 24 千米的不多，即使那些超过 24 千米高空的导弹，大多数也不适用于攻击类似于临近空间平台这类热横截面小、飞行缓慢、非机动的目标。

四是反应速度快。与卫星相比，临近空间平台具有良好的快速反应能力。它的发射过程所需的地面辅助设备很少，一旦平台到位，就可以在数小时内迅速地建立起战区通信和侦察体系。一般临近空间平台的升高速度为 300 米 / 分，所以只需 2 小时就能到达 36 千米的工作高度。它们的巡航速度低于大多数的空基平台，一旦到达了指定位置就能够停留很长时间。

（二）临近空间的打击威胁

所谓临近空间的打击威胁，是指使用临近空间武器平台系统对地（海）面、空中重要政治、军事、经济目标实施打击的威胁。

临近空间武器平台系统是指搭载动能、激光或微波等武器载荷，对地面、海上、空中、临近空间以及太空等敌方目标实施硬杀伤或软杀伤的临近空间装备。

临近空间武器平台系统能长时间在战区上空巡航，一旦需要可从空中迅速对敌地（海）面高价值目标实施打击。这种居高临下的突然性攻击可极大地压缩预警时间，提高突防能力，具有很强的战略威慑作用。一旦威胁解除，还可回收，进行重新部署。

临近空间武器平台系统具有机动作战和精确打击能力，可实现变轨飞行，具有智能化的攻击能力，所以既能攻击敌方战略要地等固定目标，又能攻击航空母舰等活动目标。

临近空间武器平台系统可从防区外对敌纵深目标实施打击，是一种新型的战略威慑和战术运用飞行平台。发射的攻击武器飞行速度高，机动能力强，具有非常高的突防概率，能有效地遏制敌方地基、机载、舰载预警系统及武器系统整体功能的发挥，实时攻击时间敏感目标，缩短了作战时间，提高了武器攻击的突然性和有效性，加快了作战节奏。

临近空间武器平台系统，特别是亚轨道飞行器，可以在任何时间到达全球任何地点，其作战区域可以覆盖地球低轨道到地球表面的广阔空间，具有侦察监视、通信中继、全球打击、卫星维护、全球运输、空间控制和航天发射等潜力。一旦投入实战应用，将与在大气层内执行任务的作战飞机和在轨运行的各种卫星构成无缝隙的空中——太空立体进攻体系，极大地改变未来联合空天袭击作

战的样式和内容，优势非常明显，威胁极其严重。

美国已经意识到临近空间巨大的军事开发价值，近年来频繁试验各种高超音速飞行器。至目前，美国已先后开发了 HyFly 计划、X-43A 计划、X-51A 计划、猎鹰 FALCON（HTV-2）计划、弧光导弹（Arclight）计划。其中，HTV-2 计划下的助推—滑翔式导弹射程远，有效载荷能力大，机动能力强，特别适于攻击"时间敏感"目标等。临近空间飞行器及其携带的高超音速武器将是未来防空反导作战面临的新型威胁目标。高超音速飞行器计划与空天飞行器 X-37B 计划一起，将成为美国实现"常规全球快速打击"能力的技术基础。

五、日益扩大的电磁空间威胁

（一）电子干扰

电子干扰是信息化条件下空天攻防对抗作战中信息进攻的主要手段之一。主要是利用己方电子设备发射或转发电磁信号，削弱或中断敌方电子设备接收信号和从中分析信息的能力，使其不能正常发挥效能。在"网电一体"攻击时，可通过航空支援干扰、地空电子干扰和投放一次性电子干扰机等方法实施。后者是人为地发射、转发、反射电磁波，使己方干扰与敌方信号相似，以扰乱或欺骗敌方电子设备，造成敌方得出错误信息的一种电子进攻手段，包括无线电冒充和电子佯动等方法。它是用于破坏敌方信息获取能力的重要手段。

为取得战争的胜利，人们研制了各种各样的干扰手段。每一种干扰方式都有他的相对适用性，有其优点，也有其缺点，所以只有把各种干扰方式结合起来，取长补短，综合运用，才能发挥最佳的电子干扰效果。有资料表明，美军的电子战飞机和攻击飞机，都有 2 种以上的干扰手段。EA-6B 电子战飞机的 ALQ-99E 杂波干扰机总功率高达 1 兆瓦，覆盖频率从甚高频到 18GHz，可使 230 千米范围内的所有雷达受到全方位干扰；ALQ-126 欺骗性干扰机响应时间仅 20 微秒，采用应答式欺骗时，基本上无延迟；ALE-39 投放器可投放箔条和红外弹，诱骗雷达和红外寻的导弹。

未来，美军 EA-18G 电子战飞机将装备更为先进的干扰机（NGJ）。空袭中，美军首先出动 EC-130H、EA-6B 电子战飞机，利用杂波干扰实施大功率、全频段的远距离支援干扰；与此同时，投放大量金属箔条，形成干扰走廊（干扰云），隐蔽攻击飞机的出击；之后，EA-18G 进行随队干扰，掩护攻击飞机的作战行动；在临近攻击目标区域时，电子战飞机和作战飞机上的自卫电子战系统进行更强烈的压制干扰、欺骗干扰，并投放大量箔条和诱饵，实施消极干扰。

（二）电子硬杀伤

硬摧毁是最彻底的手段，即将敌人的电子设备实体摧毁。信息化条件下出现的最有效的电子硬摧毁武器是反辐射导弹。反辐射导弹又叫反雷达导弹，它能跟踪雷达的电磁波束，将雷达摧毁，毁灭空情信息源头。著名的美军"哈姆"AGM-88A 高速反辐射导弹，不仅可以摧毁地面和舰载防空导弹制导雷达、炮瞄雷达，而且可以摧毁预警雷达、歼击机引导雷达和气象侦察雷达。"哈姆"导弹的飞行速度快，反应时间短，战斗部威力大，杀伤目标的准确度高。它有一个频带很宽的被动雷达自导引头，能捕捉各种雷达波束，并在发射后沿雷达波束自动飞向目标，实施摧毁性攻击。这种导弹还具有"记忆"（锁定）装置，导弹发射后，即使被攻击的雷达关机，它也能"记住"其位置，不离航线地直奔目标。"哈姆"导弹的作战方式很灵活，它可以采取直接攻击已开机雷达的"先锁定后发射"方式，也可以采取"先升空后锁定"方式：即先盲目发射，让其无定向飞行，一旦接收机探寻到雷达波信号，即紧咬目标，以高于 2 马赫的速度俯冲，将目标摧毁。以色列的"哈比"反辐射无人机在战争中，多次摧毁敌方众多的电子信息源头——防空雷达，可谓声名显赫。

六、无处不在的网络空间威胁

在当今这个依赖"数字化"生存和"言必称网络"的时代，人类从生存方式到生活方式无不感受着网络化的巨大影响。有人说，不理解时代就不能真正理解战争，不理解网络安全就不能真正理解网络时代面临的现实威胁。"无网不在"、"无网不胜"已成为战争的显著时代特征。

（一）网络战部队

为从容应对日益扩大的网络威胁、打赢未来信息化条件下的网络战争，世界一些国家纷纷组建了专门的网络战部队，在平时和战时从事网络攻防作战。美国、英国、日本、俄罗斯、以色列、印度、韩国、朝鲜等都日益重视"电脑网络战"，招募黑客、组建专门网络攻防部队的消息不时见诸报端，大量军、民领域网络精英正在成为未来网络战的后备军。

美国是世界上第一个提出网络战概念的国家。早在 2002 年，时任美国总统布什就发布了第 16 号"国家安全总统令"，要求组建美军历史上、也是世界上第一支网络"黑客"部队——网络战联合功能构成司令部（简称 JFCCNW），这支部队由世界顶级电脑专家和"黑客"组成，其成员包括美国中央情报局、国家安全局、联邦调查局以及其他相关部门的专家，所有成员的智商都在 140 分以上，因此被戏称为"140 部队"。随后，又先后组建了海军网络战司令部（Naval Network Warfare Command）、陆军网络战营（Army's Network Warfare Battalion）和空军网络司令部（Air Force's Cyber Command）。2007 年，JFCCNW 正式进入美军作战序列，标志着"网军"开始作为独立兵种存在。2009 年 6 月 23 日，美国防部发布命令在美军战略司令部下面成立美军网络司令部，并于 2009 年 10 月形成初步作战能力，2010 年 10 月形成完全作战能力。2010 年 5 月，任命四星上将基斯·亚历山大执掌新的网络司令部。目前，美军在全球 88 个国家和地区的 4000 多个大大小小的军事基地内，拥有超过 1.5 万个电脑网络和大约 700 万台计算机；拥有世界上最强大的网络战力量，三军都有专门的网络战司令部和网络战部队，约有 7 万人专门从事或兼职从事网络攻防作战。按规划，整个美军的网络战部队将于 2030 年左右组建完毕，全面担负起网络攻防任务，以确保美军的信息优势。为提升网络部队的作战能力和检验网络系统的有效性，美军在 2006 年和 2008 年，先后组织了"网络风暴Ⅰ"和"网络风暴Ⅱ"两次国家级网络战演习。2010 年 10 月初，由美军网络司令部牵头，组织包括美军在内的 15 个国家军队的网络战专家进行了规模空前的"网络风暴Ⅲ"演习，以检验美军与盟军网络战的攻防能力与协同能力。

在 20 世纪 90 年代，俄罗斯建立联邦国家安全会议时，就设立了信息安全委员会。2002 年推出《俄联邦信息安全学说》，将网络信息战赋予了极高的地位——未来的"第六代战争"，目前已经拥有了众多的网络精英，反病毒技术更是走在了世界的前列。2008 年的俄格冲突被称为"第一场网络战"。尽管俄罗斯否认采取了任何网络行动，但网络战对格鲁吉亚造成的沉重打击，使各国对网络战达到了前所未有的重视程度。

以色列在 1998 年就将成功入侵美国国防部的青年招入部队，开始加大对网络作战的研究力度，并在巴以冲突、黎以冲突中，以篡改网页、攻击电视台、侵入军方电脑窃取机密和阻断敌人通信指挥系统等方式实施了网络作战。而以色列空军在 2007 年 9 月 6 日的对叙利亚轰炸中，类似美军"舒特"网络攻击系统的使用更是让世界震惊。

印度军方宣称"谁从事黑客活动谁就会赢得战争"。在陆军总部建立了网络安全部门，并在所有军区和重要军事部门建立了网络安全分部。从 2002 年组建三军联合计算机分队和"黑客"分队至今，目前已拥有超过 1.5 万人的专职网络战人员，并在军校中开设了"黑客技术"培训课程。

日本防卫省已经拥有一支约 5000 人的网络战部队，主要任务是进行反黑客攻击。该部队建立了"防卫信息通信平台"和"计算机系统通用平台"，实现了自卫队各机关、部队网络系统的相互交流和资源共享。同时，研发了可破坏其他国家网络系统的跨国性"进攻武器"——"网络武器"，目前已经具备了较强的网络进攻作战实力，必要时可对敌方重要网络实施"瘫痪战"。

韩国在 2009 年宣布组建"网络司令部"，并于 2010 年正式启动。目前，韩国已经拥有约 20 万名接受过专业训练的人才队伍，而且每年国防经费的 5% 被用来研发和改进实施网络战的核心技术。而朝鲜网络战部队目前拥有 100 多名成员，其主要任务是入侵敌方军事机构电脑网络，盗窃资料，在必要情况下散布电脑病毒，瘫痪其网络。

（二）网络攻击

网络是把"双刃剑"。网络本身所具有的应用广泛性、信息共享性、互联开放性、互动瞬时性、空间虚拟性、平台核心性和相对脆弱性等特征，让人们在享受网络带来便利的同时，也承受着无法回避的安全威胁。网络安全威胁横跨于军队、社会，贯穿于平时、战时，对国家的政治、经济、军事、文化等方方面面的安全都提出了严峻挑战。计算机网络攻击是指采用各种技术和手段，利用、控制和破坏敌方计算机和计算机网络上的信息流，以及计算机和计算机网络本身的作战行动。计算机网络攻击是空天对抗中一种重要的进攻作战样式，主要手段有计算机网络"黑客"攻击和计算机病毒攻击两大类。

1. "黑客"攻击

网络"黑客"是指那些具有高水平计算机编程能力和运用特定程序实施"非法"网络攻击的人员。在军事上，他们利用网络管理、鉴别服务等不完善，或利用缴获器材，伪装合法用户进入对方信息系统网络，窃取情报，破坏对方信息及信息系统。"黑客"攻击的主要手段包括：假冒合法用户或通过电话非法登录，与对方合法用户通信，窃取情报或发布虚假情况；通过某种手段越权访问并未授权访问的信息，以窃取信息。或修改、删除、添加、伪造网络上传输的数据，改变输出结果；或复制大量无用信息或病毒，干扰计算机的运行速度、破坏数据，阻塞信息通道和占用处理资源。病毒侵入目标系统后，不但可破坏数据、破坏软件系统，也可破坏系统中的计算机硬件。

黑客攻击是各类网络系统面临的首要威胁。早在 1988 年，西德汉诺威大学计算机系的学生斯佩尔，通过自己的个人计算机同美国军方和军工承包商的计算机联网，获取了大量美国国防机密，其中包括"星球大战"计划、北美防空司令部、核武器和通信卫星等方面的情报；另外一些西德计算机爱好者窥探到了有关"航天飞机研究合同"等机密文件。海湾战争期间，荷兰少年哈卡曾闯入美国国防部电脑系统并将美军兵员、装备和武器系统的情报通过互联网公之于众。科索沃战争中，一些"网上战士"通过因特网频繁向北约的信息中心、指挥系统、通信渠道等发动攻击，取得了令世人预想不到的效果。著名的美国五角大楼的计算机系统因"黑客"攻击也一度陷入不正常工作状态。俄罗斯"黑客"将美国空军 F-117A 隐身战斗轰炸机的全部秘密公布在阿尔巴尼亚的一个网址上，仅此一举，就使美国损失数十亿美元。

2．病毒攻击

病毒攻击，是利用能够侵入计算机系统并给计算机系统带来故障的一种具有自我繁殖能力的指令程序进行的攻击。目前，美军已研制出了芯片病毒固化技术以及"细菌"、"蠕虫"、"陷阱门"、"逻辑炸弹"等众多计算机病毒。2010年，一种名为"网震"的蠕虫病毒曾对伊朗纳坦兹核电站离心机的控制系统进行了攻击，并最终造成9000台离心机中的1000台被彻底破坏。

信息化条件下的空天攻防对抗作战中，计算机病毒是一种十分有效的网络进攻手段，有着广泛的应用前景。一是破坏电子系统。现代高科技武器大都以计算机为依托，信息化程度高度依赖计算机，任何一个小环节遭到破坏，则整个武器系统便可能处于瘫痪状态，这是高技术武器脆弱性的一面。二是干扰指控系统。在现代战争中，计算机病毒能打乱敌军的部署和指挥控制。有的高级灵巧病毒并不破坏敌军的预警系统，只修改敌军的有关数据，让敌方的计算机计算时出错，传输给部队的是错误指令和情报，从而迷惑欺骗敌人，打乱敌军的军事行动。三是窃取情报。有一种病毒，当其潜入敌计算机系统后，便逐步获得计算机的控制权，并不断检测敌计算机的各种信息，通过微波或电磁波信道将敌军的各种信息资料传输出来。当敌人发现它时，它不但可以及时变异进行隐身，必要的时候它还可以自杀与敌同归于尽。四是进行软杀伤。计算机病毒是一种技术含量高却又十分廉价的高技术武器，一块芯片，一张磁盘，都可以是病毒武器的载体。五是实施电子硬杀伤。有专家指出，利用病毒控制计算机供电系统，让计算机莫名其妙地产生瞬时高压，从而将计算机内的集成块、电容和电阻击穿，达到破坏敌计算机硬件的目的。

计算机病毒攻击的基本方法有两种：一是预置法。战前，将病毒固化在对方作战体系的计算机部件中，潜伏隐藏下来；战时将病毒激活，使对方指挥信息系统瘫痪、各种武器系统的自动控制设备失灵。这种战法，既可针对空天打击信息系统，也可针对空天防御信息系统。例如，在海湾战争爆发前不久，美国特工人员将伊拉克从法国购买的用于防空系统的电脑打印机换上带有计算机病毒的芯片，造成伊军防空系统基本瘫痪。预置病毒攻击是最危险、最可怕，也是最难以防范的一种网络攻击。如果一个国家的基础性的和关键的软件、硬件来自国外，那么潜在的危险就会更大。二是注入法。主要包括：（1）无线注入。利用无线电辐射注入病毒，或发射干扰磁场，导致计算机信息丢失、错乱，甚至系统瘫痪。美国国防部研制的一种新型设备，能从遥远的地方，将计算机病毒注入对方计算机，使被攻击计算机在关键时刻失灵。（2）接口注入。主要是利用网络中的计算机接口输入病毒，然后迅速从局部向全网扩散蔓延，最终侵入要害终端，使其整个网络系统瘫痪。（3）间接注入。病毒不是直接侵入保护措施严格的指挥系统或武器系统中的计算机主机，而是"暗度陈仓"，从敌方防御薄弱的辅助系统侵入，然后再传染到目标系统中去，实施间接攻击。

七、依然严峻的核威胁

截至 2012 年 10 月，世界上至少有 9 个国家拥有或正在研制核武器——美国、俄罗斯、法国、英国、中国、以色列、巴基斯坦、印度和朝鲜。根据《不扩散核武器条约》的规定，美、苏/俄、法、英、中是核武器合法拥有的国家，其他均为非法有核国家。截至 2012 年 7 月，全世界共有核武器 2.6 万余件，美、俄两国占了 95% 以上。

（一）核形势非常严峻

美国是世界上第一个试爆核武器的国家，也是唯一一个将核武器应用于实战的国家，并且是当今世界上拥有核武器数量最多的国家。苏联是继美国之后第二个掌握核武技术的国家，冷战期间其核武数量一度超越美国。苏联解体后，俄罗斯继承了苏联大部分的核武器，乌克兰、白俄罗斯和哈萨克斯坦在 1996 年把苏联部署在本国境内的核武器均转交给了俄罗斯。英国、法国、中国、以色列、印度、巴基斯坦继美、苏之后相继试验成功核武器。另外，朝鲜、伊朗也声称有权拥有发展核武器并具备研制核武器的能力，而日本则早已完全拥有制造核武器的能力。

瑞典斯德哥尔摩国际和平研究所 2010 年 6 月 3 日公布的年度报告认为，在 2010 年年初，美国、俄罗斯、法国、英国、中国、印度、巴基斯坦、以色列等 8 个国家拥有可实战的核武器约 7540 枚，总拥有量达 22500 枚（包括储存、准备拆除的或尚未准备拆除的）。其中，俄罗斯和美国则拥有绝大部分核武器，估计分别拥有 12000 枚和 9600 枚弹头，两国部署的战略和战术核武器分别为 4630 枚和 2468 枚。另据美国出版的专著披露，研制核武的国家亚洲地区居多，以色列拥有核弹 100 枚～200 枚，巴基斯坦有 70 枚～90 枚，印度有 60 枚～80 枚，朝鲜有 6 枚～8 枚。日本在 1992 年初就已储存了 10 吨钚，并有 150 吨以上的钚在欧洲进行加工；估计到 2020 年，日本将储存有足够能制造 5 万颗原子弹所需的钚。

目前，美国储存有制造核武器的钚达 33.5 吨，足够制造 5560 个核弹头。美国已建立了强大的空、海、地"三位一体"的核打击力量体系。奥巴马政府在调整核战略结构的同时，要求国会在 2020 年前拨款约 800 亿美元，用于加强核武器库、核实验室等核武库基础设施建设，确保美国核威慑力量。随着美国对核技术的深度挖掘及其核武器的更新换代，呈现出小型化、实战化的趋势。美军几型在役核导弹性能见表 4-13。

俄罗斯也是核武器的"超级大国"，研制了拥有强大突防能力的新型核武器，使"三位一体"的核打击体系更加完善，具备与美国进行核抗衡的条件及对世界各国实施核威胁的强大能力。俄军几型在役核导弹性能见表 4-14。

表 4-13 美军几型在役核导弹性能

核弹 名称	级数	射程 （km）	精度 （m）	弹头			发射 方式	制导 方式
				数量 （个）	质量 （kg）	威力 （万吨 TNT）		
民兵III	3	9800～ 13000	120	1～3	907（MK12） 955（MK12A） 194（MK21）	1～3）×170 （1～3）×33.5 1×30～47.5	井下 发射	惯导
三叉戟 I C-4	3	7400	230～ 500	8	96	8×10	潜射	惯性＋ 星光
三叉戟 II D-5	3	11100	90	6	200（MK-5） 96（MK-4）	6×47.5 6×10	潜射	惯性＋ 星光

数据来源：《世界导弹大全》（第三版）（魏毅寅，军事科学出版社，2011 年）

表 4-14 俄军几型在役核导弹性能

核弹名称	级数	最大射程（10000km）	精度（m）	弹头威力（弹头数 × 单弹头万吨当量）	发射方式
撒旦 SS-18 Ⅱ/Ⅳ	2	1.5/1.1	440/350	8～10/10×50	井下发射
匕首 SS-19 Ⅰ/Ⅱ/Ⅲ	2	1	380～550	6×20/1×500/6×55	井下发射
白杨 SS-25	3	1.05	400	1×55	井下或公路机动发射
白杨 -M SS-27	3	1.1	350	1×55	井下或公路机动发射
镰刀 B SS-27 Mod2（亚尔斯 PC-24）	3	1.2	150	（4～6）×（15～30）	井下或公路机动发射
虹鱼 SS-N-18 3 型	3	0.65	900～1400	7×10	潜射
轻舟 SS-NX-23	3	0.83	500～900	4×10	潜射
布拉瓦 SS-NX-30（圆锤 P-30）	3	0.8	350	（6～10）×55	潜射

数据来源：《世界导弹大全》（第三版）（魏毅寅，军事科学出版社，2011 年）

在所有核国家中，只有中国承诺不首先使用核武器，其他有核国家或宣布使用核武器实施"先发制人"核打击，或宣布保留首先实施核打击的权利等。由于担心其核武器库受到对方的毁灭性打击，美、俄都保持着 3 种核打击能力：预防性打击，即先发制人的第一次打击，预警打击能力和报复性打击能力。近年来，世界核大国相互间的核主动打击威胁降低，但"预警打击"（即通过预警系统推测到对方的核武器来袭情报，在导弹落地之前即发射己方核武器，对敌方予以一次性的毁灭性打击）仍受到格外关注，成为美、俄核武器打击的主要形式。美国早在 1997 年就提出"必须通过核威慑和常规威慑挫败中、俄野心"。在 2002 年 1 月 8 日美国国防部向国会提交《核态势评估报告》中，第一次将冷战后美国可能进行核攻击的对象明确为 7 个国家，中国首当其冲。美国人认为，如果发生台海战争等情况时，美国根据需要可能动用核武。2010 年 7 月 6

日，美国公布了新的《核态势评估报告》，中国被提及了 37 次，而英、法、印、巴等有核国家都未被提及。另外，核技术的不断扩散，使一些无核国家有核化趋势加大。在目前有核计划、有核技术、有生产核武器潜力的 44 个有核国家（地区）中，一些国家有可能成为核武器的拥有国。

时至今日，拥有核武器、核打击、核威慑、核讹诈最大影响力的无疑是美国，其次是俄罗斯。尽管美国同先后拥有核武器的国家一起反对其他国家拥有核武器，但是拥有核武器试制能力或者已经拥有核武器的国家和地区却愈来愈多。现有的核弹头已足以使地球毁灭千百次，更不要说还在急剧发展的核武器了。尽管自 1945 年 8 月以后再也没有任何一个国家使用过核武器，但是核武器的发展、扩散、威慑、讹诈却有增无减，愈演愈烈。因此，核威胁对国家安全带来的影响不可低估。

（二）空基核武器威胁

在世界核武库中，空基核打击力量是"三位一体"核武器体系的重要组成部分。美国、俄罗斯、法国、英国、以色列、印度均具有空基核打击手段，并保持高度戒备状态。其中，美国空军携带有核弹的战略轰炸机接令后 5 分钟就可起飞遂行空中核打击任务。

美国空军的战略轰炸机一直是其所依赖的核武力平台之一，也使美军得以维持着最强大的空基战略核力量。在美军空基战略核力量中，编有 B-52H "同温层堡垒"战略轰炸机 76 架，每架飞机可携带 AGM-86B 核空射巡航导弹和 / 或 AGM-129A 核空射"高级巡航导弹"20 枚，共装备 1250 枚；编有 B-2A "幽灵"战略轰炸机 19 架，每架飞机可携带自由下落核炸弹 16 枚或小型核炸弹 80 枚（共有 550 枚 B61 和 B83 核炸弹），3 个武器舱可容纳 24 枚携带核弹头的巡航导弹或 24 枚氢弹。AGM-86B 型导弹长 6.36 米，弹径 0.693 米，最大有效射程为 2500 千米，战斗部采用 W80-1 小型核弹头（重 122.5 千克，当量可调节，约为 20 万吨 TNT），可用于攻击陆地上的导弹地下井、轰炸机基地、核仓库等战略目标。美空军现装备有 460 枚 AGM-129 型"先进巡航导弹"，该导弹是美国空军装备的空射、单弹头巡航导弹，用于替代 AGM-86B 型巡航导弹，核弹头当量 20 万吨，射程 3000 千米，采用多种隐身技术，雷达反射截面积只有 0.01 平方米，制导方式为惯导 +GPS+ 激光雷达，命中精度 16 米，主要装备 B-52H 型轰炸机，还可以装备 B1-B 型和 B-2A 型轰炸机。由于 B-2A 的隐身和抵近目标发射战略核导弹的特点，其核弹命中精度几乎达 100%。美国空军还研制了更先进的巡航导弹 ACM，战斗部也用 W80-1 小型核弹头，射程达到 2750 千米～ 4200 千米（改进型更达 9600 千米），巡航速度为高亚音速，以超低空贴近地面障碍物上空飞行。

在俄罗斯"三位一体"的战略核力量结构中，空基核武器约占 7%。空基核打击力量包括核弹载机为图 -22M2/3"逆火"式、图 -95"熊"式和图 -160"海盗旗"战略轰炸机。俄罗斯空军目前共装备 248 架战略轰炸机，其中包括 117 架图 -22M2/3（未来计划由苏 -34 歼击轰炸机替换）、116 架图 -95MS 和 15 架图 -160（2025 年～ 2030 年间达到 30 架）。3 型轰炸机可携带空射核巡航导弹（X-20M 核巡航导弹，射程为 600 千米）和航空核炸弹，弹头总数 868 枚。俄罗斯还在研制新型巡航导弹，以提升核威慑与核打击能力。

印度空军目前的空中核打击平台为"美洲虎"攻击机、"幻影"-2000H 战斗机，以及苏 -30MKI 战斗机和苏 -22M3 轰炸机等。未来将使用苏 -30MKI、"幻影"-2000C 替换"幻影"-2000H 和"美洲虎"核弹载机。2010 年 9 月，印度空军参谋长 P.V. 奈克高调宣布，印度将建设拥有 40 架先进飞机组成的空中核打击力量。

（三）海基核武器威胁

海基核武器，通常是指由潜艇携带和发射的战略核导弹，它是"三位一体"核武器体系的重要组成部分。目前美、俄、英、法四国均装备了海基核导弹。

美军海基核武器平台主要为现役的 14 艘俄亥俄级弹道导弹核潜艇。1 艘潜艇可装备 24 枚"三叉戟"C-4 或 D-5 核弹道导弹，最多可携带 336 个分导弹头，30 分钟内可摧毁敌方 200 个以上的大中型城市或重要目标。其中 D-5 型潜射洲际核导弹射程 11100 千米，可同时攻击 8 ～ 15 个不同目标。另外，美军的众多潜艇或导弹驱逐舰都装备了 BGM-109A"战斧"巡航导弹，其战斗部为 W-80 核弹头，采用触发引信，攻击距离为 3000 米，可有效摧毁防御能力较强的地面目标。

在俄罗斯"三位一体"的战略核力量结构中,海基核武器约占33%,包括"鲟鱼"级、"海豚"级、"北风"级核潜艇,分别载有核弹SS-N-18"魟鱼"、SS-N-23"轻舟"、SS-NX-30"布拉瓦"潜射弹道导弹。此外,海军"鲨鱼"级和"奥斯卡"II级核潜艇装备的巡航导弹,也具备发射战术核巡航导弹能力。俄海军装备的800余枚SS-N-19、SS-N-21等型潜射巡航导弹也可携带核弹头。加之俄罗斯目前仍拥有上万枚战术核弹头(含库存),一旦形势需要,还可重新部署非战略核武器。从长远看,俄战略核力量结构将转向以海基为主。

(四)陆基核武器威胁

陆基核武器也是"三位一体"核武器的重要组成部分。美、俄、法、英、以、印、巴、朝等国均已装备有陆基战略或战术核弹道导弹。陆基洲际弹道导弹携带的核弹头,核当量一般为达50万吨级~450万吨级TNT,单个分弹头为5万吨级TNT,再入速度达7000米/秒以上,攻击目标圆概率偏差为90米~450米。在导航卫星网的引导下,经过升级改装的洲际弹道导弹命中精度可达到10米级。

美国是陆基核武器超级大国,现役部署的陆基洲际弹道导弹为500枚"民兵"III型。其中,在马姆斯特罗姆空军基地部署了200枚(第341空间联队),北达科他州迈诺特空军基地部署了150枚(第91空间联队),怀俄明州沃伦空军基地部署了150枚(第90空间联队)。"民兵"III型洲际弹道导弹是分导式多弹头的地地战略导弹,射程为9800千米~13000千米,配备3个分弹头,每个分弹头的爆炸力为17.5万吨TNT当量,具有较强的突防能力和同时打击多个目标的能力。实战使用时,"民兵"III的母弹在240千米的高空时,按预先设定的程序调整方向和高度,然后依次投放分弹头,各弹头落点之间的距离为60千米~90千米,命中精度可达185米~220米。美国陆基战略核武器处于高度的警备状态,接到发射指令后几分钟内即可将地下发射井中的"民兵"III洲际导弹发射出去。

俄罗斯是陆基核武器的大国。在俄罗斯"三位一体"的战略核力量结构中,陆基导弹约占60%(约600枚)。俄罗斯的21个洲际导弹基地部署在北纬48°~58°地带。其中,西部11个基地,部署6型核导弹,指向美国东部战略目标;中部6个基地,指向美国洲际导弹基地;东部4个基地,指向美国西部战略目标。其中，西部 7 个基地中的杰拉与尼亚、波尔沃迈斯克基地的 SS-19（匕首），对中国全境构成威胁；部署在亚洲的中程导弹、太平洋舰队的潜地导弹均可袭击到中国。俄罗斯最新装备的"白杨"-M 洲际弹道导弹最大射程接近 11000 千米，单弹头威力为 55 万吨 TNT 当量，命中精度达到 90 米以下，反应时间只有 15 分钟，可打到世界任何地方。

印度已成功发了射程超过 3000 千米的"烈火"-3 型弹道导弹和射程大于 5000 千米的"烈火"-5 型弹道导弹。两型弹道导弹均可携带核弹头，是印度陆基核武器的主要装备，核打击范围可覆盖印度周边十几个国家和地区。

从以上分析可以看出，核力量正在威胁着世界和平，核威慑保护伞下的常规战力也在急速发展。在可预见的未来，世界将不会太平；信息化条件下空防对抗，将是核威慑条件下的高技术战争。

第五章

信息时代的空天防御体系

许多人协作，许多力量综合为一个总的力量，就造成"新的力量"，这种力量和它的一个个力量的总和有本质的差异。

——（德）马克思、恩格斯

空天作战是典型的基于信息系统的防御体系与打击体系的全面对抗活动。空天防御体系是指为实施空天防御作战，将陆、海、空、天、网、电等六维作战力量，按照一体化作战功能的需求，所组成的以信息为主导的有机整体。空天防御体系是实施空天防御作战的物质基础，是遏制和粉碎敌空天入侵、维护国家空天安全的重要保证。

一、空天防御体系总体构成

空天防御体系是以综合信息系统（C^4ISR）为核心及纽带的防空防天作战力量高度集成的作战体系。根据作用和功能需求，空天防御体系主要是由预警探测系统、指挥控制系统、拦截交战系统、信息对抗系统、综合保障系统等五大部分组成（见图 5-1）。其中，隐含在整个作战体系之中的信息系统是各分系统的基础平台。

二、预警探测系统

预警探测系统是由装备多种探测手段和相关信息装备的作战力量构成的，担负发现、识别、跟踪（定位）目标，为防御作战提供预警和情报信息任务的作战系统。预警探测装备分布于陆、海、空、天等全维物理空间，是空天防御作战体系的"千里眼"、"顺风耳"。按照功能可分为防空预警探测系统、防天预警探测系统、弹道导弹预警探测系统等。按作战对象，可分为战略预警探测系统和战役战术预警探测系统。按照平台的配置空间，可划分为天基预警探测系统、空基预警探测系统、临近空间预警探测系统、陆（海）基预警探测系统。

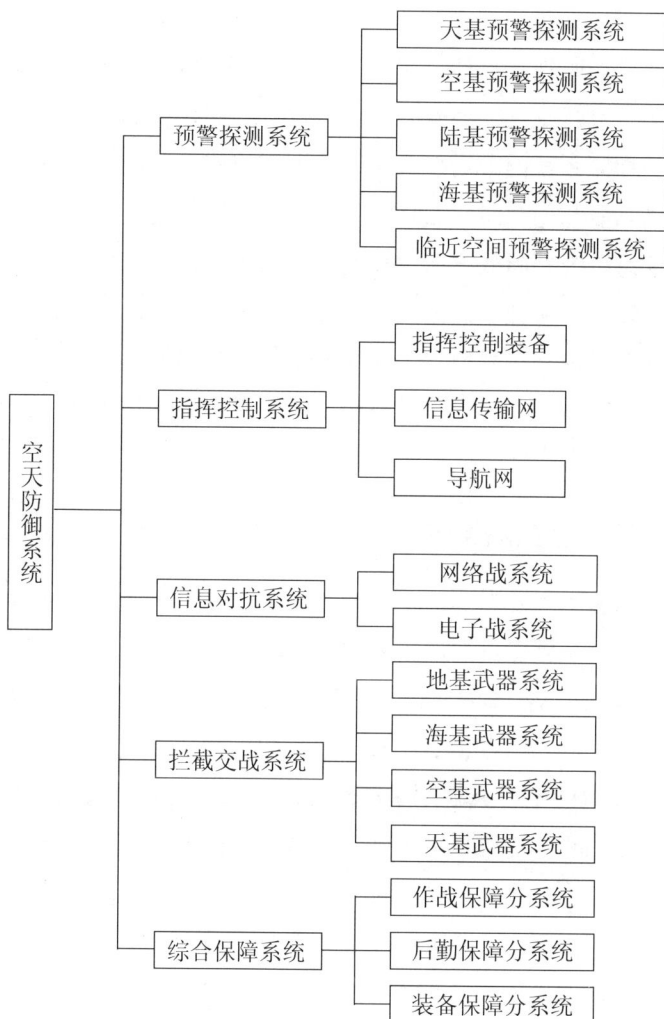

图 5-1 空天防御体系结构

（一）天基预警探测系统

天基预警探测系统，也称天基侦察预警系统或航天监视网或卫星侦察网，是以各种侦察预警卫星、数据跟踪和中继平台为主要装备，辅以配套的信息传输、处理设备所构成的预警探测系统。

天基预警探测装备主要是各类侦察卫星，包括导弹预警卫星、电子侦察卫星、成像侦察卫星、海洋监视卫星等。空间站和航天飞机等也可以实施对地、海、空中目标的侦察和监视。另外，测地卫星、气象侦察卫星、商业遥感卫星等其他一些军用和民用商业卫星，也都是重要的天基侦察手段。

天基预警探测系统的主要任务是进行太空侦察，发现、识别、监视和跟踪各种空、天飞行器和地（海）面目标，为空天防御作战提供及时、准确的作战态势和预警信息，为判断敌方意图和制定对抗措施、实施交战拦截提供情报信息。天基侦察以其得天独厚的空间条件优势，可以不受领空限制，模糊了平战界限，可实现全天候、全时域、全地域侦察。天基预警探测系统是信息时代国家空天防御作战的基础和前提，在整个空天防御预警探测系统中占有越来越重要的地位。

（二）空基预警探测系统

空基预警探测系统由装载各种侦察设备的空基平台及相关的数据处理和传输设备组成。空基预警探测系统的技术较为成熟，应用非常广泛。

空基预警探测装备主要是各种侦察机、预警机、侦察气球、侦察飞艇等。预警机可以发挥空中指挥中枢、指挥控制、电子战、警戒、通信等作用，是未来空天防御体系中的不可或缺的重要组成部分。侦察机具有很强的侦察能力，是获取战场情报的重要力量。无人侦察机以其突防能力强、无人员代价等优越性，尤其是随着纳米技术的迅速发展，小（微）型无人机越来越受到各国军界的高度重视，在未来的空天防御作战中具有广泛的应用前景。

空基预警探测系统的主要侦察对象是地面、海面、水下和空中目标。主要任务是进行航空侦察，掌握战场态势，提供预警情报和目标信息，进行效果评估等。

（三）陆（海）基预警探测系统

陆（海）基预警探测系统是空天防御预警探测系统的重要组成部分，主要由陆、海、空军的各种地（水）面雷达网、无线电技术侦察网和对空观察哨网等三大部分组成。

地（水）面雷达类型多样，性能、体制不一，综合集成后可形成远中近程、高中低空严密的对空对天预警探测网络。地（水）面雷达按作用范围可分为远程和中近程两大类。远程预警雷达主要是指大型相控阵雷达、超视距雷达等，中近程雷达是指探测范围在 500 千米以内的各种警戒和引导雷达。

无线电技术侦察，又称信号侦察，是陆基预警探测系统的重要组成部分。无线电技术侦察按其工作性质和方式，可分为无线电侦听、无线电侦收和无线电测向三大类。随着无线电设备和频谱使用密度日益扩大，无线电技术侦察在未来空天防御中的任务更加繁重，地位更加突出。

地（水）面对空观察哨网，作为一种最原始的情报侦察手段，在信息时代的战争中仍然不失为一种有效的侦察手段。借助光学、红外和声音等设备，利用信息化、数字化通信手段，能够对低空、超低空目标和特殊目标提供有效预警，是未来空天防御作战中获取目标信息的重要补充手段。

陆（海）基预警探测系统主要担负对航空和航天目标进行侦察、监视、预警、识别、跟踪等任务，为防空、反导、防天作战提供及时、准确的目标信息和空中态势。

三、指挥控制系统

指挥控制系统是空天一体作战的"神经中枢"，对于发挥作战体系的整体效能具有关键作用。由于空天防御作战指挥控制系统广泛分布于陆、海、空、天多维空间，呈现出分布式特点，故称为分布式指挥控制系统。其主要功能是实施作战筹划，掌握空天战场态势，进行辅助决策、威胁判断和作战计划（方案）生成，实施作战资源管理，指挥、控制、协调各种参战力量的作战行动等。空天防御指挥控制系统正在进一步向态势感知可视化、系统应用安全化、决策支持智能化、组织结构扁平化、指挥控制网络化、信息实时共享化的方向发展。

空天防御分布式指挥控制系统，按照指挥层次，可分为战略级指挥控制分系统、战役级指挥控制分系统、战术级指挥控制分系统、火力级指挥控制分系统；按功能可分为防空防天一体化指挥控制分系统、防空指挥控制分系统、反导指挥控制分系统、反卫指挥控制分系统等；按主体结构，包括指挥控制设备、信息传输网、导航网等。

（一）指挥控制设备

空天防御作战指挥控制设备，是分布式指挥控制系统的节点与核心，由指挥控制硬件和软件组成。

指挥控制硬件通常包括信息处理设备（计算机系统）、系统连通设备（计算机网络）、人机交互设备和内部通信设备等。其中，信息处理设备是指挥控制系统的核心设备，主要任务是进行高效的作战信息分析处理，提供指挥决策支持，在战场态势感知系统的配合下快速完成对目标的识别、信息融合、威胁判断、任务分配等。随着计算机技术的快速发展和对指挥控制信息处理要求的不断提高，云计算技术将得到广泛应用，信息处理正在朝着并行处理与分布式处理的方向发展。

指挥控制软件通常包括系统软件、支持软件和应用软件等。其中，系统软件为指挥控制系统的支持软件和应用软件提供工作环境，支持软件是为应用软件的开发和运行提供支持的功用软件，应用软件是为满足作战指挥控制任务需求而编制的系统工作软件。

（二）信息传输网

信息传输网是为保障空天防御作战通信不间断而建立的信息传递网络，是实施指挥控制的手段，也是连接预警探测、指挥控制和拦截交战等系统的纽带。主要完成空天防御系统内部和对外的所有信息传输和交换。对信息传输的基本要求是实时精确、安全可靠、连续不间断、全面有效等。

信息传输网的功能，主要包括实现空天防御系统所有节点之间的信息传输和交换，实现通信网络管理、异构信息传输和视频、数据、话音通信及应急通信功能等。按信息传输网的性质和保障范围，空天防御信息传输网可分为基于国家（全球）的骨干信息传输网（信息栅格）、基于战区（军区）和军（兵）

种的信息传输网（用户信息栅格）、专用信息传输系统、应急信息传输系统、信息传输网络管理系统等。按照信息传输的手段，空天防御信息传输网可分为战术无线电通信网、地域通信网、协同通信网和空间广域通信网（见图5-2）。信息传输的主要方式包括卫星通信系统、光纤通信系统、短波通信系统、微波接力通信系统、移动通信系统、野战综合通信系统、数据链以及其他通信系统。

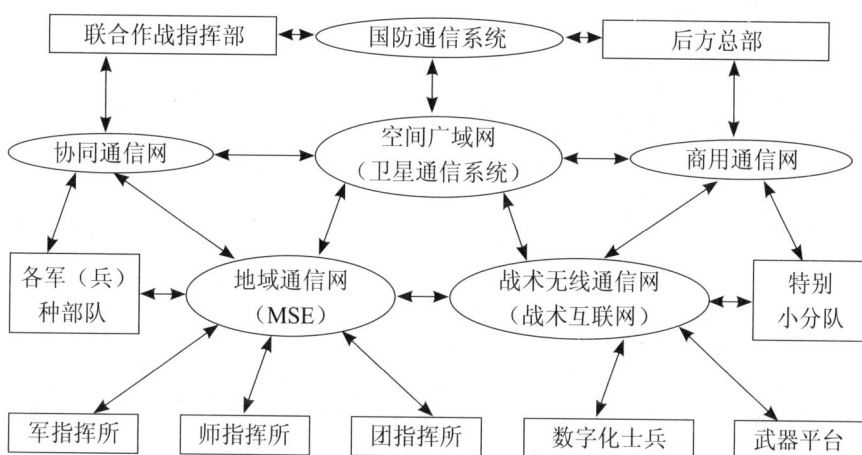

图 5-2　空天防御战场信息传输网络体系结构示意图

（三）导航定位网

导航定位网是实施空天防御作战的重要手段，可保障防空防天装备实施全球、全天候、高精度的定位导航和空天防御力量的精确交战。主要包括天基卫星定位导航系统、地（海）基无线电导航系统和运动体自主导航系统等。

1. 卫星导航定位系统

卫星导航系统主要由部署在太空的定位导航卫星构成，其基本职能是为空中飞行器、巡航导弹、海上舰船、地面设备、人员等提供精确定位、授时服务。当前，典型的卫星导航定位系统主要有美国的全球卫星导航定位（GPS）、俄罗斯的格洛纳斯（GLONASS）、欧洲的伽利略（GALILEO）和中国的北斗

（COMPASS）。其中，一些卫星导航系统除可以提供快速定位、精确授时服务功能外，还具有报文通信功能；为保证军事用途，大部分卫星导航定位系统的使用频率载波调制都分为军码和民码两种。四种卫星导航定位系统的主要参数见表5-1。

表 5-1 四种卫星导航定位系统的主要参数

参数 \ 名称	GPS	GLONASS	Galileo	北斗
卫星数量（颗）	24（加3颗备份）	24	30	35
轨道（面）数（个）	6	3	3	3
平均轨道高度（km）	20200	19100	23616	21500
轨道倾角（度）	55	64.8	50	55
轨道运行周期（h）	11.97	11.25	14.07	11.97
民用定位精度（m）	5	7	10	10
使用频率（MHz）	L1=1575.42 L2=1227.60	L1=1602.56-1615.5 L2=1246.44-1256.5	E1=1561.098-1589.742 E2=1202.025-1278.55	2491.75
多址方式	码分多址	频分多址	码分多址	码分多址
覆盖范围	全球	全球	全球	全球
部署时间	1995年4月具有全运行能力，现已发展到第二代卫星	1995年12月具备运行能力	原计划2013年形成全部能力	2012年左右形成覆盖亚太地区能力，2020年左右形成覆盖全球能力

此表数据根据相关公开资料整理。

与其他导航定位手段相比，卫星导航定位的最大优点是作用范围大、定位精度高、授时精准、不受地形条件限制、受天候条件影响小等。卫星导航定位系统已成为空天防御体系中导航定位网中的主体，并将发挥日益重要的作用。

2. 地（海）基无线电导航系统

地（海）基无线电导航系统是利用无线电技术引导飞机、舰船、车辆等运动的各种技术设备的统称。其基本工作原理为：地（海）面发射机产生的无线电波通过天线发向目标，经应答机接收并转发（也可用目标上的信标机直接发送无线电信号到地面、海面），或被目标直接反射回地（海）面，地（海）面接收天线接收并处理测量数据，最终由终端机给出测量参数，引导物体运动。

目前，常见的地（海）基无线电导航系统有：伏尔（VOR）、测距器（DME）、塔康（TACAN）、罗兰-C（Loran-C）、无线电信标（Radio Beacon）、仪表着陆系统（ILS）、微波着陆系统（MLS）、精密进近雷达（PAR）等。总体上，地（海）基无线电导航系统采用脉冲信号体制，工作于中、短波段，主要采用视距通信传播方式，具有工作可靠、抗干扰性强等优点。但地（海）基无线电导航存在以下缺点：一是设备复杂。系统需要多套设备才能完成导航任务，且采用直达波传播方式后，地（海）面设备的覆盖区域大大受限，使得一种系统难以同时满足大覆盖范围和高导航精度两项要求。二是导航精度不够高。由于地表波是沿着空气与大地交界面传播，地面的起伏不平、温度、湿度、电磁特性等因素都会影响电波传播速度。地质特点的不同导致传播速度的变化，若仍以光速近似作为传播速度，就会带来定位误差。

为提高地（海）基无线电导航的精度，各国从 GPS 系统中学习、继承了大量的技术和成果。例如采用伪噪声编码连续波信号体制、高精度原子钟技术、对空中目标采用直达波传播方式等。通过这些措施，可以在工作区域内达到与 GPS 相媲美的定位精度。当前，Loran-C、VOR/DME、TACAN、NDB 四种导航体制仍是目前世界上许多国家区域航路导航、非精密进近的主要手段。虽然卫星导航系统大有替代传统无线电导航系统的趋势，但对大多数非卫星导航系统拥有国来说，地（海）基无线电导航系统在相当长的一段时间内仍将继续发挥重要作用。

四、拦截交战系统

空天防御拦截交战系统，是指对空天来袭目标实施"硬摧毁"的防空、反导、防天等各种火力拦截武器系统，是实施空天防御作战的基本手段，是空天防御体系的主体，由各种防空防天作战平台和相应部队构成。

空天防御系统所对付的目标类型繁多、目标特性各异。拦截交战系统由多种不同的功能性武器来对付各种不同的空天目标，按作战平台类型可分为空基、地基、海基、天基防空防天拦截武器系统；按作战和功能任务分为防空武器系统、防临近空间武器系统、反弹道导弹武器系统、防天反卫武器系统等；按武器杀伤能量形式，可分为全向核能武器、动能武器、定向能武器等类型（见表5-2）。

表5-2 空天防御武器杀伤能量形式分类

空天防御武器系统		空中及临近空间目标防御	弹道导弹防御	太空防御
全向核能武器 (INW)（含中子弹）	地（海）基： ①低层拦截导弹核武器； ②高层拦截导弹核武器； ③上升共轨拦截核武器。	◎ ◎	◎ ◎	 ◎ ◎
	空基：空/空核导弹。	◎		
	天基：共轨太空核武器（指令爆炸）。			◎
动能武器（KEW）（如破片杀伤、轨道炮、KKV、EKV、MMM等）	地（海）基： ①低层动能拦截器； ②高层动能拦截器； ③上升共轨动能拦截器； ④高炮（近距离防御）。	◎ ◎ ◎ ◎	 ◎ ◎	 ◎ ◎
	空基：空空导弹、航炮。	◎		
	天基： ①共轨动能拦截器（太空地雷）； ②异轨动能拦截器。			◎ ◎

（续表）

空天防御武器系统		空中及临近空间目标防御	弹道导弹防御	太空防御
定向能武器（DEW），包括高能激光器（碘氧化学激光器 COIL 等、核爆炸 X 射线激光器 NXRL 等）、定向电磁波、聚焦电磁波、电荷粒子束、中性粒子束等	地（海）基： ①高功率电磁武器和有源电子对抗； ②高能激光器和有源光电对抗。	◎ ◎	◎ ◎	◎ ◎
	空基：高能激光器。	◎	◎	◎
	天基： ①高功率电磁武器和有源电子对抗； ②高能激光器和有源光电对抗； ③中性粒子束武器。	◎ ◎	◎ ◎ ◎	◎ ◎ ◎

其中：地基和海基防空防天拦截武器系统主要用于拦截摧毁来袭的各种类型空天目标，目前正朝着全空域、多目标、远射程、新机理武器等方向发展。空基拦截武器系统主要以作战飞机为平台，使用先进的空空导弹、空天导弹和激光武器等，对敌方来袭的空天兵器实施远程空中拦截。天基拦截武器系统主要以卫星为平台，使用激光、动能等新机理武器，对敌卫星、弹道导弹、临近空间和空天飞行器进行空间拦截和摧毁。

五、信息对抗系统

信息对抗系统已成为空天防御体系的关键组成之一。其功能是以电子战、网络战为基本作战方式，对敌预警探测网、信息传输网、指挥控制网及制导系统实施信息压制和反辐射摧毁，对作战系统人员实施心理攻击，或对上述攻击进行防护。按信息作战的领域和手段，可分为电子战系统、网络战系统和心理战系统等。

（一）电子战系统

电子战系统是信息对抗系统的重要组成部分，主要功能是着眼于空天防御作战全局，对敌空天袭击体系的"软肋"进行软硬兼施的综合打击，破坏或限制敌使用电磁频谱的权利，以谋求对战场电磁权的控制优势。

电子战力量既包括装备各种专门电子战装备的电子战部队，也包括分布于预警探测、指挥控制、拦截交战等系统之中的各种电子进攻或防御手段、设备和部队。电子进攻手段主要包括配置在地面、空中、太空的电子干扰武器、电子压制武器、定向能武器（如激光武器）和非定向能武器（如电磁脉冲弹）等。电子防御手段主要包括控制电子辐射、无线电静默、电子欺骗、电子伪装、频谱管制等。空对地、地对空反辐射导弹及炸弹、反辐射无人机等电子压制武器既是硬杀伤武器，也是电子进攻的有效手段。

电子战系统的发展趋势是：使用高速智能反辐射导弹、无人机和电磁脉冲炸弹等对敌空天预警雷达和电子设施硬摧毁；使用多功能、自适应、智能化的干扰设备与诱饵，干扰和压制敌卫星通信、定位、雷达和通信等电子信息系统；强调"攻防一体"，注重使用先进的远程反辐射武器，对敌空中预警机、电子干扰机等节点实施硬杀伤，破袭敌空天打击体系，净化战场电磁环境，最大限度地保护己方空天防御信息作战系统。

（二）网络战系统

网络战在空天防御作战中，用于对敌方通信网络、雷达网络和计算机网络系统进行干扰破坏，同时防护己方的网络系统免遭敌方的网络攻击、干扰和破坏。网络战系统是信息化条件下以网络空间为战场，以网络攻击和网络防护为基本手段的一种全新的信息作战平台。网络战具有平战一体化、战场无硝烟、攻防无疆界、实战非线性等特点。

当前，各军事大国都在从网战理论、网战部队、网战武器等各个方面，积极备战未来的信息化战争。在网络战技术和武器系统发展等方面，美国又一次走到了世界的最前列。其中，以美空军的"舒特"系统（Project Suter）最为典型，代表了该领域的发展趋势和"网电一体化"的最新成果。

1."舒特"系统的发展历程

"舒特"系统的发展计划是一个长期的项目。目前，已进行了"舒特"I（Suter

I)、"舒特"Ⅱ（Suter Ⅱ）、"舒特"Ⅲ（Suter Ⅲ）、"舒特"Ⅳ（Suter Ⅳ）、"舒特"Ⅴ（Suter Ⅴ）的研究和试验。美空军分别在 2000 年、2002 年、2004 年和 2008 年的"网络风暴"（JEFX）演习中对 Suter I、Suter Ⅱ、Suter Ⅲ和 Suter Ⅴ系统进行了试验。Suter Ⅳ 没有出现在"网络风暴"演习中，但很可能在伊拉克、阿富汗战场上直接进行了试验验证。

2. "舒特"系统的组成

"舒特"系统由 EC-130H 电子战飞机、RC-135U/V/W 和 EA-18G 电子干扰飞机、F-16C/J 战斗机组成，这些飞机除固有设备外，还装备有源辐射吊舱、网络分析仪器等攻击设备。作战时首先对目标实施电子侦察，获取数据参数，破译信息密码，分析、识别、处理各类信息。其次根据作战目的选择攻击方式，包括电子干扰、反辐射攻击或精确火力打击、网络战攻击；然后实施"舒特"网络攻击。

EC-130H "罗盘呼叫"电子飞机。它是美国洛克希德公司在 C-130 运输机基础上研制的电子对抗飞机。主要用于压制敌方防空火力和信息进攻，对敌方雷达、无线电通信和指挥系统以及导航系统等实施干扰。早期的任务系统 Block 30 软件主要用于对付指挥控制目标。新的任务系统 Block 35，增加了干扰通信、早期预警和截获雷达、导航系统等能力，并拓宽了干扰频率范围，嵌入了数字信号处理。Block 35 大功率干扰器位于 EC-130H 的"矛头吊舱"（SPEAR Pod）内，"矛头吊舱"有特大功率放大器，采用了 144 个单元大功率相控阵天线，可用 4 个独立波束对不同方向进行干扰，并自动跟踪目标。

RC-135V/W "联合铆钉"侦察机。主要用于美国战略及战术侦察，可截获、分析和记录各种通信信号和雷达信号，对各种辐射源进行定位，为部队指示敌方目标的位置和意图，并对有威胁的行动进行告警。RC-135V/W "联合铆钉"是美国空军标准的机载信号情报和电子情报平台，其传感器允许任务乘员利用电磁频谱进行检测、识别和定位等，可将搜集到的不同格式的信息用机上通信系统发送给多个用户。机上前视雷达的探测距离为 238~370 千米，360 千米处的分辨精度为 3.7 米；1 万米高侦察距离为 600~800 千米，测量脉冲宽度精度为 ±0.1 秒、方位精度为 ±10 度。

F-16C/J 战斗机。F-16 是美军典型的轻型战斗机，有多种型号，共制造 4400 架以上。"舒特"系统把 F-16C/J 战斗机作为压制敌方防空系统的重要作战平台。美军对 F-16C/J 战斗机的高速反雷达导弹（HARM）瞄准吊舱进行了更新，提高了瞄准精度，并使其作用距离增加一倍。新的吊舱为"网络化几何定位的灵巧瞄准与识别"（STING）。F-16C/J 战斗机还装备联合直接攻击弹药和其他精确制导武器。在"舒特"系统中，还计划把有 F-16C/J 与 RC-135V/W 侦察机、EC-130H 电子战飞机结合在一起，形成三合一电子进攻作战能力。

网络中心协同瞄准（NCCT）系统。NCCT 是"舒特"系统的中心装备，使用机器对机器接口和因特网协议（IP）连接，横向集成作战管理/指挥控制（BM/C2/ISR）系统，为战区指挥官及其部队及时精确地提供发现、识别、定位、跟踪和攻击的时间敏感目标及优先目标的相关信息。NCCT 可共享多源、多情报（INT）传感器级数据，协调传感器活动，为在不同的 $BM/C^2/ISR$ 系统和决策节点之间快速提供修正结果。NCCT 的信息源有 RC-135V/W、EC-130H、E-8、U-2/分布式共用地面系统（DOGS）、空中作战中心 (AOC) 和国家系统等。NCCT 核心技术包括网络管理软件、作战接口、网络消息与格式、相关软件和数据集成规则等。NCCT 可安装在 RC-135V/W、EA-6B 或 EC-130H 上。

3."舒特"系统的攻击技术

"舒特"系统可以通过敌方的传感器、通信系统、通信链路、中继链路、信息处理设备和网络处理节点侵入敌空天网络系统，能够实时监视敌方雷达的探测结果，使操作员可获得与敌方雷达探测系统一致的信息，根据看到的敌方雷达图评估其隐身能力或地形遮蔽的效能，甚至能以系统管理员身份控制敌方网络，对敌传感器进行各种操作，注入欺骗信息和处理算法，并能对敌时敏目标链路实施控制。

"舒特"攻击技术是一种集战场侦察、电子干扰、网络攻击、精确打击于一体的综合性进攻技术。该系统通过多架装有网络中心协同目标瞄准定位的监视飞机的数据融合，实现数秒内对目标辐射源高精度定位和识别，并在数分钟内通过多平台通用数据链传送到武器或地面引导站，具有对敌综合防空系统实施干扰、欺骗、控制和硬摧毁能力，体现了美军"网络中心战"思想。

4."舒特"系统的作战能力

"舒特"计划提供网络中心化装备,用于集成全球电子进攻,是美国全球作战计划的组成部分,能够向战区指挥官提供全新的信息战能力。"舒特"系统的核心由以 RC-135 V/W"联合铆钉"电子侦察飞机为代表的情报、监视与侦察(ISR)平台和以 EC-130H"罗盘呼叫"电子战飞机为代表的进攻性信息战平台组成,并以 RC-135V/W 为中心,将以 F-16C/J 为代表的进攻性空中作战打击平台集成一体,实现了从传感器到射手、信息火力无缝一体的作战网络。网络中心协同目标瞄准系统是"舒特"系统的入侵与利用网络的重要支撑。据相关资料分析,Suter Ⅰ 至 Suter Ⅴ 的技术能力如表 5-3 所示。

表 5-3 Suter I 至 Suter V 的技术能力

阶 段	时 间	技术特点
Suter Ⅰ	2000 年	组网部署的多种传感器将截获的敌方雷达网络传输内容集中在 RC-135 上融合分析,实现"见敌所见"。
Suter Ⅱ	2002 年	在 Suter Ⅰ 基础上,使攻击者作为管理员接管网络,并开始控制网络节点上的雷达,使敌方雷达探测不到己方飞机,实现了"做敌所做"。
Suter Ⅲ	2004 年～2005 年	在 Suter Ⅱ 能力基础上增强了必要的实时性,增加了入侵敌方时敏目标链路(TCT)的能力,成功地演示了对时敏目标(如移动的地空导弹发射阵地)进行非协作监控,具有直接功率压制手段(利用大功率微波武器等),以便在网络攻击不能生效时,仍使得时敏目标链路暂时或永久性失效。
Suter Ⅳ	2006 年～2007 年	"舒特"系统可能已经从试验进入实战,用于阿富汗和伊拉克战场。更多的信息战单元参加进来,综合了电子攻击和网络对抗的手段,可提供战场空间的联合态势图,以便同时使用动能武器、非动能武器以及进行 ISR 作战来对付移动的、组网的敌方系统。
Suter Ⅴ	2008 年	综合集成了电子攻击(EA)、网络战(NW)、硬杀伤、ISR 等多种手段,以实现快速部署、执行及评估硬杀伤与软杀伤方案。Suter Ⅴ 是目前第一个也是唯一一个能满足美国空军网络空间司令部任务需求的项目。

5.“舒特”系统实战应用

2007 年 9 月 6 日，以色列空军的 F-16 和 F-15 非隐身战机躲过叙利业军队的防空体系，突破俄制“道尔 -M1”导弹防御系统，成功突入叙利亚领空纵深 100 多千米，对叙东北一处疑似核设施进行了轰炸，整个过程中叙防空系统一直保持沉默，似乎已经被网络战武器“黑”掉了。美国专家称，以色列使用了类似美军“舒特”网络攻击系统那样的技术。有美国官员声称，“舒特”系统在阿富汗和伊拉克战争中已成功试验，但美国官方没有正式承认。

“舒特”系统通过侵入到敌方的雷达网络、通信网络及计算机网络中，对其进行控制，植入假目标，发布错误信息，并可操作敌方的传感器。美军“舒特”系统经过多年的发展，从当初的“舒特Ⅰ”到现在的“舒特Ⅴ”，功能逐步完善，攻击能力不断提高，在多次演习中进行了技术性能演示和验证，在局部战争或空袭行动中进行了实战检验，并发挥了重要作用。

此外，心理战系统也是信息作战系统相对独立的组成部分。其具体手段包括电视、广播、网络、传单等多种媒介，也包括利用声、光、电磁、化学等方法影响和控制人的情绪、心理的各种系统。

六、综合保障系统

空天防御作战保障系统主要由作战保障、后勤保障、装备保障等分系统组成。针对空天防御作战全域性、精确性、实时性，以及其作战环境的复杂性、力量的多元性等特点，为满足空天一体作战需求，综合保障应以信息系统为支撑，运用综合集成的方法，实现各种保障力量的一体化运用、各种保障资源的优化配置和各种保障行动的协调精准。

网络化是综合保障系统的结构特征。网络化保障模式是空天防御综合保障的基本模式，各保障分系统通过空天一体信息网络互联，使得保障指挥机构和保障分队同时共享保障信息，从而构成一个各军（兵）种一体、军民一体，信息流、物资流顺畅运行的一体化保障系统。

可视化是综合保障系统的功能特征。可视化保障是指利用自动化的跟踪与监视网络，可实时掌握空天保障资源和作战力量对各种保障的动态要求，实现保障过程的全程监控，为保障指挥机构做出最佳保障方案提供关键数据。

精确化是综合保障系统的运用特征。精确化保障又称聚焦保障，是指根据保障方案，利用网络化、可视化保障系统，实现信息、物资、器材的快速动态调集，对保障对象实施最迅速、最精确的保障，以满足空天防御作战保障精度高、时效性强等要求。

（一）作战保障系统

作战保障系统以信息化、网络化为基本特征，主要担负情报侦察、通信、指挥控制、气象、定位导航、航空管制等方面的保障，以及对核、生、化武器的防护等。由情报、通信、领航、气象、航管、防护等部门和专业队伍组成，既有独立的部（分）队，也有分布于预警探测、指挥控制等系统的保障力量。主要包括：侦察与情报保障、通信保障、导航保障、气象保障、航空航天发射保障、空中空间管制保障、综合防护等分系统。其中，综合防护系统既是作战保障系统的重要组成部分，也可作为空天防御体系中相对独立的系统，其又可分为实体防护分系统、信息防护分系统、心理防护分系统 等。

（二）后勤保障系统

后勤保障系统，由后勤财务、军需、营房、运输、物资、油料、卫生等部门和专业后勤队伍组成。包括物资保障、生活保障、卫生保障、运输保障、后勤自卫保障等分系统。上述各种系统由军队、地方专业保障力量共同组成，既有军队系统、国家政府系统，也包括租用的商用系统或国外的相关系统。其作用是组织经费、物资、器材、油料、给养等的筹措、储备、管理和供应，组织工程构筑、医疗救护和交通运输等，及时、准确地保障武装力量作战、建设及其他活动的需要，巩固和提高空天一体作战能力。未来信息化战争中，网络化和智能化程度高，对抗激烈、物资消耗大，对后勤的依赖性增强。健全的后勤保障信息网络、优化的后勤保障结构，陆、海、空三军联合后勤保障模式，快速动态式的后勤保障体系，社会化、网络化的保障体系，是后勤保障系统的发展趋势。

（三）装备保障系统

装备保障系统，由军队装备部门、防空防天工程技术单位、专业技术队伍和各种设备设施等组成。装备保障系统的主要任务是：根据空天防御作战的需要，对作战和保障装备实施调配、维护、修理、改装、检查等。装备保障系统对于维持航空、航天、防空、防天力量高技术密集型的技术装备的完好、高效具有重要作用。充分发挥网络的信息传输与共享优势，通过网络化综合保障信息系统，实现装备保障信息采集、存储、传输、处理、使用、反馈的一体化和自动化，装备保障资源与需求的透明化，装备保障决策、指挥、控制的实时、精确和高效，装备远程故障诊断、远程技术支援、远程教育培训等新型技术保障模式，是装备保障系统建设追求的目标。

第六章

外军空天防御发展现状及启示

把别人的经验变成自己的，他的本事就大了。

——毛泽东

它山之石，可以攻玉。

——《诗经·小雅·鹤鸣》

空天防御作为信息时代的一种新型作战形态，是当今世界新军事变革的必然结果。纵观外军空天防御系统的发展历程，都是在传统意义上的防空系统基础上发展反导、防天武器系统。当前，防空系统相对已比较完整，反导和防天系统尚处于发展之中。以美国、俄罗斯为代表的军事强国都在积极推进以弹道导弹防御系统建设为牵引、以防空反导防天一体化为目标的空天防御体系和作战理论建设，空天防御进入了全面快速发展时期。本章以美、俄为典型案例，以反导为重点，介绍空天防御发展现状，探讨空天防御建设的特点与启示。

一、外军空天防御发展现状

美、苏的弹道导弹防御系统建设自 20 世纪 50 年代末期开始，已经历了半个多世纪的发展历程。特别是美国的空天防御系统建设成果尤为引人瞩目，已经具备了较强的反洲际弹道导弹、反战役战术弹道导弹、反巡航导弹、反飞机的作战能力以及反卫实战能力，初步形成了多层一体化的空天防御作战体系。俄罗斯业已初步具备了对弹道导弹的高层、低层拦截能力以及较强防空作战能力，构建了较为完善的战区防空反导系统，并拥有了一定的反卫实战手段。

（一）美国空天防御系统现状

美国拥有世界上最先进的军事航空航天力量，技术先进，体系完备，体制编制较完善，空间作战理论逐步成熟。

1. 空天作战体制机制

在 20 世纪 80 年代初以后，美军陆续成立了空军航天司令部、海军航天司令部、陆军航天局，分管各军种的航天联队或支援分队。1985 年 9 月，美军以空军航天司令部为主成立了三军联合航天司令部，这标志着美国"天军"组织架构的构建基本完成。美国联合航天司令部设在科罗拉多州的彼得森空军基地，空军、海军和陆军人员各占 50%、30% 和 20%，包括空军航天司令部、海军航天司令部、陆军航天局在内，总人数将近 1.2 万人。联合航天司令部直属国防部和参谋长联席会议，下辖 4 个航天联队（1 个预警、2 个发射、1 个测控）、1 个航天大队、2 个中心、4 个基地、1 个通信师、1 个气象联队等。此外，还有海军空间监视系统、宇航大队、海军所属卫星系统的支援单位和陆军、海军陆战队所属的航天组织等。联合航天司令部的主要任务是保障航天系统满足作战部队的需要，还承担空间飞行的紧急支援任务。作战任务包括发射卫星、管理卫星、监视他国卫星、保护己方卫星和反卫星作战任务。

1993 年 12 月，美军在空军航天司令部成立了空间作战中心，负责对全球空间部队的指挥与控制，研究、演示直接利用航天系统支援各种作战的方式，开发操作简便的航天装备等。1999 年 12 月 16 日，美陆军成立了第一个空间作战营，主要任务是向地面作战指挥员提供空间支援。其中，联合战术地面站分队组成空间营的战区导弹预警连，承担接收和处理战区天基传感器数据、向战区指挥员分发导弹预警信息等任务。2000 年 10 月，美空军成立了 527 空间攻击部队，他是美军第一支用于太空攻击的部队。

2002 年 10 月 1 日，美军撤销了联合航天司令部，其部分职能归于由战略司令部和联合航天司令部合并组建的"全球作战司令部"——战略司令部，主要承担控制美国的核力量，遂行空间对抗、计算机网络对抗、战略预警与全球作战等任务；原联合航天司令部的另一部分职能转交给美国空军航天司令部。战略司令部根据总统或国防部长授权，由其所属的一体化导弹防御联合司令部全权负责组织本土或海外驻军进行防空反导作战，空军航天司令部负责所有的反导预警侦察任务。目前，美国军事航天力量的主体部分编在美国空军，90%以上航天资源在空军，军事航天力量的发展也委予空军负责。至此，美军全球空天一体化作战体制机制趋于成熟。

为实现真正意义上的太空战，美军在空军大学新设了"航空航天基础课程"，以此加速太空战人才的培养，目前已培训了上百名军事宇航员和太空战人员。

同时，美军还以太空战作为军事演习背景，模拟太空作战行动，使官兵熟悉太空战的程序和方法。据预测，随着建设力度的加大，到2050年前后，从作战指挥到战斗保障，美军的"天军"将可能形成一个体系比较完整的新军种，包括歼击航天兵、轰炸航天兵、救援航天兵、运输航天兵等若干兵种。

2. 空天防御理论及主要观点

美国空天防御理论萌芽于20世纪50年代末，其标志是美国空军1959年颁布的《美国空军基本条令文件》。在1971年颁布的美空军作战条令规定了"空军在空天防御的作用"，在1979年版美空军作战条令中，又进一步明确空军的空天防御任务是"航天保障、战斗力增强和空天防御"，标志着美国空天防御理论的初步确立。20世纪80年代到海湾战争的10年间，是美国空天防御理论的快速发展时期，1982年和1990年先后颁布了《军事航天理论》和《航天作战》，强调了空天防御力量投送和利用空天环境对地面力量的支援，空天防御作战理论的内容进一步丰富。海湾战争以后，美国对空天防御战略进行了调整。1996年11月，美空军首次提出其空军正从"空中和空天防御力量向空天防御力量和空中力量"转变。1998年美空军又提出"空天无缝连接"概念。1998年4月7日，美军公布了《美国航天司令部2020构想》。1999年，美空军发表了《航空航天：保卫21世纪美国》白皮书，提出"航空航天一体化"建军思想，标志着美军的空天作战理论正式形成。美空军2001年的《空军空天防御作战条令》、2002年美军参谋长联席会议颁布的《空间作战联合条令》、2003年的《空军转型路线图》，从不同角度具体阐述了未来空天防御作战的指导思想、调整方向和具体步骤。2009年1月6日在新版《空间作战联合条令》中，较为详细地阐述了美军空间作战的原则、作战任务、指挥控制关系、各作战部门职责、计划制订方式等主要内容，突出了空间防御作战的常态化，标志着美国空天防御作战理论已趋于成熟。

概括起来，美国空天防御理论的主要观点是：在基本认识上，强调"网络中心战"、"空天无缝连接"、"进攻性防御"，充分发挥基于信息系统的体系作战能力；以反导为支撑，以本土防御为核心，以保卫海外目标和盟国安全为重点，实施全球防御作战；在力量运用上，强调航空航天防御力量一体化，充分发挥航天力量和信息力量的优势；在作战行动上，强调统一指挥、联合作战、综合保障；在力量建设上，强调统一定制、顶层设计，同步建设、分头实施，综合集成、降低成本。

3. 空天防御预警探测系统

几十年来，美国出于军备竞赛和威慑牵制苏联 / 俄罗斯的需要，十分重视国家战略预警系统的建设。美国空天防御预警探测的建设方针是"至少用两种不同的探测系统探测目标在飞行中产生的不同现象，以确保覆盖敌方战略导弹的发射区域，从而尽量减少虚警和自然干扰"。为此，美国分层次构建了天基、空基、海基、陆基预警探测系统。其中，天基以侦察预警卫星和导航定位卫星为主，空基以预警机、侦察机和无人机为主，并与海基和陆基预警探测系统一体化建设。目前,美军能够对全球实施不间断的侦察监视、精确定位和早期预警，其分辨率达到 0.1 米，定位精度达到 1 米。

（1）防空预警系统

美国防空预警系统由北方预警系统、超视距雷达系统、联合监视系统和空中预警系统组成，部署情况见图 6-1 所示。其中，北方预警系统和超视距雷达系统合称远程预警系统。

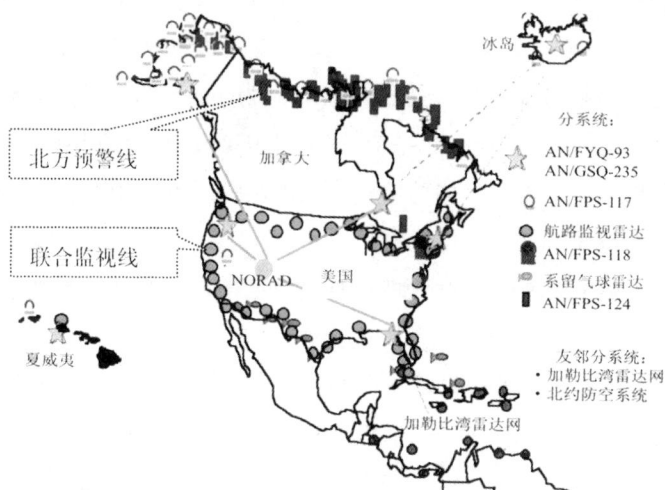

图 6-1 美国防空预警探测系统部署图

①北方预警系统

北方预警系统大致沿距美国北部边境 1600 千米宽正面的北纬 70 度线配置，全长约 9600 千米，共有雷达 52 部，其中 39 部为无人值守的 AN/FPS-124 型近程补盲雷达（探测范围 110～150 千米），13 部为有人值守的 AN/FPS-117 型远程三坐标雷达（探测范围 370 千米）。52 部雷达中，在加拿大境内有 11 部 AN/FPS-117 雷达和 37 部 AN/FPS-124 雷达，在阿拉斯加有 2 部 AN/FPS-117 雷达和 2 部 AN/FPS-124 雷达。任何 2 部 AN/FPS-117 雷达之间的低空缝隙由 1～6 部 AN/FPS-124 雷达填补。该系统能对时速 960 千米的飞机提供 3 小时的预警时间，其所获情报通过对流层散射通信网传送到北美航空航天防御司令部指挥中心。

②超视距雷达系统

超视距雷达系统包括分别部署于美国本土东、西海岸的 2 部 AN/FPS-118 型后向散射超视距雷达，主要用来监视和跟踪进攻北美的轰炸机、巡航导弹和弹道导弹，满足对进攻北美的空中目标早期预警的要求。AN/FPS-118 雷达于 1973 年开始研制，是一种双基地调频连续波雷达，其收发功能完全由计算机控制，收、发站间通信由宽/窄带对流层散射无线电和光纤链路实现，两站间同步工作时延小于 1 微秒。该雷达主要技战术指标为：工作频率 5 兆赫兹～28 兆赫兹，作用距离 800 千米～2880 千米，覆盖角度范围 180 度，距离分辨力 8 千米～30 千米，角度分辨力 1 度～3 度。该雷达对亚音速目标威胁的预警时间达 3 小时，对超音速目标威胁的预警时间为 1～1.5 小时，对洲际导弹的预警时间为 30 分钟。东、西海岸系统分别于 1986 年和 1990 年建成投入使用。此外，美海军也建造了一个可移动超视距雷达系统（ROTHR），目前已启用。

③联合监视系统

1974 年～1975 年美国建设了联合监视系统，由联邦航空局的航路监视雷达和空军远程预警雷达联合承担美国国内的防空预警任务。该系统主要由环绕美国本土周边的 46 个雷达站和夏威夷的 2 个雷达站组成，每个雷达站一般设有 1 部 AN/FPS-20 型雷达，或 1 部 ARSR-4 型监视雷达和 1 部 AN/FPS-90 测高雷达。在 48 部雷达中，有 43 部航路监视雷达，空军预警雷达只有 5 部。其中，现在使用的 ARSR-4 航路监视雷达为三坐标雷达，全固态、无人值守，主要性能见表 6-1。自投入使用以来，该系统一直肩负军事防空与民用航空交通管制的双重任务，用于监视通往美国领空的各种目标，承担对空监视、防空预警与跟踪等任务，系统所获情报由通信系统传送到各个防空区作战控制中心（RICC）。

表 6-1 ARSR-4 航路监视雷达主要特性

项 目	数 据	主要特性	数据
工作频段	L 波段（1215MHz～1400MHz）	天线	散射面：(5.6×4) m²
作用距离	470km（σ=1m²）		波束宽度：方位 1.40°
覆盖范围	方位：360°		仰角 2°
	仰角：30°		波束数：发射 2 个～3 个
	高度：30000m		接收 9 个
测量精度	距离：230m（Pd>80%）	发射机	峰值功率：60kW
	方位：0.176°（Pd>80%）	脉冲宽度	90+60：150（us）
分辨力	距离：230m	脉冲重复频率	216Hz
	方位：2°		72Hz

④空中预警系统

空中预警系统为北美大陆东、西两个方向的防空预警线，由空中预警机沿东、西海岸实施空中巡逻，主要装备为 E-2"鹰眼"系列、E-3"望楼"系列、E-8"联合星"（主要性能见表 6-2）。其担负的主要任务是探测、识别和跟踪从高空到低空全高度上飞行的敌机和巡航导弹，将有关数据及时传向北美航空航天防御司令部，指挥和引导己方截击机对敌空袭目标实施空中拦截。预警机获得的情报可直接传送给航空航天防御司令部，并能通过国家紧急空中指挥所全球军事通信网与总统和空军首脑联系。

此外，美军正在研制性能更加先进的新一代 E-10 预警机。第一批 5 架 E-10A 型机的飞行试验载体由波音 767-400ER 飞机改装而成。2003 年 5 月，由诺斯罗普·格鲁曼公司、波音公司和雷声公司共同进行该型机的预先系统研制，

2004 年春天宣布设计成功。E-10A 型机将成为美空军未来的新型指挥与控制飞机群体的中心平台（指挥与控制飞机群体是空中、地面、海上多种传感器的全面链接系统，将能使用通用的标准通信方式自动转播信息），计划将取代 E-8 联合监视与目标攻击雷达系统飞机，且有可能执行现在由其他飞机（诸如 RC-135 "铆钉" 和 E-3 空中警戒与控制系统飞机）担任的任务。E-10B 型机计划可以提供巡航导弹防御和先进机载地面监视与目标标定能力，该型机装备有诺斯罗普•格鲁曼公司 / 雷声公司根据多平台雷达技术嵌入规划研制的新型主动式电子扫描阵列和战场管理指挥与控制子系统。E-10C 型机的方案待定，可能是在同一平台上同时装备空中预警与控制系统，或者是创建一个专用的空中预警与控制系统。

表 6-2 美军典型预警机主要性能

项目	E-2C "鹰眼"	E-3 "望楼"	E-8 "联合星"
制造商	诺斯罗普•格鲁曼公司	波音公司	诺斯罗普•格鲁曼公司
动力装置	2 台 3803 千瓦 T-56-A-427 涡桨发动机	4 台 TF33-PW-100/100A 型涡轮风扇发动机	4 台 TF33-102C 型涡轮喷气发动机
翼 展（米）	24.56	44.44	44.44
机 长（米）	17.60	46.60	46.60
机 高（米）	5.58	12.65	12.95
最大时速（千米 / 小时）	626	954	1028
实用升限（千米）	11.2	11.5	12.8
续航时间（小时）	6.25	8	8（标准载荷，不空中加油）；24 小时（空中加油）
最大载油量（千克）	8990	70510	70307
最大起飞重量（千克）	24687	157538	152544

（续表）

项目	E-2C "鹰眼"	E-3 "望楼"	E-8 "联合星"
特种设备	AN/APS-145 先进雷达处理系统、AN/APA-171 旋转转达罩和敌我识别天线、AN/ASN-50 航向姿态系统、AN/ARQ-34 高频数据链、联合战术信息分发系统终端。	RSIP 雷达、敌我识别器、APN-200 多普勒导航仪、ARN-99 奥米加导航设备、数据显示和控制系统。	AN/APY-3 多模式雷达、惯性导航系统、飞行管理系统、侦察和控制数据链路、联合战术信息分配系统、卫星通信链路。

⑤系留气球雷达系统

由于地球曲率的影响，地面雷达对飞行高度为 100 米的巡航导弹的最大发现距离只有 40 千米～50 千米。而气球载雷达在 4600 米高空对同样飞行高度的巡航导弹的理论发现距离可达 270 千米以上。系留气球雷达系统可以担负监视中低空飞机和巡航导弹的警戒作用，还可辅助预警机的中低空监视任务。美国在南部与墨西哥之间的狭长地带上空部署了 12 个系留气球雷达，构成系留气球雷达系统。气球下面的雷达原为 S 波段恒虚警 / 动目标显示雷达 AN/DPS-5 和改进型 L 波段监视雷达 AN/TPS-63，新雷达为 L-88 型雷达。主要特性见表 6-3。

表 6-3 美国系留气球雷达系统主要特性

项 目	低高度飞机及巡航导弹探测
气球容积	7786m³ ～ 17695m³
系绳长	7600m（飞行高度为 4600m）
有效载荷	540kg ～ 1540kg
最大探测距离	320km
雷达	原：雷达 AN/DPS-5 及改进型雷达 A1N/TPS-63 新：L-88 雷达
留空时间	30 天
部署时间	1978 年
制造数据	12 + 备份

（2）导弹防御预警系统

导弹预警系统由洲际弹道导弹预警系统（BMEWS）、潜射弹道导弹预警系统（SLBM）、预警卫星系统、空间探测与跟踪系统等组成。其中，洲际弹道导弹预警系统和潜射弹道导弹预警系统合起来称为固态相控阵雷达系统（SSPARS），作用范围见图6-2。

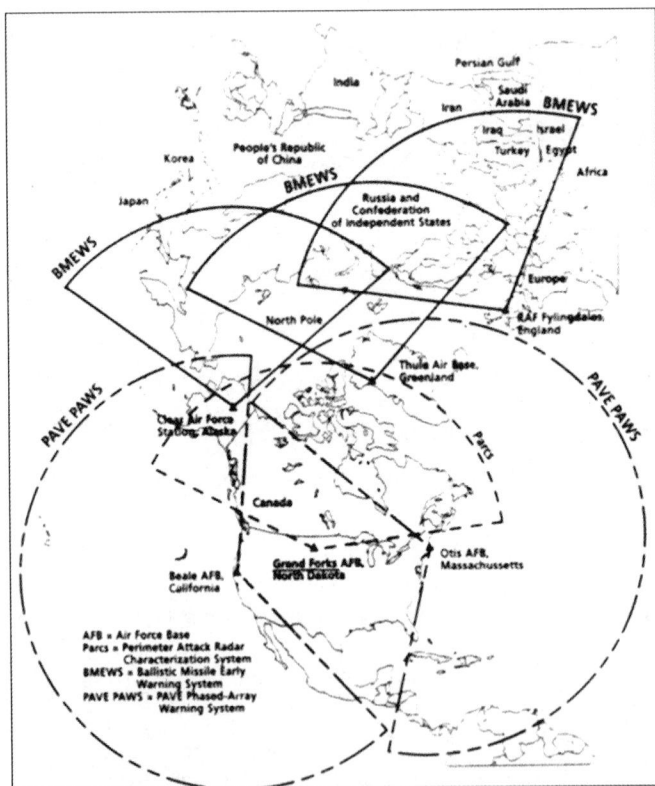

图6-2 洲际弹道导弹预警系统与潜射导弹预警系统的作用范围

①洲际弹道导弹预警系统

洲际弹道导弹预警系统，过去曾被称为北方洲际弹道导弹预警系统，主要用于对由北、东方向对美国本土和加拿大南部实施攻击的洲际弹道导弹提供早期预警。该系统由位于丹麦格陵兰的图勒（Thule，GreenLand）、美国阿拉斯加的克利尔（Clear，Alaska）和英格兰的菲林戴尔斯（Fylingdales，England）

的 3 个预警站组成,装备 AN/FPS-115 型"铺路爪"(PAVE PAWS)相控阵雷达的改进型。部署在菲林戴尔斯的 BMEWS 为三面阵的"铺路爪"相控阵雷达,可以搜索 360°的范围,代号为 AN/FPS-120;其他两部 BMEWS 均为双面阵的"铺路爪",可以搜索 240°的扇区,部署在格陵兰的图勒的雷达代号为 AN/FPS-126,部署在阿拉斯加的克利尔的雷达代号为 AN/FPS-123。且所有雷达阵面都将视轴朝向威胁评估最大的方向。该预警系统对 RCS 为 10 平方米的目标的探测距离达 5560 千米,可以对来袭洲际弹道导弹提供近 20 分钟的预警时间,并能在 10 秒钟内将预警信息发送至科罗拉多州北美航空航天防御司令部夏延山指挥中心的导弹预警中心。

②潜射弹道导弹预警系统

潜射弹道导弹预警系统,又称本土弹道导弹预警系统,主要由 1 部位于北达科他州的 AN/FPQ-16 型远程搜索雷达、1 部位于得克萨斯州的 AN/FPS-85 型预警雷达和 2 部分别位于美国东、西海岸的 AN/FPS-123"铺路爪"相控阵雷达组成,可从美国东、西、南、北四个方向监视潜射导弹,并对太平洋和大西洋的潜射导弹发射阵位提供双重覆盖,能够对来袭潜射导弹提供 6 分钟的预警时间。目前,2 部"铺路爪"分别部署在马萨诸塞州的科德角(Cape Cod,Massachusetts)及加利福尼亚州的比尔空军基地(Beale,Marysville California),主要用于探测和跟踪来自美国东、西海岸的潜射弹道导弹和洲际弹道导弹,也可以监视、跟踪、识别卫星和其他空间目标,两个阵面的相控阵天线可以覆盖方位 240 度、俯仰 3 度~5 度的空域。

③预警卫星系统

目前,美国正在使用的预警卫星系统为"国防支援计划"(DSP)预警卫星系统,由 5 颗同步轨道卫星、2 个大型地面数据处理站、6 个地面机动接收站、1 个简化数据处理站和 1 个地面通信网等部分组成。该卫星预警系统可提供 15 分钟~ 20 分钟的预警时间。DSP 卫星装有扫描红外相机,具备较大的扫描视场(10 度)和较低的地面分辨力(1 千米);另装有凝视红外相机,具备更高的地面分辨力(360 米),但视场较小(0.3 度)。由于 DSP 预警卫星系统只能探测助推段的导弹,不能探测和跟踪中段飞行的导弹,且虚警率较高、目标识别能力较弱,已经不能满足美国空间战略的需求。为此,美国国防部目前正在加速发展性能更高的新一代预警卫星系统——天基红外预警卫星系统（SBIRS），该系统由高轨道天基红外系统（SBIRS-High）和低轨道天基红外系统（SBIRS-Low）组成。

SBIRS-High 由 5 颗地球同步轨道卫星（含 1 颗备份）和 2 颗大椭圆轨道卫星组成，其主要任务是实现针对全球的导弹预警能力、提高发射点和落点测算精度、搜集技术情报、为导弹防御提供预报，能在导弹发射后 10 ～ 20 秒内发出预警信息。由于地球热背景的影响，SBIRS-High 无法跟踪关机后的导弹弹头。2011 年 5 月，首颗 SBIRS-High 卫星到达预定轨道，正在进行早期在轨测试；第 2 颗卫星已完成地面环境的声学试验，即将进行热真空试验。

SBIRS-Low 由多颗地球低轨道卫星组成，主要任务是提高发射点和落点测算精度、进行中段飞行弹道导弹和弹头的跟踪及识别、提供广泛的技术情报，并进行空间监视。2002 年，SBIRS-Low 改名为低轨空间跟踪与监视系统（STSS），并由空军划归导弹防御局管理。STSS 系统为带红外和可见光传感器的先进空间监视系统，拟由 24 颗覆盖全球的低轨道卫星构成。目前该系统正处于技术验证阶段，2 颗卫星已具备跟踪与助推器分离的弹道导弹弹头的能力，即将进行在轨演示验证。

④空间探测与跟踪系统

空间探测与跟踪系统的主要任务是全面监视各种轨道飞行器，对它们的用途、轨道、国别等进行编目登记，以便及时发现新的航天飞行器。该系统主要由空军的空间跟踪系统、陆基电子—光学深空监视系统和海军航天监视系统组成。空军空间跟踪系统是一个全球范围探测、跟踪和识别空间目标的系统，它由分布全球的雷达系统、光学跟踪网和辐射仪等探测与跟踪装置组成。该系统获得的空间目标信息都传送到美国设在夏延山指挥所内的空间防御作战中心。陆基电子—光学深空监视系统由分布在全球各地的 6 个监测站组成。其中，设在印度洋迪戈加西亚岛和北达科他州的 2 个为机动式监测站。每个站配有 3 台高灵敏度电视摄像机、0.8 毫米硅加强管宽视望远镜、现代化信息处理机、数字计算机和先进计算机软件，可以观测地球表面 5500 千米～ 87000 千米高度的深空目标。海军空间监视系统由横贯美国南部（北纬 33 度）各州的东、中、西部 3 组多普勒效应无线电干扰仪组成，共有 3 个大功率发射站和 6 个接收站。该系统主要用于探测不发射无线电信号的卫星，其优点是抗干扰性能强，能迅速识别发射和目标分解过程中产生的碎片数目。此外，现有的洲际弹道导弹预警系统、潜射弹道导弹预警系统、超视距雷达系统以及非军方的有关机构等支援系统也提供一些空间目标的探测和跟踪数据。

4. 空天防御拦截系统

美军空天防御拦截作战系统包括隶属各军种的地基、海基、空基、天基等各种空天拦截力量。按武器装备可分为四大系统：一是防空拦截作战飞机；二是陆基（海基）防空、反导、反卫武器系统；三是空基反导、反卫武器系统；四是空间反导、反卫武器系统。以下重点介绍美军现役和在研的反导、反卫拦截武器系统。

根据防御区域、拦截高度和被拦截导弹所处飞行阶段的不同，美国已经部署或正在研制的用于拦截弹道导弹的导弹防御系统可以分为 3 种类型，即初始段防御系统、中段防御系统和末段防御系统。其中，末段防御系统又包括低层防御系统和高层防御系统。目前，美国正在完善以地基中段防御为主导的多层弹道导弹防御系统。计划 2015 年～ 2020 年后将开始建设以天基防御系统为主导的一体化空天防御系统。美国多层弹道导弹防御的使命任务划分构想见表 6-4。

表 6-4 美国多层弹道导弹防御的使命任务划分构想

导弹射程 / 弹道段	600km	1300 km	5500 km	10000 km
末段	爱国者 -3	爱国者 -3	THAAD	宙斯盾系统
中段	宙斯盾系统 THAAD	宙斯盾系统 THAAD	宙斯盾系统	地基中段拦截器
初始段	机载激光拦截器	机载激光拦截器	机载激光拦截器	机载激光拦截器 动能拦截武器

（1）末段低层防御系统

末段低层反导系统用于保护比较小的区域（半径在十几千米至几十千米之

内），如机场、港口、指挥与控制中心或部队。由于保护区域小，通常称为"点防御"反导系统；又由于只能在大气层内低层空间（高度 30 千米以下）拦截处于弹道末段飞行中的战术弹道导弹，也被称为末段低层防御系统。目前，美国末段低层反导系统包括"爱国者"-2（PAC-2 GEM-T）和"爱国者"（PAC-3）、中距扩展防空系统"迈兹"（MEADS）等。此外，美国和挪威联合研制的"21世纪霍克"（霍克 -21）、美国海军陆战队现役的"反导型霍克"等地空导弹武器系统等也均具备一定的末段低层反近程弹道导弹能力。

① PAC-2 防空反导武器系统

PAC-2 为美军第三代地空导弹武器系统，除了具有较强的抗干扰能力和反隐身能力外，还具有一定的反战术弹道导弹能力，在海湾战争中以拦截数枚"飞毛腿"导弹而扬名。PAC-2 武器系统在 PAC-1 武器系统基础上提高了杀伤能力，能够拦截来袭的战术弹道导弹。1989 年年初开始生产，1990 年年底装备部队，主要由 MIM-104 导弹、C 波段的 AN/MPQ-53 相控阵雷达、指挥控制站、发射车、天线车等组成。目前，PAC-2 主要是指装备 MIM-104E 导弹的 PAC-2GEM ＋（又称 PAC-2GEM-T，2002 年装备部队）武器系统。MIM-104E 导弹采用 TVM/ 雷达主动寻的双模导引头，最大速度 5 马赫，破片杀伤战斗部。防空最大射程 80 千米、射高 300 米～ 24 千米，反导最大射程 10 千米、最大射高 5 千米。

② PAC-3 防空反导武器系统

PAC-3 作为美军"战区导弹防御"计划中的弹道导弹防御系统，主要用于拦截大气层内的战术弹道导弹、巡航导弹、高性能飞机和空地导弹。PAC-3 导弹防御系统采用渐进式发展模式，先后经历了 PAC-3/1、PAC-3/2、PAC-3/3 等 3 个阶段。通常，PAC-3 系统就是指 PAC-3/3 状态，使用的增程拦截弹（ERINT）；该系统于 1997 年开始生产，2002 年装备部队，2003 年首次在伊拉克战争中使用。PAC-3 武器系统可拦截射程小于 1000 千米的战术弹道导弹，反导最大拦截距离为 20 千米、最大拦截高度 15 千米。其特点是：火力强，能够对抗饱和空袭，搜索速度快，跟踪能力强，反应时间短，可以同时攻击多个目标；能有效对抗现有的电子攻击；可实现与陆军系统和联合系统的互操作。PAC-3 武器系统的作战装备主要由若干 ERINT 导弹、1 部多功能相控阵雷达 AN/MPQ-65、6 ～ 8

辆导弹发射车（每辆车可装 16 枚 PAC-3 导弹或 4 枚 PAC-2 导弹）、1 个交战与火力控制站等组成；ERINT 导弹采用惯性 + 指令修正 + 毫米波主动雷达寻的末制导方式，应用了直接碰撞动能杀伤技术，最大飞行速度不小于 5 马赫。目前，美军正在实施 PAC-3 系统分阶段升级（MSE）计划，以进一步扩大作战空域，减少其和 THAAD 之间的火力空隙，计划将作战距离扩远至 40 千米、拦截高度提升至 22 千米。

③ "迈兹"（MEADS）系统

MEADS 是一种陆基机动式防空和反导武器系统，由美国、德国、意大利联合共同研制，提供对战术弹道导弹、空对地导弹、反辐射导弹、固定翼飞机、旋转翼飞机、巡航导弹及无人驾驶飞机的面防御和点防御能力，用于替代部署在美国现役的基本型"爱国者"、德国的"霍克"和意大利的"奈基"地空导弹系统。该系统于 2005 年正式进入研制阶段，计划 2014 年完成全部研制工作。

MEADS 由 2 部 X 波段制导雷达、1 部低频目标指示雷达、12 联装的轻便型发射装置和战术作战中心（TOC）组成。相比 PAC-3 系统，MEADS 系统的机动性能和快速部署能力有了大幅提高。该系统采用具有 360 度覆盖能力的传感器和 PAC-3 分阶段升级（MSE）拦截弹，扩大了导弹的作战空域和杀伤能力。

（2）末段高层防御系统

末段高层防御系统主要用于拦截和摧毁处于再入段较高高度上飞行的弹道导弹，作战高度距地表 30 千米以上，用于保护半径在 100 千米～ 200 千米的较大范围地区。目前，美国研制的末段高层防御系统主要是陆基"末段高层区域防御"（THAAD）系统、海基宙斯盾（AEGIS）反导系统 / 标准 -2 舰载反导系统，以及和以色列联合研制的箭 -2（Arrow-2）陆基反导系统。

① THAAD 反导系统

THAAD 系统原称"战区高层区域防御"系统，2004 年 2 月更名为"末段高层区域防御"系统。该系统的研制计划始于 1987 年，2008 年装备美国陆军。主要用于拦截射程大于 600 千米的弹道导弹，最大拦截距离 250 千米，拦截高度 40 千米～ 150 千米。THAAD 系统主要由地基雷达、发射车、拦截弹、指挥控制／作战管理通信（C^2BMC）系统组成。地基雷达为 X 波段固态相控阵雷达，具有全面的监视、目标探测、跟踪和火控功能，威力 500 千米（RCS 为 $0.1m^2$）。拦截弹采用惯性＋指令修正＋红外成像制导体制、动能直接碰撞杀伤技术，最大速度为 8.45 马赫。

THAAD 系统作战空域大，拦截距离比爱国者大 10 倍以上、防御面积大 20 倍～ 150 倍；不仅能在大气层内拦截来袭导弹，而且能在大气层外摧毁目标，拦截概率大，具备"拦截 - 评估 - 再拦截"能力。其发展趋势是逐步加强对复杂目标的识别能力，并通过传感器和拦截器性能升级，逐步扩大杀伤空域，最终实现反远程弹道导弹目标的能力。

②箭 -2 反导系统

箭 -2 系统主要用于反战术弹道导弹，兼具反巡航导弹、反飞机能力，以保卫人口密集的地区和军事基地，由以色列空天工业公司（IAI）负责研制，并与美国进行合作的产物。该系统于 1988 年 7 月开始系统演示验证，1995 年开始箭 -2 导弹试验，1999 年具有作战能力，2000 年 3 月 14 日以色列空军正式部署箭 -2 导弹连。目前，在以色列本土已部署 3 个箭 -2 导弹连。其主要战术技术性能见表 6-5。受伊朗弹道导弹和核研究计划的影响以及以色列自身寻求降低成本的需求，以色列逐步开展了箭 -2 系统改进计划，主要包括箭 -2 Block 2（又称 M2，目前在役的箭 -2 系统的主要结构标准）、箭 -2 Block 3（又称 M3，已装备部队）、箭 -2 Block 3.5（又称 M3.5，2008 年装备部队）、箭 -2 Block 4（又称 M4）和箭 -2 Block 5（又称 M5）。其中，2011 年 2 月，M4 批次型号在美国西海岸的海上靶场取得拦截海基弹道导弹靶弹试验的圆满成功，被以军和美军方称为里程碑式的反导装备发展成果。2012 年 2 月，箭 -2 Block 4 导弹与新型的"大松树"雷达成功进行了拦截靶弹试验，箭 -2 系统与美国部署在以色列的 AN/TPY-2 前沿部署雷达进行了联网操作。至此，箭 -2 系统所有计划的试验全部圆满结束。M4 以及之前批次改进型号，均属末段高层反导系统。M5 批次的发展目标已进行了重大转变——即发展地基中段反导系统，这一新的系统被命名为箭 -3 系统，预计系统能够拦截射程为 2500 千米的弹道导弹，并能对抗诱饵和机动目标。

表 6-5 箭 -2 系统主要性能

主要作战对象	战术弹道导弹
最大作战距离（km）	90
最大作战高度（km）	50
最小作战高度（km）	10
导弹最大速度（Ma）	9
单发杀伤概率	0.9
制导体制	惯性 + 中段指令修正 + 末段被动红外 / 主动雷达寻的
发射方式	垂直发射
战斗部	高爆定向破片杀伤战斗部
引信	触发和近炸引信

（3）中段防御系统

美国研制的中段反导系统主要包括地基中段反导系统（GMD）、宙斯盾（AEGIS）反导系统 / 标准 -3 舰载反导系统、岸上宙斯盾反导系统 / 陆基标准 -3 反导系统等。

①地基中段防御系统

GMD 即原先的国家导弹防御（NMD）系统，是一种非核战略弹道导弹防御系统，主要拦截目标是中远程和洲际弹道导弹，用于保护美国本土、阿拉斯加和夏威夷免遭远程弹道导弹的袭击，作战距离为 1000 千米～ 5000 千米。GMD 系统于 1997 年开始正式研制，2002 年开始边试验、边部署，2003 年 10 月组建 GMD 部队，2004 年 7 月第 1 枚 GBI（地基拦截器）导弹开始部署，至 2012 财年 GBI 已部署 30 枚。其中，26 枚 GBI 部署在美国阿拉斯加州的格利里堡，其余 4 枚部署在美国本土的范登堡空军基地。目前，GMD 部队由美国陆军空间与导弹防御司令部指挥，已装备 1 个 GMD 旅（第 100 反导旅），并下辖 1 个 GMD 导弹营（第 49 反导营）。

地基中段防御系统核心作战装备主要包括地基拦截弹（GBI）、地基 X 波段雷达（GBR）、海基 X 波段雷达（SBX）以及 BM/C3 网络中心指控装备。

GMD 系统实际上没有直接隶属的预警探测装备，而是利用外部的天基和陆基传感器作为目标指示信息源，与其配套的传感器包括导弹预警和监视卫星、位于谢米亚岛的升级的"丹麦眼镜蛇"雷达、位于加利福尼亚比尔空军基地的升级的"铺路爪"早期预警雷达等。其中，地基拦截弹（GBI）主要由三级助推火箭和一个称为"大气层外拦截器"（EKV）的动能杀伤弹头组成，最大速度为 24.4 马赫，采用 GPS/惯导＋末段红外/光学制导、地下井垂直发射方式。EKV 是一个可以自主寻的和机动飞行的飞行器，通过直接碰撞拦截并摧毁弹道导弹弹头，拦截速度约为 7～8 千米/秒。X 波段雷达负责对来袭导弹进行跟踪、识别和杀伤评估，向 BM/C3 提供导弹的初期飞行弹道数据和实时的跟踪数据。

②"宙斯盾"弹道导弹防御系统/标准-3 反导导弹

AEGIS 是美国无线电公司为美国海军研制的一种全天候、全空域舰载防御武器系统，具有防空和反导作战能力，并可满足反舰导弹和反潜作战的需要。该系统于 1969 年 12 月开始研制，1977 年研制工作结束。1983 年 1 月宙斯盾系统装备首艘提康德罗加级巡洋舰 CG-47，1991 年 2 月装备首艘阿里•伯克级驱逐舰 DDG-51。20 世纪 90 年代后，通过系统升级和配备"标准"-3 导弹，重点提升了反弹道导弹能力，随之称为"宙斯盾"反导系统（Aegis BMD）。"宙斯盾"反导系统于 1993 年开始研制，2006 年开始实战部署。该系统采用了渐进式发展模式和开放式体系结构，目前已开发了 3.0E 版、3.0 版和 3.6 版，采用"标准"-3 Block 1 和"标准"-3 Block1A 导弹，属于美国海基中段反导拦截弹，其后续升级型号可陆、海基通用发射。

"标准"-3 Block 1 型导弹是以大气层内使用的"标准"-2 Block 4A 导弹为基础，改进为大气层外使用的拦截弹，该型导弹的动能弹头采用单色长波红外导引头和固体 SDACS（姿态控制系统）推进系统，具备一定的目标识别能力。"标准"-3 Block 1 型导弹最大速度为 3.3 千米/秒，最大作战距离达到 500 千米，作战高度为 70～160 千米，具备拦截近程和中远程弹道导弹的能力。"标准"-3 Block 1A 型导弹与"标准"-3 Block 1 型导弹的区别不大，只是在 Block 1 型导弹的基础上改进了某些部件，其动能弹头采用了全反射光学系统和先进的信号处理器。雷神公司已经向美、日海军交付 130 多枚"标准"-3 Block1 导弹、Block 1A 导弹。目前，美军在开展"标准"-3 Block 1B 型试验以及 Block 2A

型、2B 型研制研究的同时，正在开发 4.0 版"宙斯盾"反导系统，进一步提高多目标拦截能力，实现兼容"标准"-3 导弹和动能拦截弹（KEI）的功能，并将逐步增强拦截远程弹道导弹的能力。其中，Block 1B 拦截弹主要改进包括采用双色红外导引头、先进的信号处理器和节流轨姿控系统（TDACS）。双色导引头将提供更好的识别能力，轨姿控系统能够动态调整弹体的推力和运转时间，提供更大的推力，使系统应对不同威胁的能力更强。Block 2A 型导弹采用更大的弹体，关机速度将比 Block 1 型系列导弹提高 45% ～ 60%，达到 5 千米 ～ 5.5 千米 / 秒左右。Block 2B 型拦截弹最大速度提高到 5.5 ～ 6.0km/s，采用双脉冲固体火箭发动机作为第三级动力系统，可适应对抗环境下大变轨机动能力。"标准"-3 系列导弹主要性能见表 6-6。

表 6-6 "标准"-3 系列导弹主要性能指标

主要指标	标-3 I A	标-3 I B	标-3 II A	标-3 II B
作战对象	射程 3500km 以内弹道导弹	射程 3500km 以内弹道导弹	射程 8000km 以内中、远程弹道导弹	射程大于 8000km 洲际弹道导弹
最大飞行速度	约 3km/s ～ 3.5km/s	约 3km/s ～ 3.5km/s	大于 4.5km/s	5.5 ～ 6.0km/s
最大拦截高度	大于 400km	大于 400km	大于 1200km	——
最大拦截斜距	大于 500km	大于 500km	大于 1500km	——
导引头	长波红外	双色红外	双色红外，导引头探测威力增加	——

目前，美国海军已采购了大约 95 套"宙斯盾"系统，共装备了 62 艘"阿里·伯克"级驱逐舰（DDG-51 至 DDG-112）和 27 艘"提康德罗加"级巡洋舰（CG-47 至 CG-73）。其中，2011 年已经有 21 艘"宙斯盾"舰具备中段反导作战能力，2012 年有 24 艘"宙斯盾"舰具备更强的中段反导能力。预计至 2016 年，具有反导作战能力的"宙斯盾"舰将达到 41 艘。

需要说明的是，美国海军基于宙斯盾的反导防御系统是一个弹道导弹全段防御系统，它具有很大战略战术灵活性，既可以在保卫目标附近利用标准 -2

导弹完成末段低层的拦截任务，也可利用标准 -3 导弹完成弹道导弹末段高层或中段拦截任务，甚至在适当的海域可以完成对上升段弹道导弹的拦截任务。

（4）初始段防御系统

根据经济可承受和"分阶段适应"方案，在美国新的导弹防御系统计划中，助推段防御系统的"动能拦截弹"（KEI）计划暂被取消，放缓了"机载激光器"（ABL）计划，只保留一架样机用于技术研发和演示验证。目前，重点转向研究"网络中心机载防御单元"（NCADE）和空射 PAC-3，致力于发展"标准"-3 ⅡB 上升段拦截弹，利用远程交战技术实现在更大高度和更远距离上的拦截。2011 年 4 月，"宙斯盾"舰利用前沿可部署 X 波段（FBX）雷达进行了远程跟踪与交战试验；该系统于 2012 年正式进入研发阶段，预计 2020 年左右投入实战部署。

①机载激光（ABL）系统

ABL 系统的载机为波音 747-400。根据设想，该系统在来袭导弹尚未与助推器分离之前，由约 10 千米上空的机载激光系统将直径 140 厘米的激光束射向来袭导弹，并将其摧毁。这种助推段防御技术有其独特优点：一是助推飞行中的导弹拖着明亮的尾焰，飞行速度较慢，火箭与弹头还未分离，易被探测和拦截；二是助推飞行中的导弹刚刚起飞，拦截后的碎片将被击落在发射方领土上，几乎对拦截方无附带损伤；三是拦截助段弹道导弹，能保护导弹所攻击的任何区域。不过，由于弹道导弹助推飞行时间短，且激光武器系统载机需要靠近部署在对方弹道导弹发射点附近空域，拦截判断和难度相当大。由于技术、经费等各方面原因，目前该计划研制处于停滞状态。

②"恩卡德"（NCADE）机载反导系统

NCADE 是"网络中心机载防御单元（Network Centric Airborne Defense Element）"的音译，是美国正在研制的一种低成本、机载初段反导系统，用于在大气层内、外，拦截助推段和上升段飞行的弹道导弹，是美军"空射撞击杀伤"（ALHTK）倡议的落实项目之一。NCADE 机载反导系统是美国充分发挥其拥有制空天权和网络中心战能力优势，以 AIM-120 中程空空导弹的弹体和助推器、AIM-9X 近程空空导弹的红外成像导引头、助推段先进导引头信息处理技术和直接力 / 气动力复合控制技术等为基础发展而来的，属于低成本、小风险的机载助推段和上升段拦截系统，可装备在现有的几乎所有空中平台上。

NCADE 空空导弹由助推器和动能杀伤器两级构成，主要用于攻击处于助推段、上升段或飞行中段的近/中程弹道导弹。NCADE 导弹主要参数为：全弹长 3.66 米，杀伤器弹径 0.18 米，发射重量 149.82 千克，最大飞行速度可达 8 马赫数，最大拦截高度 80 千米，最大射程约 150 千米。目前，该系统推出两种使用方案：一种是使用战斗机在距离导弹发射点 30 千米处发射 NCADE 导弹；另一种是使用无人平台在距离导弹发射点 150 千米处发射 NCADE 导弹，在来袭导弹飞出大气层前即对其实施拦截。2007 年 12 月，美导弹防御局（MDA）利用 F-16 战机发射了 2 枚 AIM-9X 空空导弹，拦截了助推段飞行中的探空火箭，演示了助推段拦截技术及 NCADE 红外导引头近距成像能力。

（5）天基空天防御作战力量

天基空天防御作战力量，是指用于空天防御作战的航天作战部（分）队的统称，主要包括航天发射部队、测控部队和卫星地面控制中心等，主要任务包括天基侦察、监视、预警、导航、通信、太空反击与太空防护行动等。美军在研的天基拦截武器主要有天基动能武器和天基定向能武器两大类。

①天基动能武器

天基动能武器，为动能武器的天基实现，是一种普通的以低轨道为基地的武器，包括从小型杀伤弹与小弹丸到或大或小的各种类型战斗部。天基动能武器可以瞄准空中、空间和地面目标，并通过超高速能量穿透而摧毁目标。目前在研的典型天基动能武器主要有以下几种：

一是智能卵石。用于探测、跟踪和拦截弹道导弹的小型天基智能武器，由火箭推进，机动性强。它是美国在"星球大战"计划第一阶段中设想的一种小型化自主式拦截武器。1990 年 2 月，战略防御倡议局正式宣布采用"智能卵石"代替天基拦截器，并将第一阶段系统的拦截武器更改为 4000 余枚"智能卵石"和 1500 ～ 2000 枚陆基拦截弹。智能卵石的特点是尺寸小、重量轻、成本低，单个分散部署和自主工作，是一种既难打又不值得打的目标。每枚"智能卵石"的重量只有 10 ～ 25 千克，发射费用相对较低。

二是电磁轨道炮。是利用电磁发射技术研制的先进动能杀伤武器。电磁力作用时间长，提高了弹丸速度和射程，可用于摧毁太空低轨道卫星和导弹。在美国的"星球大战"计划中，电磁轨道炮是一项主要的研究任务。美国曾设想将炮弹加速到 25 千米／秒，将 100 门轨道炮部署在太空 2000 千米高的轨道上，用于拦截处于上升段的洲际弹道导弹。由于电磁炮弹丸初速高，不宜在大气层中使用，一般在太空对付大气层外目标。据称，美国不但准备使用天基高速轨道炮，以保卫美国航天器免遭敌方猎杀卫星的攻击，而且计划将其用作弹道导弹分层防御系统的一层，以拦截主动段和滑行段飞行的核弹头导弹。

三是太空雷。是一种平时部署在轨道上的轨道封锁武器，主要用于攻击地球轨道上运行的卫星和部署在太空中的各种航天器。太空雷携带识别、跟踪目标的探测、引导装置，具备变轨机动能力。美国设想，正常情况下，太空雷如同其他卫星一样绕地球飞行。战时，通过地面指令突然变轨，迅速靠近太空中的活动目标，通过自身猛烈爆炸将目标对象击毁。多个太空雷及其控制系统可以构成网状的"太空雷阵"，以封锁一定的空间轨道，或摧毁敌方的航天器，或迫使敌航天器改道而行。

四是寄生星。所谓寄生星就是一种由己方投放、能寄附在敌方卫星上的微小型卫星。它在战时能根据己方相应的指令对敌方卫星进行干扰和摧毁。作为一种新概念反卫星武器，主要由寄生星本体、母星／运载器及相应的测控指挥设备所组成。寄生星有许多优点：一是反应迅速、效率极高。只要事先部署到位，寄生星即可在几十秒之内全面瘫痪和摧毁敌方的卫星系统，具有其他反卫星武器无法比拟的优势。二是打击程度可控，能适应各种危机。既可以对某一特定卫星实施打击，也可以摧毁对方所有的卫星系统；既能对敌卫星实行暂时干扰和瘫痪，又能彻底地消灭敌卫星。三是成本低、效费比较好。寄生星的制造成本一般只有正常卫星的百分之一／千分之一，用其攻击敌卫星具有极佳的效费比。

②天基定向能武器

通过能量转变装置，将激光、电磁辐射或高速运动粒子集中成为具有强大能量的密集射束，以光速或接近光速的速度射向目标并将其杀伤、摧毁的武器，称为定向能武器或束能武器。天基定向能武器就是以航天武器系统为载体的定向能武器。

天基激光武器。激光武器是利用高能量射束干扰、破坏目标的新概念武器，具有攻击时间短（以每秒 30 万千米的光速传播）、进攻中不产生后坐力、可重复使用、抗干扰能力强等特点。激光武器是反卫、反导，乃至破坏敌方信息系统的重要手段，是武器装备发展历程中继冷兵器、热兵器和核武器之后的又一个里程碑。据称，在海湾战争爆发前不久，美国曾用其化学激光器的反卫星能力威胁法国，以迫使其停止向伊拉克出售法卫星拍摄的海湾地区卫星图片，并最终迫使法国让步。美军计划的最终目标是在太空 1300 千米高的轨道上部署 20 ～ 40 颗携带激光武器的卫星，其有效射程是 4000 ～ 5000 千米，形成覆盖全球的天基激光武器系统。1997 年 10 月 17 日晚，美国陆军成功地在地面用中红外化学激光器发出 2 束激光先后击中了即将退役的美国空军气象卫星。实验中的激光器功率达数百万瓦，能产生 2 米宽的光束，它在光束导向器的控制下，用一面特制的镜子将光折射出去，攻击轨道高度 420 千米、飞行速度为 6800 千米 / 小时的靶星；首先发射出持续时间短于 1 秒的脉冲，以测定高速运行中的卫星的准确位置，然后射出 10 秒钟强激光脉冲，从而确定光束对卫星所造成的影响。

天基高能微波武器。由低轨道"卫星群"构成，将高能微波导向目标，在目标附近产生高压电场以摧毁电子设备。天基高能微波武器的作用距离比激光武器和粒子束武器更远，受大气的影响更小，能够有效摧毁飞机、巡航导弹、洲际弹道导弹、人造地球卫星、太空站等各种类型目标，并能像中子弹那样杀伤载体内部的战斗人员。

伽马射线炸弹。是一种利用射线杀伤目标的炸弹，其放射性元素能在极短的时间内释放出大量的伽马射线。这种新型炸弹介于核武器和常规武器之间，威力巨大，比常规炸弹高数千倍。伽马射线炸弹技术的出现，能够开发质量和体积比常规炸弹更小且威力更大的弹头。

5. 空天防御指挥控制系统

针对全球化影响和日益增大的跨国威胁，美国于 2002 年 10 月 1 日将空间司令部合并到战略司令部。2003 年 1 月 10 日，时任美国总统布什指定战略司令部负责以前没有明确的 4 项任务：全球打击、全球导弹防御、国防部信息作战和 C⁴ISR 的筹划、综合集成、协调等。美国空天防御作战的指挥体系见图 6-3。

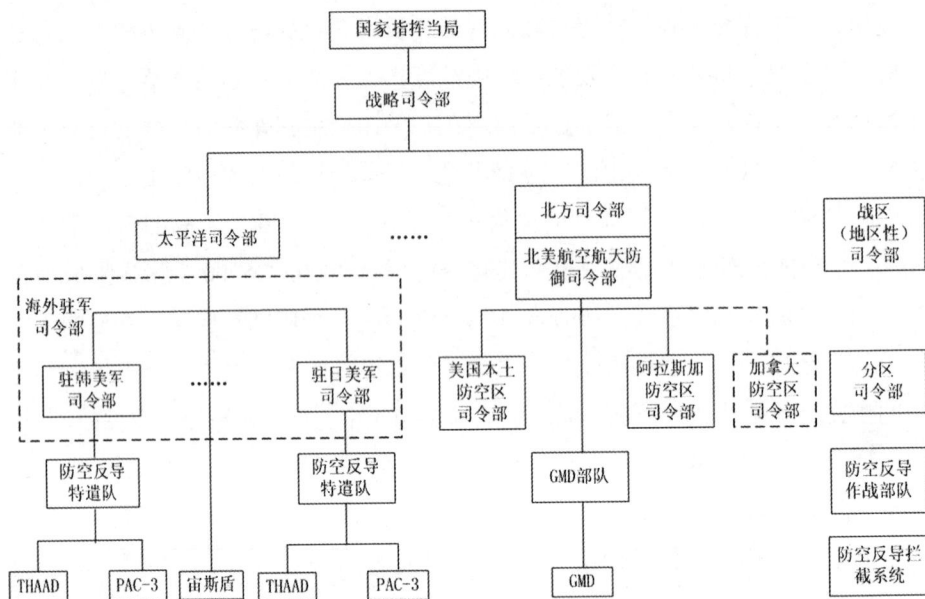

图 6-3 美国空天防御作战指挥体系示意图

国家指挥当局是空天防御的决策者，美国战略司令部执行国家指挥当局的决策，指挥全球导弹防御作战和空天防御作战。北美空天防御司令部是建议、执行和信息提供者。美国本土空天防御由美国战略司令部指挥、北美空天防御司令部提供空天防御作战信息，由区域防空作战指挥中心和反导防天基地执行。在美国战略司令的统一指挥和协调下，战区司令部和联合部队司令部向海外驻军及联军传达作战命令和指挥空天防御作战。

空天防御作战依托国家指挥中心 C⁴ISR 系统。国家指挥中心包括国家军事指挥中心、备用国家军事指挥中心和国家空中作战中心。美国总统兼武装部队总司令利用指挥链逐级向一线作战部队下达命令，只需 3 ～ 6 分钟；若越级向核武器部队下达命令，只要 1 ～ 3 分钟；40 秒钟便可实现与主要司令部的电话会议。

国家军事指挥中心位于五角大楼，3 台"霍尼韦尔"6000 系列大型计算机用于处理各种军事数据；6 个大屏幕显示器，用于在紧急会议室显示敌我力量及其他情报；装备有先进的通信联络设备，如参谋长联席会议警报网、紧急文电传输系统等终端设备；存有 8 份进行全面战争的计划和 60 份在各种危机情况下行动的计划。备用国家军事指挥中心位于华盛顿以北约 110 千米的马里兰州里奇堡地下工程设施内，当美军进入二级战备时便接替指挥任务。国家空中作战中心，设在阿拉斯加的奥弗特空军基地，当美军处于临战状态时遂行指挥任务。3个中心联网，可实现互通互操作。主要装备系统包括遍及五大洲75个国家和地区的国防通信系统、保障战区司令部对相关部队指挥控制及与本土联络的卫星通信系统、三军联合战术信息分发系统和全球定位系统，以及以E-3、E-2、E-8为主体的预警机指挥通信系统。

（二）俄罗斯空天防御系统现状

俄罗斯空天防御系统是在继承苏联战略导弹防御系统的基础上建设与发展的。苏联曾拥有长期在轨运行的载人空间站，航天系统较美军更为简单、实用，且反应更为迅速。

1. 空天作战体制机制

俄军于1992年8月组建军事航天部队，这是世界上第一支航天部队，作为独立兵种直接隶属俄国防部，下辖发射部队、测控部队、莫扎伊斯基军事航天学院、国防部空间武器中央科研所。后因经济原因，于1997年8月，俄罗斯将军事航天部队与原隶属于防空军的太空导弹防御部队合并，再次划归战略火箭军。进入21世纪，由于美国在部署国家导弹防御系统上展现出的强硬立场，俄罗斯决定重新组建"天军"。2001年6月，俄罗斯将军事航天部队与空间导弹防御部队从战略火箭军中分离出来，正式组建为一个新的兵种——航天兵，其主要任务是负责军用卫星的发射工作，协同对敌方的太空武器进行打击。2003年，俄军开始制定建立俄罗斯空天防御体系的构想和原则。2003年10月4日，俄总统普京在航天兵节上强调"俄罗斯航天兵在提高国家防御能力和维护俄在太空的国家利益方面正发挥着非常重要的作用"。同一天，俄航天兵司令佩尔米诺夫在向媒体发表谈话时说，随着部署在白俄罗斯的"伏尔加"导弹预警雷达站投入战斗值勤，俄导弹预警系统构成了一个"严密的全方位防御圈"。2009年7月2日，在空军特种司令部基础上（包括列入其编成的第16空军集团军）组建的空天防御战略战役司令部（驻莫斯科）正式运作，负责莫斯科防空区和几乎整个莫斯科军区的对空防御。

2011 年 10 月 4 日，俄航天兵司令奥列格·奥斯塔宾科中将宣布：2011 年 12 月 1 日前，俄空天防御兵将以航天兵为基础，并吸纳俄空军空天防御战略战役司令部完成组建。2011 年 11 月 8 日，根据俄总统梅德韦杰夫的命令，正式将航天兵易名为空天防御兵，由奥列格·奥斯塔宾科中将任空天防御兵司令，原空军空天防御战略战役司令部司令瓦列里·伊万诺夫中将任空天防御兵第一司令和参谋长，原航天兵副司令谢尔盖·洛波副中将任空天防御兵副司令，原第 153 试验中心奥列格·迈达诺维奇少将任空天防御兵下辖的航天司令部司令，原空军总参谋部防空集团军副司令谢尔盖·波波夫少将任空天防御兵下辖的防空反导司令部司令。空天防御兵现编成包括航天司令部、防空反导司令部以及普列谢茨克航天发射场，主要职责是负责防空反导预警系统管理、空天监测和航天器发射及控制等。至此，俄军编成体制呈现为"三军三兵"（陆军、海军、空军和空天防御兵、火箭兵、空降兵）的状态。

为适应未来作战需求，经过多年的理论准备、争论和各军种利益博弈，俄罗斯于 2011 年 12 月基本完成了军队管理和指挥体系的全面改革，将原有的六大战区调整为西、南、东和中央 4 个联合战略司令部（见图 6-4），获得了总参谋部的战区联合作战指挥权，各个军种司令部被剥离作战指挥链，专司本军种发展、装备建设和训练，而部队作战指挥权（含空天防御作战）则全部交给联合战略司令部。其中，空天防御兵司令部负责俄首都莫斯科地区（空天防御特别责任区）的空天防御任务。因此，目前俄罗斯国家空天防御共划分为 5 个责任区，即莫斯科空天防御责任区和 4 个与战区一致的空天防御责任区（其中，中央战区不负责首都莫斯科地区的空天防御）。俄空天防御作战指挥体制见图 6-5。

图 6-4　俄罗斯 4 个联合战略司令部的防区

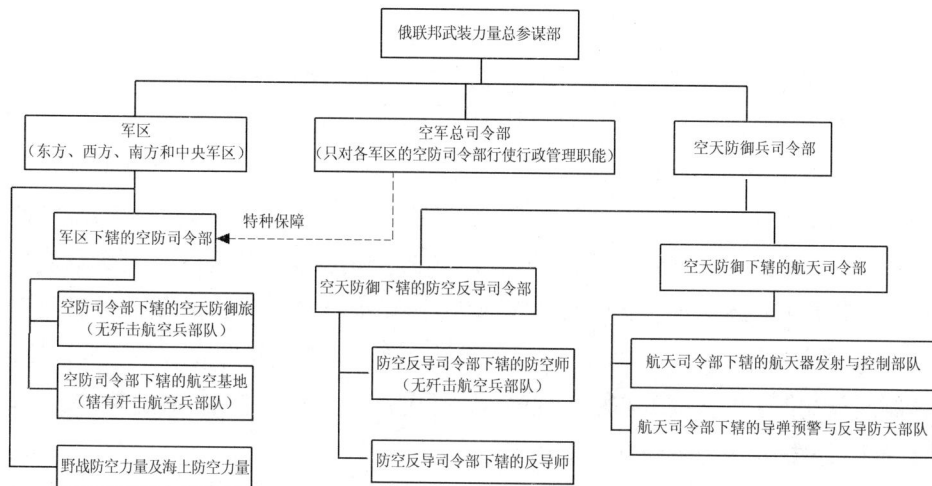

图6-5 俄空天防御指挥体制

俄空天防御体系的装备组成包括：一体化空天防御信息保障系统、空天防御杀伤与压制系统和空天防御指挥控制系统，它们与防空体系和防天体系的关系见图6-6。

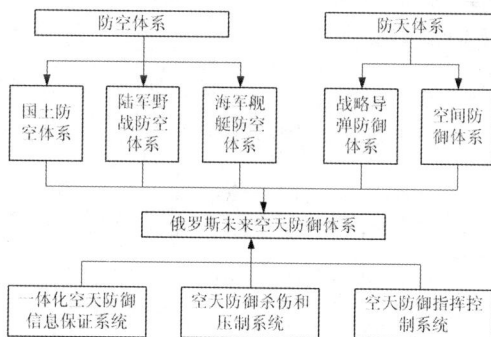

图6-6 俄罗斯空天防御体系构成

空天防御杀伤与压制系统包括：对空天袭击武器载体、发射装置能实施杀伤的导弹武器系统，战略反导火力系统，防空/非战略反导火力系统，能杀伤和压制敌空间飞行器的防天武器系统，与敌方空天袭击武器进行无线电电子战的装备和系统。由此可见，空天防御杀伤和压制系统中既包括防御武器，又包括能打击、压制空天袭击武器的进攻武器，如战略进攻导弹、反卫星系统等。

2．空天防御理论及主要观点

俄军继承和发展了苏军空天防御思想，认为航空航天正在成为一个整体，未来空天袭击作战将以天基信息支持下的空中进攻为主要样式。为对抗空天袭击，俄军提出了空天防御体系的任务和建设原则、发展空天防御兵器的基本途径、军队编制调整方向、建立空天防御兵种以及实现构建空天防御体系阶段性目标等理论观点。综合俄罗斯近年来颁布的《2016 年前后俄联邦国家空天防御体系构想》（2006 年）、《俄联邦军事学说》（2010 年）、《2010 年前俄联邦武装力量建设和发展构想》（2010 年）等有关文件，不但为俄军空天体系的建设、体制改革提供了法律依据和根本保障，同时代表了俄军对空天防御的基本认识。其空天防御理论主要体现在以下几个方面：

（1）空天防御是一个综合性体系，是国防体系的重要组成部分。空天防御涉及政治、军事、经济、法律等诸多领域，主要职责是保卫国家空天领域的安全。空天防御是国家战略体系，根据统一的构想，遂行联合作战行动，为政府和军事首脑机关提供空天威胁的预警信息，击毁来袭的空天进攻兵器，同时尽量减少己方人员和地面设施（经济设施、政治设施、军事设施、核设施等）的损失。

（2）现代战争的中心已经转向空天，谁能在首战中夺取空中和太空优势，谁就可能在地面战中取得先机。

（3）战略性空天防御战役具有极其重要的战略目的，是空天防御作战力量建设与运用的首要目标。大规模常规战争中首次抗击敌人空天袭击的战略战役最具代表性。

（4）空天防御作战的基本力量是空军相关兵种和太空兵（空天防御部队），以及海军航空兵、电子对抗兵（含雷达兵）。空天防御作战包括侦察预警、反卫作战、反导作战、反航空兵进攻作战、反巡航导弹作战、实施空中战役、实施战略机动等行动。

（5）空天防御体系建设必须坚持相互协调，挖掘装备技术潜力，持续开发空天防御体系发展的新技术和新装备，重点发展与完善反导与空间防御装备，建立与独联体国家相衔接的大区域空天防御侦察监视系统。

3．空天防御预警探测系统

目前，俄罗斯的战略预警系统亦可分为防空预警系统和导弹预警系统两大部分。

（1）防空预警系统

防空预警系统由地面防空雷达网和空中预警机组成。俄空军现装备有 2600 部常规雷达，主要有 Π-14、Π-15、Π-18 等型号。俄地面防空雷达网的显著特点是规模大、覆盖范围广，可对周边重要方向实施严密监视。

俄主要依靠空中预警机以弥补地面雷达探测低空目标能力的不足，现主要装备 A-50 型空中预警机 21 架，该型机对高空轰炸机的探测距离为 620 千米，对低空目标的探测距离为 170 千米。

（2）导弹预警系统

导弹预警系统由预警卫星系统、地基预警雷达系统和地基光电探测网组成。

①预警卫星

俄罗斯目前的导弹预警卫星主要分为大椭圆轨道预警卫星（"眼睛"卫星系列）和地球同步轨道预警卫星两个互为补充的系列。

a．"眼睛"卫星系列

俄罗斯的"眼睛"卫星系列计划采用 9 颗卫星组网工作，轨道面间隔 40 度，但实际上多为 6 颗卫星组网工作，下发频率在 2274 ～ 2304 兆赫兹之间。近地点（约 1000 千米）在南半球上空，远地点（约 40000 千米）在北半球 35 度上空。卫星采用这种轨道可对北半球大部分国家的弹道导弹基地和航天发射场构成全天时覆盖，但对低纬度地区的监视能力较差。

20 世纪 90 年代以来，由于俄罗斯未能及时发射新卫星弥补旧卫星的退役，致使"眼睛"系列在轨工作的卫星数量大为减少，不到计划组网数的一半。目前，俄罗斯仅有 3 颗"眼睛"系列卫星（宇宙 2388、宇宙 2393、宇宙 2469）在轨工作。其中，宇宙 2388 和宇宙 2393 均是 2002 年发射入轨的卫星，无法对北半球大部分国家和地区实施 24 小时不间断的覆盖，只能监视美国陆基导弹发射，而不能监视海基导弹的发射。宇宙 2469 是 2010 年 7 月发射的卫星，运行在大椭圆轨道上，与另 2 颗预警卫星一同工作。

b．"预报"预警卫星系列

俄罗斯"预报"地球同步轨道导弹预警卫星的星体由一个直径 2 米的主仪器舱和 2 块大型太阳能电池板以及一个内置的大型望远镜筒组成，重约 3 吨。

大型望远镜筒中载有重约 600 千克的由多个铍镜组成的光学成套设备，每 7 分钟对地球表面扫描一次。星上还载有核爆炸探测器。卫星对洲际弹道导弹能提供约 25 分钟的预警时间。该卫星采用 4 星组网工作模式，主要监视来自美国东部和欧洲大陆的陆基导弹以及来自大西洋的潜射导弹对莫斯科构成的威胁。4 星组网模式可以形成横贯美国东海岸至中国东部的导弹发射监测带，与设计中的 9 星大椭圆卫星组网模式相互补充，进一步提高了导弹预警能力。

目前，俄罗斯仅有 2 颗"预报"系列卫星在轨工作，分别是 2001 年 8 月 25 日发射的宇宙 2379 卫星和 2003 年 4 月 24 日发射的宇宙 2397 卫星。

②预警雷达系统

在 1985～1990 年间，苏联就已建立起环绕整个国家的地基导弹预警雷达网。但随着苏联的解体，昔日一些地基导弹预警雷达已落入他国境内。经过多年重建和恢复，俄罗斯现在的预警雷达系统由 100 个雷达站组成大型相控阵雷达预警网，使其战略防御力量得到改善和加强。

俄罗斯境内的地基预警探测网由超视距后向散射雷达、大型相控阵雷达系统和"鸡笼"、"狗窝"、"猫窝"、"试加"等几种雷达组成。其中，超视距后向散射雷达用于探测地平线以下地面和电离层之间整个空域的目标，还可探测到潜射导弹的发射，并提供 5～15 分钟的预警时间，对超音速飞机和亚音速飞机分别提供 1.5 小时和 3 小时的预警时间；大型相控阵雷达探测距离远、范围大、识别目标能力强，主要用于对弹道导弹的精确跟踪。

图 6-7 为 2002 年俄罗斯弹道导弹预警系统中战略预警雷达的部署情况。部署在木耳曼斯克、木卡切沃、谢瓦斯塔包尔、巴尔喀什、伊尔库茨克的"第聂伯"雷达站构成预警系统的基础。另外，还有 2 部"达里亚尔"雷达站，分别部署在伯朝拉和嘎巴拉；莫斯科反导防卫系统中的"顿河"-2H 型雷达和白俄罗斯巴兰诺维奇的"伏尔加"雷达也被纳入导弹预警系统。这些雷达的预警信息通过自动化系统输送到莫斯科信息控制中心。

值得关注的是，俄近年来投入巨资研制了 2 种新型导弹预警雷达："沃罗涅日-DM"雷达和"伏尔加"雷达，并计划在其境内多处部署，以取代部分陈旧的雷达，提高其导弹防御和太空监视能力。

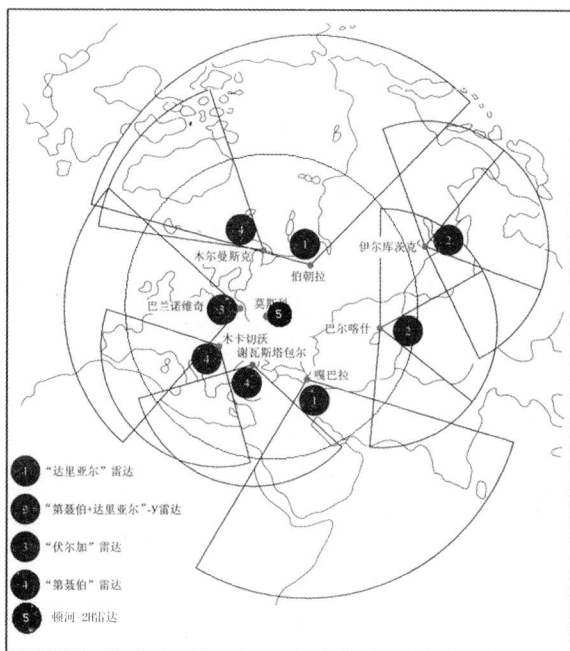

图 6-7 俄罗斯战略预警雷达部署示意图

　　"伏尔加"雷达站能够发现和跟踪数千千米外飞行的弹道导弹和太空目标，并监测其飞行数据。"沃罗涅日－DM"雷达站是反导防御系统的组成部分，其大规模的部署使得俄罗斯在获取导弹发射情报的雷达预警方面完全独立，大大提高了俄罗斯的导弹和太空防御能力。根据"2010 年前对弹道导弹预警雷达的改进和研制方案"，俄军将使用"沃罗涅日－DM"新型预警雷达逐渐取代在国内和独联体国家部署的"达里亚尔"和"第聂伯"弹道导弹预警雷达。"沃罗涅日－DM"新型超视距弹道导弹预警雷达采用米波工作波段，探测距离达6000 千米；与"达里亚尔"和"第聂伯"预警雷达相比，其具有反应时间短、性能可靠和使用寿命长等特点。

　　③地基光电探测网

　　除地基预警雷达外，俄罗斯的空间监视系统还依赖一些光学遥感器对地球静止轨道进行监视。"天窗"系统是俄罗斯航天部队典型的有源地面光电空间监视跟踪系统，它位于塔吉克斯坦境内的山区中，是俄罗斯战略预警系统不可缺少的辅助支援手段。这种地基预警系统比天基预警系统更小、更廉价，却能有效弥补深空监视网的不足。"天窗"系统装备了 10 台光学望远镜，可对低、中、高轨道的各种军事目标进行有效观测，包括美国的光学侦察卫星（KH-11、KH-12）、GPS 卫星、地球同步轨道卫星等目标。

4. 空天防御拦截系统

歼击航空兵和地空导弹兵是俄罗斯防空反导作战体系的两大支柱。俄军用于防空反导拦截作战的武器装备有四大系统。一是防空歼击机系统。装备米格 -29、米格 -31、苏 -27、苏 -30、苏 -35 等各型拦截作战飞机近 3000 架。二是地空导弹武器系统。共装备地空导弹发射架 2500 余部，地空导弹数万枚，包括 C-300B、C-300ПМУ 系列、C-400、安泰 -2500、TOP（道尔）、"通古斯卡"、"铠甲"-51 等各型防空武器系统。三是空间反导反卫武器系统。俄罗斯的空间反卫、反导激光武器系统，可对弹道导弹和航天器实施攻击，具备在数百千米外干扰和摧毁的能力。四是战略反导武器系统。即 A-135 导弹拦截系统。以下重点介绍俄军现役和在研典型的部分反导、反卫拦截武器系统。

（1）C-300 系列地空导弹系统

C-300 是俄罗斯一种机动式多通道全天候防空武器系统，西方称之为 SA-10，改进型有 C-300ПМУ1、C-300ПМУ2，射程分别为 75 千米、150 千米、200 千米，先后于 1985 年、1993 年、1998 年装备部队。该系列型号主要为解决强电子干扰条件下对付多目标、低空目标等问题而研制，既能对付高性能的作战飞机和巡航导弹，又具有一定的反战术弹道导弹能力。其主要作战性能特点包括：一是具有较强的快速机动和快速反应能力，可采用公路、铁路运输；二是具有全天候作战和较强的抗干扰能力，低空性能好，能够在复杂气象条件下和有、无源干扰下执行任务；三是采用垂直发射技术，具有全方位拦截目标的能力。

（2）C-400 "凯旋" 地空导弹武器系统

C-400 属于第四代防空导弹武器系统，可对付各种作战飞机（含隐身飞机、空中预警机）、射程不大于 3500 千米且飞行速度不大于 4800 米 / 秒的中程弹道导弹，以及其他精确制导武器等在内的多种空中目标。C-400 于 20 世纪 80 年代初开始研制，2007 年开始列装。截至 2011 年底，俄罗斯已装备 2 个团共 4 个营，主要担负俄莫斯科首都防空反导任务。其主要特点：一是拦截空域大，可发射多种型号导弹，能够同时拦截 10 个目标。即可发射新型 48H6E3、9M96E2 和 40H6

导弹，也可兼容发射 C-300B 的 9M96E 导弹、C-300ПМУ1 的 48H6E 导弹和 C-300ПМУ2 的 48H6E2 导弹。其中，40H6 射程达 400 千米；48H6E3 导弹对空气动力目标的杀伤距离为 3 千米～250 千米（出口型）/ 国内型 270 千米、杀伤高度 10 米～27 千米，对弹道导弹目标的杀伤距离为 5 千米～60 千米、高度 2 千米～27 千米。二是反应速度快。接到作战命令 5 分钟之后就可进入作战状态。三是采用新型定向破片杀伤战斗部及引战配合技术，加大战斗部单枚破片质量，杀伤威力提高了 3～5 倍。四是采用大功率的搜索雷达，系统反导能力和对付隐身目标能力大大提高。五是采用导弹控制技术、动力装置技术、精确制导技术、复合制导技术、红外侧窗 / 光学寻的制导等一系列先进技术，识别力与判断力强，具有目标优先选择能力。提高了制导精度、远战能力、"发射后不管"能力和对付多目标能力。

（3）C-500 防空反导武器系统

按照俄军目前的规划，C-500 防空反导武器系统包括陆基型和空基型 2 个系列。俄罗斯赋予 C-500 地空导弹武器系统的名称是"凯旋 -M"，是俄空军在研的自行式、多通道、末段高层反导武器系统，主要用于拦截射程大于 3000 千米而小于 5500 千米的中远程弹道导弹，可在临近空间和低轨空间低层拦截飞行速度为 5000 米～7000 米 / 秒的高超音速目标，而 C-300 系统和 C-400 系统都只能在 30 千米以下高度拦截目标。该系统由俄"阿尔玛兹－安泰"防空联合企业总承包研制，2007 年 2 月研制工作正式启动，原计划 2015 年交付初始系统进行试验，因所用新技术未成熟，目前已推迟到 2020 年正式交付首批用于试验的初始系统。C-500 系统主要性能特点：一是具有空天一体防御能力并兼具远程防空能力，具备在临近空间与航天空间拦截弹道导弹和其他高超音速目标的能力，射程超过 500 千米，装有定向可控杀伤战斗部，可用于远程拦截飞机等目标；二是具备多目标拦截能力，1 套火力系统可同时拦截 10 个目标，并能够确定哪些目标需要首先拦截；三是配置两型火控雷达，一型专用于反弹道导弹作战，另一型用于多种情况下交战。

（4）C-300B 地空导弹武器系统

C-300B 是世界上首型地基机动双弹单层战术反导系统，配置两型同代、不同射程的系列化、模块化中程和中远程地空导弹，即 9M82 系列中远射程导弹和 9M83 系列中射程导弹，主要用于 30 千米以下高度层的反中近程、中程等非战略弹道导弹，并具有反巡航导弹、反飞机等防空功能，1992 年具备完整作战能力。目前形成了C-300B、C-300BM（现役）、C-300BM2（安泰-2500，出口型）、C-300B4（2012年3月俄国防部已首批订购3个营套）等系列。C-300BM主要性能见表6-7，安泰-2500主要性能见表6-8。

表6-7 俄军C-300B地空导弹武器系统主要战技性能

俄罗斯赋予代号	9M82	9M83
美国赋予代号	SA-12A	SA-12B
北约赋予名称	巨人	斗士
对付目标	射程小于3000千米的弹道导弹、巡航导弹、高空高速侦察飞机、预警指挥机、远距离干扰飞机、空地导弹载机等	
最大作战距离（km）	100（飞机），40（弹道导弹）	75（飞机），40（弹道导弹）
最小作战距离（km）	13	8
最大作战高度（km）	30（飞机），25（弹道导弹）	25（飞机），25（弹道导弹）
最小作战高度（km）	0.025(飞机)，2（弹道导弹）	
最大速度（m/s）	2400	1700
机动过载（g）	20	
反应时间（s）	10～15	
杀伤概率（%）	60（高空），80～90（中低空）	
制导体制	惯导＋无线电指令修正＋末段半主动雷达寻的制导	
发射方式	筒式2联装垂直热弹射	筒式4联装垂直热弹射
战斗部	定向破片式杀伤战斗部	
引信	无线电近炸引信	

表6-8 俄军安泰-2500地空导弹武器系统主要战技性能

对付目标	射程小于2500千米的弹道导弹、高机动作战飞机、隐身飞机等
最大作战距离（km）	200（气动目标），40（弹道导弹）
最大作战高度（km）	30（气动目标），30（弹道导弹）
最小作战高度（km）	0.025（气动目标）
可同时拦截目标数（个）	24（气动目标），16（弹道导弹）
制导体制	惯导＋无线电指令修正＋末段半主动雷达寻的制导
战斗部	定向破片式杀伤战斗部
引信	无线电近炸引信

（5）A-135 战略反导武器系统

A-135 是苏联／俄罗斯第二代装有核战斗部的战略反导系统，也是目前世界上唯一现役的战略反导系统，北约代号 ABM-3。该系统包括高层拦截弹 51T6（北约代号 SH-11）和低层拦截弹 53T6（北约代号 SH-8）两型导弹，主要任务是分别在大气层外和大气层内杀伤来袭弹头。两型导弹均采用无线电指令制导、核战斗部、发射井发射。该系统只能在弹道导弹末段拦截，不能对弹道导弹进行中段拦截。目前，共部署 100 枚拦截导弹。其中，高层拦截弹 51T6 部署在 4 个阵地、共 32 枚；低层拦截弹 53T6 部署在 5 个阵地（4 个阵地各部署 16 枚导弹，另一个靠近"顿河 -2H"雷达站的阵地配有 4 枚导弹），共 68 枚。A-135 主要战技性能见表 6-9。

表 6-9 俄军 A-135 战略反导武器系统主要性能

导弹型号	51T6	53T6
对付目标	中、远程弹道导弹	
最大作战距离（km）	350	80
最大作战高度（km）	120	30
最小作战高度（km）		5
制导体制	无线电指令	
发射方式	地下井发射	
战斗部	核战斗部，1 万吨 TNT 当量	核战斗部，1 千吨 TNT 当量
引信	无线电引信	

A-135 反导武器系统于 1978 年开始建设，1987 年年初步建成，1995 年部署于俄罗斯首都莫斯科地区，正式担负战备值班，至今仍在服役。其中，1999 年以后，低层拦截弹 53T6 核弹头被拆除，改装常规定向战斗部；2000 年后，进行了雷达和指控系统的更新；高层拦截弹在 2002 年 10 月进行过试射，低层拦截弹在 2004 年 11 月进行过试射。目前，俄罗斯正在对 A-135 系统进行升级改造，改进重点是废弃核战斗部、采用机动式发射装置，提升跟踪发现和拦截能力，预计新一代的反导系统 A-235 将在 2015 年以后才能建成。

（6）反卫武器

在反卫系统领域，俄罗斯目前研究的重点：一是继续发展天基动能武器，又称"天雷"系统。该系统是一种装有高能炸药战斗部的卫星，作战高度150～2000千米，可攻击部署在地球轨道上的侦察、导航、气象卫星。二是加紧研制陆基定向能武器。包括高能激光、微波和粒子束武器。其中，激光武器是俄军目前重点发展的反卫星武器。俄军在激光反卫星武器研制方面现已取得重大进展，能够对距地面400千米以内的卫星进行硬杀伤，能够对距地面1200千米的卫星造成一般破坏，对同步轨道卫星的敏感元件，如监视遥感器、高度控制器等造成损伤。

5. 空天防御指挥自动化系统

俄罗斯防空防天体系的指挥自动化系统已经发展到了第三代，包括战略级、战役级、战术级／兵种战术级3个级别，主要型号及其性能见表6-10。

表6-10 俄罗斯的防空指挥自动化系统

名称	使用级别	技术性能	战术指标
旷地	空防司令部	固定式：接收1000批，跟踪处理255批，监控处置12个方向500批目标；移动式：接收400批，跟踪处理200批，监控处置6个方向200批目标。	
多面手	空天防御旅（防空分区）以上	同时接收12个雷达团和分队的空情通报，作用距离3200千米，高度100千米，同时处理300批空中目标。	指挥17个导弹团、6个航空兵基地、7个航空引导站、3个电子对抗部队、3个雷达部队及10个苏-27和米格-31飞行编队，与6个友邻指挥所协同。
国境线	航空兵基地	作用半径1600千米,高度40千米。同时处置76批空中目标,对其中20批目标、3个航空引导站指挥控制。	引导米格-29、米格-31和苏-27。
贝加尔	防空导弹团以上	作用半径1600千米，高度120千米。同时接收处置5个雷达团和分队指挥所空情,同时跟踪120批。	指挥控制7个防空导弹团、24个防空导弹营（连）、2个电子对抗部队，与3个友邻兵团部队指挥所协同。

二、外军空天防御建设的启示

建立一体化的空天防御体系，应对空天威胁，已成为世界主要军事强国确保战略制衡能力、维护国家安全和发展利益的重要手段。纵观美、俄等国空天防御武器装备的发展历程，虽然它们发展建设道路和技术路线的选择不尽相同，且都经历过不同的失败与挫折，但美、俄空天防御的整体水平与取得的建设成就是不可否认的，给予我们的启示也是多方面的。

（一）健全体制机制，强化法规建设

建设新型空天防御体系，是一场深刻的变革，领域广，风险高，任务重，难度大，涉及部门多，更需要建立专门权威机构对空天防御体系建设进行宏观指导和总体领导，更需要相关的法规制度同步跟上，才能确保空天防御体系建设的顺利发展。

首先，坚持防空、反导、防天一体化建设和统一管理。美国将防空、反导与防天等进行统一建设，成立了超越军（兵）种的国防部导弹防御局（MDA）和联合战区空中与导弹防御机构（JTAMDO）。前者负责全球导弹防御系统的技术研发和装备采办；后者负责防空反导装备体系的作战概念、联合需求、体系结构框架、效能评估等研究，制定防空反导能力发展路线图。两个机构在国防部主管副部长的统一领导下，推进防空反导装备的一体化建设，取得了显著成效。俄罗斯空天防御体系建设的历程则反映了防空、防天分家带来的弊端，其防空、防天系统建设长期各自为政，缺乏统筹和协调，造成巨大资源浪费。2006 年之后，俄罗斯开始强力推进体制改革、调整装备建设发展战略，明确提出俄军的空天防御体系是国家战略防御体系的主要组成部分和主要的战略遏制手段，俄军将建立防空、反导和太空防御"三位一体"的战略性国家空天防御体系。因此，我国新一代防御装备发展，必须认真考虑世界主要军事强国及我国空天防御建设所经历的历史经验和教训，充分认识空天防御体系的复杂性、技术的不成熟性，深入研究空、天、地（海）进攻作战和防御作战之间、防御体系内各分系统之间以及各型武器平台之间的相互关系。对如何理解空天防御的一体化、一体化体系应包括哪些组成部分以及防空与反导如何一体化等重大

问题不能草率下结论，更不能只按某些部门、某个军种的利益或照抄别国的模式来考虑我国的空天防御建设。要将一体化空天防御体系作为一个复杂庞大的系统的系统，站在战略全局和体系顶层的高度，从国家长远利益出发，以科学发展观的思路，勾画出统一的、经得起推敲的发展路线图，并制定切合实际情况的定量分析和分步实施的措施。

其次，建立健全研究论证体系和运行机制。从防空反导体系一体化的角度出发，打破军种、部门条块分割，优化结构，适当重组，建立权威而有执行力的组织运行机构。集中力量建立军队高级智囊机构和军队级论证基地、作战实验室，促进防空反导体系建设过程中的决策科学化、实施程序化。另外，由于我军（兵）种都有一定的作战力量，军（兵）种利益可能影响空天防御体系建设的运转，应该建立由总部牵头、各军种参加的类似监督或仲裁机构，以便对相关问题释疑和裁决。

再次，完善政策和法规，是确保空天防御体系建设的权威性和强制执行效力的重要环节。要依据一体化空天作战和建设的理论研究成果及实验论证结果，制定和颁发体系建设纲要和相关规定、实施办法等。基于信息栅格的技术体制，统一信息格式、技术标准、网络接口等建设标准，实现体系建设的规范化、法制化，从而为空天防御体系建设提供明确的标准规范和充分的法规保障。

（二）着眼体系效能，强化顶层设计

结构决定功能。在推进独立装备系统信息化建设的同时，如何实现装备体系结构最优化，是空天防御装备体系建设所面临的最紧迫、最困难的任务。

首先，着眼一体化作战效能的最大化，按照加长"短板"、补齐"缺项"、消除"瓶颈"的原则，研究论证装备总体数质量需求以及不同类型装备、不同平台装备、不同性能装备的数量比例结构，构建空、天、地（海）高效一体的空天防御拦截装备体系，实现拦截交战系统、预警探测系统、信息对抗系统、指挥控制系统和综合保障系统建设协调发展，整体推进。必须根据"空天一体，攻防兼备"战略转型的需要，分层次搞好空天防御系统的结构设计与建设，不仅要继续加大防御性空天防御武器装备建设力度，也应加强进攻性武器装备的建设。在系统装备结构上，要体现适应高中低空、远中近程空天防御作战的需求，适应拦截弹道导弹、巡航导弹、隐身飞机、无人攻击机和反卫防天的作战需求，适应大区域空天防御作战、攻势空天防御作战、机动空天防御作战的需求，适应抗、反、防一体化作战的需求。

其次，基于现实，着眼发展，走建设信息化新型空天防御武器装备和对现有武器装备进行升级改造并举的路子。一体化空天防御体系的建设，技术复杂、投资巨大、周期长，对于体系中各类武器系统而言，采取"边装备、边改进、边试验"以及"装备一代、改进一代、新研一代"的渐进式采办策略，不但可以降低体系建设风险，而且利于系统的不断改进、升级。坚持研制与改进"两条腿"走路，运用新一代技术改进老一代型号，在持续改进升级中实现系列化，在研制中实现通用化和一体化，是美、俄发展空天武器装备的一条共同经验。比如，俄罗斯在C-300基本型的基础上改进和发展了C-300ПМУ1、C-300ПМУ2和新一代的C-400，以及正在研制的下一代C-500防空导弹；美国的"爱国者"地空导弹武器系统已发展为四个型号，其改进型号在保留成熟技术的基础上，扩展了作战空域和功能，增强了抗干扰能力和信息化能力。又如，美国"星球大战"计划转向更为务实的"弹道导弹防御"（BMD）计划，并按一定的时间节点，不断开发，边研制、边试用、边评估，逐渐改进，螺旋发展。我国作为一个发展中大国，更应走研制与改进并重的路子，为逐步实现武器系统系列化、通用化和空天防御一体化奠定基础。当前，空天防御体系建设，应优先发展信息化程度高、性能优越的新型武器系统，重点在网络化作战以及反电磁干扰、反导、反隐身、反临近空间目标、反空天飞行器等方面尽快取得实质性进展；重视对现有武器装备的挖潜改进和升级，走武器系统系列化、通用化的发展路子。

第三，正确处理好防空与反导的关系。近年来，防空反导一体化已渐成共识，应坚决摒弃将空天分层、防空反导分离、预警拦截分开、指挥控制分散的思想。应按照一体化、网络化、信息化建设的要求，大力加强空天防御体系建设的顶层设计,研究确定总体框架和体系结构,提出"四基四型"装备体系（"四基"是指地基、海基、空基、天基拦截装备；"四型"包括防空型、防空反导型、反导型、防天反卫型等四种类型拦截装备）的具体发展规划和实施路线图等。根据国情和滚动发展特点，合理确定阶段性任务目标，分阶段分步骤组织建设。

同时，必须清醒认识到，在空天防御或防空反导体系建设中，有些可以一体化，有些不可以一体化，必须实事求是，以客观需求为依据，不能一概而论；能统一的统一，以充分利用现有资源；不能统一的分别构建，以满足特性需求。美国的防空预警和导弹预警就是分开建设，自成体系的。

（三）把握关键环节，注重网络化建设

网络化是空天防御装备体系发展的必然趋势，是提高空天防御作战效能的关键。通过系统之间的联网实现战场信息资源共享、火力资源合理配置和自动实时的指挥决策与火力控制，具有十分重要的意义。美国的防空反导建设一直走在世界的最前列，有诸多经验和教训值得借鉴或吸取。俄罗斯在防空反导网络化的具体实施方面也有非常明确的路线图，大致分为三个阶段：第一阶段，将现有的空基、海基、地基、天基信息源整合，但导弹发射和制导仍在火力单元内完成；第二阶段，实现火力单元外部信息对地空导弹的发射和制导控制；第三阶段，通过信息源的进一步融合，实现空空导弹和地空导弹的一体化作战……也有较强的参考借鉴价值。

必须坚持信息主导，以新技术开发和应用保持装备的先进性。随着信息技术、人工智能技术在军事领域的广泛应用，新一代防空导弹信息化水平不断提高，智能化趋势也越来越明显。美、俄等国家新一代防空导弹都大量使用了信息技术，通过武器平台本身的信息化、指控系统的网格化和信息分发扁平化，使其空天防御系统的整体水平始终与发展中国家保持了"代差"优势。我军正处于全面实现机械化、由机械化向信息化转变的关键期，必须从大体系上思考、定位和推进空天防御体系建设，强力推进基于信息化系统的体系作战能力提升。当前，空天装备系统建设，应把握以下重点：一是要以综合电子信息系统为核心，对作战单元实施数字化建设；二是要以基础网络为纽带，实施综合集成；三是要高度重视智能化技术和计算机辅助决策技术的开发应用。最终实现信息处理、网络管理和指挥控制的智能化，形成高效的网络作战体系，达到互联互通互操作和信息共享，以适应未来一体化作战需求。

（四）抛开军种界限，创新指挥体制

受诸多因素影响，我军还没有完成反导指挥体制的构建，防天指挥体制更不明晰，防空体制尚需进一步创新完善。"缺项"和"短板"性质不同。借鉴外军的做法，应先把防空反导指挥体制建起来，然后逐步完善。

各军（兵）种要着眼国家防空反导大局，抛开军种界限。我诸军（兵）种都有自己的防空力量和相应的防空作战指挥体制。当前，理论上讲，联合防空作战指挥机制相对较为明确，但围绕反导、反卫武器谁建、谁管、配给谁，反导反卫作战谁指挥等问题尚存在争议，反导反卫指挥体制已成为制约国家反导体系、空天体系建设及未来作战的关键环节。

为体现权威性，同时确保可操作性，可由总部牵头，空军主抓，协调陆、海空、二炮以及国家相关力量，首先尽快建立具有我军特色的防空反导作战指挥体制。重点是完善各级指挥管理机构，合理设置指挥层次，明确职能任务，理顺相互之间指挥、支援关系，确保指挥体制稳定、权威、高效。以军队立法的形式，明确谁主抓、谁主管、谁实施等问题，建立各种指挥链、行动链、支援链、保障链、协同链。

考察美、俄反导指挥体制建设情况，总体而言，未来我军的防空反导作战指挥体制宜为：防空作战分为三至四级：联合防空反导作战指挥中心—区域（战区）指挥中心—分区（方向）指挥中心（根据实际情况设置）—作战部队。反导按三段拦截设计。末段反导作战采用三级指挥体制，越过分区指挥中心，由区域指挥中心直接指挥到反导作战部队；中段反导和初始段反导采用两级指挥体制，由联合防空反导作战指挥中心直接指挥到反导作战部队。其中，联合防空反导作战指挥中心属于战略层次的指挥部，是国家防空反导的最高指挥决策和执行机构，在联合作战指挥中心的直接指挥或委托下，统一组织指挥协调跨战区、全国性的防空反导行动。区域联合防空反导作战指挥中心属于战役层次的指挥部，负责组织指挥本战区内各军（兵）种的防空反导作战行动。分区指挥中心为战役方向指挥机构，负责组织指挥本辖区内或本军（兵）种的防空反导作战行动。作战部队为直接拦截层，以装备单一型号兵器或混编的战术部队为作战单位，必要时以武器系统级火力单位为作战单位。

（五）坚持需求牵引，重视理论先导

未来的信息化战争将以全新的面貌呈现在世人面前，其作战理念、作战体制、作战方式方法等各个方面都将发生显著变化。要想按照信息化作战的机理，进行防空反导系统建设，实现"超越式"发展，首要的就是必须切实做到需求牵引。为此，必须强调创新思维、勇于探索，重视新概念、新技术发展应用，积极推进预研，适时展开研制，抢占该领域制高点，走出一条非对称式发展道路。

树立以军事需求牵引为立足点和第一要则的理念。可以说，确定军事需求比发展、选用先进技术更重要。战争形态不清楚、战略不明确、作战方式方法不清晰，就必然导致装备建设盲目无序，美、俄的经验教训就是最好的例证。首先，需求牵引不能仅瞄准当前的作战需求，必须树立长远观念。将长远建设与当前发展有机结合，将"基于威胁"与"基于能力"需求有机结合，无疑可以少犯错误、少走弯路，避免短视行为和盲目建设。其次，需求牵引必须树立战略理念，其中最重要的是体系建设应明确谁为主体，同时相关各个军种都必须站在全国全军的高度，在总的框架下进行一体化建设。再者，在注重需求牵引明确目标的同时，需知实现目标离不开技术。只有实现需求牵引和技术推动的有机结合，处理好需求的"先进性"和实现的"可能性"之间的关系，才能切实确立远期、中期、近期的建设目标，提高建设效率。

作战需求牵引，必须理论先行。理论是行动的先导，没有正确的理论就没有正确的实践。美、俄一系列的改革实践证明，凡是成功的实践，必然伴随军事理论的繁荣。理论的牵引和指导作用是新军事变革的一大特色。空天防御体系建设是一项开创性的系统工程，更加需要军事理论创新的带动。为此，必须高度重视理论研究，建立健全理论研究的体制机制和激励制度；重点加强空天防御作战基础理论研究，准确把握信息化条件下空天防御作战规律、指导规律、力量建设和使用规律；重点加强作战应用理论研究，揭示信息化条件下防空反导作战各种具体实践的特殊规律，包括信息作战、抗击作战、反击作战、防护防卫作战等应用理论，为防空反导作战和装备建设提供直接的理论依据。

第七章

信息时代空天防御建设需求展望

胜利总是向那些能预见战争特性的人微笑，而不是向那些等待发生后才去适应的人微笑。在这个战争样式迅速变化的时代，谁敢于先走新路，谁就能取得新战争手段克服旧的手段而带来的不可估量的利益。

——（意）朱里奥·杜黑

战争形态的变化必然要求新的作战力量来承载。空天防御力量是信息化条件下反空天袭击作战的主体，伴随着空天对抗需求的变化而不断发展和完善。空天防御作为一种新的作战形态和样式，既是社会信息化在战争领域的必然反映，也是反空袭作战的一次划时代变革。这种革命性的变化，必然要求空天防御建设适应未来抗击空天袭击的客观需求。

一、信息时代空天防御的发展需求

21 世纪是信息化的世纪，是网络化的世纪，也是空天一体化的世纪。信息领域、网络领域和空天领域已经成为国家战略竞争的主战场。空天一体化、信息化、网络化是军事力量发展的基本方向。有专家预言："谁控制了空天，谁就控制了地面、海洋和电磁空间，谁就掌握了战略主动权。"也有专家认为，控制了信息、控制了网络，就控制了信息优势，就掌握了战场控制权。创新发展信息时代的空天利益观和空天军事学说，发展新一代空天防御预警探测系统、拦截交战武器系统、指挥控制系统、信息对抗系统等，是航空航天及防空防天理论界、军工企业和军队的重要职能与任务。

（一）战场空间全维化

信息时代，新理论、新技术、新材料、新能源广泛应用于航天航空领域，使空天防御空间不断扩大，并趋于全维化，引起空天防御时空观已经发生并将继续发生深刻变化。

1. 角逐太空战场制高点

太空已成为赢得战争的战略制高点，世界各国争相发展以卫星为主的航天器，力图在太空抢得先机。新一轮太空军备竞赛孕育着空天战争时代的开启。美国作为当今世界唯一的超级军事强国，拥有对太空的绝对控制权。然而，美国并未满足于现状，仍通过装备技术研发和军事理论创新，不断扩大已有的制太空权。2004 年 9 月部署了反通信系统（CCS），2005 年 1 月 12 日成功试验了兆瓦级大功率激光系统……种种迹象表明，美国已显示出更大的"制太空权"野心。俄罗斯十分重视军事航天力量的建设，不断提高太空作战能力，以抗衡美国。早在 2003 年，俄在空间部署 4 颗预警卫星的基础上又发射了"宇宙"地球静止轨道卫星，具备了在不良天气情况下监测地面发射弹道导弹的能力。研发出了新一代"格洛纳斯 -M"卫星。如今，"格洛纳斯"系统共有 20 颗卫星处于运行状态，另有 1 颗处于备用状态。目前，俄罗斯拥有 13 个军用卫星系统（约 131 颗卫星），部署在地球静止轨道、半同步圆形轨道、大椭圆轨道和极轨道上，主要担负军事通信、预警、侦察、导航等空间作战保障任务。

当前，美国、俄罗斯、英国、法国、德国、日本、以色列、印度等国纷纷在航天技术领域加速发展，争夺太空制高点的斗争日趋激烈。随着空天袭击理论的成熟和空天武器的发展，空天袭击作战行动的迅捷、激烈、高效特性将会进一步凸显。美军设想，在太空 800 英里的高度部署 20 颗激光卫星，可在 10 秒内摧毁 2500 英里外的导弹，1 秒钟即可转到下一个目标，每个激光器发射激光的总时间在 200 秒～ 500 秒，可摧毁 100 枚导弹；而部署在 1000 千米地球轨道上的功率 20 兆～ 30 兆瓦的激光武器对地面连续发射 150 秒的高能激光，几分钟就可摧毁一座城市。

空间信息保障由主要提供战略信息向提供一体化的战略战役战术信息转变。为全维空间作战提供侦察监视、导弹预警、导航定位、通信和气象等信息保障，是世界主要国家军队当前空间卫星的主要任务和发展需求。目前，部署在空间的卫星战略用途比较突出，但战役战术用途还不能完全满足战区指挥官的要求。因此，为适应拦截精确化、远程化、无人化、隐身化、高速化目标作战需求，向防空防天作战部队提供实时的战役战术情报信息，已成为发展空间争夺手段的一个趋势。

航天战略正由"利用空间"向"控制空间"方向转变。目前，世界一些国家出于战略利益的考虑，逐步突破国际法规和世界舆论的束缚，开始由"利用空间"向"控制空间"方向发展。美军在一系列纲领性文件中，明确将"控制空间"作为航天力量运用的首要目标，强调不仅要利用空间，而且还要剥夺其他国家利用空间的能力，并提出了"确保进入、空间监视、保护、防止和阻止"等具体手段。2006年10月，美国发表的所谓新航天政策再次强调，和平利用太空将允许美国使用防御型卫星和与情报有关的侦察监视卫星，倘若这些卫星被有目的地干扰，就等于侵犯了美国的利益，必要时将采取行动剥夺其危害美国利益的航天活动。俄、法、日、印等国，也相继制定了自己的未来航天发展计划，明确提出了开发利用空间、争夺空间制高点的航天战略，并积极发展侦察、导航、气象、预警、海洋监视卫星以及地面监视空间雷达。毋庸置疑，未来太空权的争夺战将愈演愈烈。

2. 开辟临近空间新战场

临近空间是现役飞机上不去、卫星下不来的正在开发和待利用的空间。对于情报收集、侦察监视、通信保障以及对天对空对地作战等，都有特殊和广阔的应用前景。以美国为代表的军事强国，近年来不断加强临近空间飞行器的研发，已取得初步成果。

目前，正在研发的临近空间飞行器包括两大类：一类是低马赫数的飞行器，用于情报收集、侦察监视、通信保障，如升力式、浮力式、升浮一体混合模式等低速飞行器；另一类是高马赫数的飞行器，用于远程机动作战和精确打击，包括高超音速的机动再入飞行器、巡航导弹、空天飞行器等。临近空间飞行器既可作为侦察平台，又可作为进攻武器，能大幅提升未来信息战、空间战中获取信息和毁伤目标的时效性。

在众多临近空间飞行器研发计划中，高超音速武器具有高超音速、高超机动的远程精确打击能力，一旦投入使用，必将引发未来战争概念和模式的革命，也将对人类社会产生极为深远的影响。从20世纪50年代提出高超音速飞行概念以来，世界各军事强国都在研究高超音速武器。近年来，美、俄、法、澳等国相继取得重大技术突破，并确立了基本可行的技术路线。美国先后提出了高超音速技术计划、高超音速飞行器试验计划等，并已成功开发验证了多项关键技术。在临近空间战场的开发和武器装备发展上，以美国、法国、俄罗斯等国为代表，正在积极开展超燃冲压发动机的研究工作，研制高超音速巡航导弹、空天飞机等，有望在 2020 年前后装备部队。

从美国目前进行的试验来看，临近空间飞行器的主要功能是：对重点区域进行连续长时间监视和观测，对战场进行精确侦察和准确评估；作为电子干扰平台，对来袭飞机和导弹进行电子干扰，降低其作战效能；作为无线通信中继平台，提供较远距离的通信；作为攻击平台，对地面、空中以及太空目标等实施硬摧毁。

3. 拓展空天战场边界

信息时代的空天防御作战将广泛应用航空航天技术、信息技术、数据链技术、网络技术等最新科技成果。在可预期的将来，随着空天飞机、高超音速巡航导弹（飞机）、高空飞艇等研发的成功和投入使用，空天战场的边界将进一步扩大。

航天战场的形成，使作战空间呈现出空天一体化特征。在 21 世纪空天袭击作战中，由于巡航导弹、直升机的大量使用，低空超低空突防仍将是空袭作战的重要方式；由于军用卫星、地球轨道武器、超高速和超高空作战飞机以及空天飞机的投入使用，大气层外空间将成为空天袭击兵器运用的重要战场，大气层内外的界限将进一步淡化，甚至消失，航空与航天空间将成为一体化战场。

全球战场将成为现实。空天袭击武器的运动速度空前提高，打击距离空前增大，使本来遥远的距离变得伸手可及。人们依靠空间侦察预警力量的支援，可以鸟瞰天下，更多地进行洲际突击，从而决胜全球。

空防对抗空间和领域将无限延伸，战场趋向"无界"化。通过信息技术的"黏合"作用，将所有作战要素系统整合成一个完整而复杂的体系，战争不再是单一军种或要素之间的直接对抗，而是双方至少是某一方的一体化作战。这种对抗可能在"地平线"，也可能在遥远的太空，还可能在无形的网络空间和电磁空间，没有完全固定的范围，没有战场边界可言，战场空间将完全服从作战目的需要，战略、战役、战术无严格区分，作战将在全领域、全时空展开。作战空间的扩大化，空天打击的突然性，使未来空天防御作战的难度更大。

4．鏖战网络战场

信息网络技术的迅猛发展，使国家或地域之间的联系日益紧密。无形的空间制约着有形的战场。每个芯片都是一件武器，每台电脑都是一个有效的作战单元。

未来空天对抗中，有形对抗相对减少，无形对抗则相对增多，战场趋向"软化"，这是网络战场出现后带来的客观趋势。信息化战争采用的空天袭击方式通常是"斩首"，即一举摧毁对方的首脑机关和指控中心，切断敌人的"神经中枢"，把对手"打聋"、"打瞎"、"打哑"、"打瘫"，失去对全局的控制力，使对手处于被动挨打的境地，不战自败。这种作战方式追求的是己方部队"零伤亡"，整个战场虽然斗争激烈，但从表面上看极可能"风平浪静"，不一定飞机大炮云集、硝烟弥漫，不一定有两军大规模的正面对抗，战争的胜负首先在于网络空间较量的结果。

5．暗战电磁战场

信息时代空防斗争构成的复杂电磁环境，是敌对双方的电子对抗和各种武器装备所释放的高密度、高强度、多频谱的电磁波等共同作用的结果，将给战场空间状态、时间分布、频谱范围和能量密度带来巨大影响。

在跨入 21 世纪之际，美国在其政府工作报告中就强调："应把电磁环境效应问题和每个武器系统的维修计划与集成化保障计划放在同等重要的地位。"还指出："所考虑的电磁环境效应包括静电放电、电磁兼容性、电磁敏感性、电磁辐射危害、雷电效应、电子对抗等 14 种因素。"美军对电磁环境的研究从射频对军械的危害，到新型武器装备的电磁环境效应等无所不及，研究概念和范围不断更新和扩展，在效应试验的同时，还建立了武器装备电磁脉冲效应试验数据库。

与其他战场环境相比，电磁环境看不见、摸不着，具有空间、时间、频谱上覆盖全空域、全时域和复杂多变等多维特性。这些重要特性在信息时代还将继续发展，使电磁环境在"空域"上纵横交错，"时域"上持续不断，"频域"上密集重叠，"能域"上多变强烈。可以预见，未来的空天防御必将是在复杂多变的电磁环境中进行并贯穿始终，战场电磁环境效应直接影响着武器装备、作战体系效能的发挥，决定着战场的生存能力、战争的进程和结局。

（二）情报处理自动化

信息时代，空间卫星侦察监视系统、导航定位系统、通信系统，空中预警飞机、无人机侦察系统、数据链，地面雷达侦察系统、无线电技术侦察系统、战场信息遥感系统，与指挥控制系统、空天防御武器紧密铰链，形成网络化的空天防御作战体系结构，使得侦察监视、敌我识别和情报信息传输更加精确、实时和连续。

1. 多样化的侦察手段确保情报的连续性

信息时代的空天防御系统，将各种侦察装备联网成有机整体。侦察预警卫星分辨率高、成像快、传输速率高，可同时对空间卫星、空中目标、地面目标实施侦察，情报信息经地面信息处理系统传送给地基中远程雷达，后者再将目标信息传送到空中预警机、各级指挥控制系统，形成连续完整的信息接力。临近空间飞行器具有对较大范围的空中、地面目标侦察的连续性，可为空天防御作战提供一种新的信息获取与传递渠道。空中预警机侦察可在 400 ~ 600 千米内的空域对空中、地面目标实施不间断的侦察监视，主要为防空作战和引导空中交战提供各种情报。分布于不同地域、不同程式的各种雷达对空间目标、空中目标的侦察监视，是空天防御作战情报的主要来源之一。所有侦察装备基于信息系统联为一体，通过天地数据链、空地数据链、光缆等媒介，连续将侦察信息传送到指挥控制系统，提供连续不间断的情报信息。

2. 多模式的目标识别措施确保情报的准确性

准确的信息是空天防御取胜的先决条件之一。看得到,还要看得对;看得对,才能打得准。目标识别是保证看的对、打得准的关键技术，通常主要指对气动目标的敌我识别和对弹道导弹目标的弹头识别。

（1）气动目标敌我识别

完善毫米波识别系统。传统雷达使用 L 波段的敌我识别系统，受波束宽度限制，识别精度难以满足复杂战场环境作战需求。2003 年以来，毫米波敌我识别系统成为欧、美军事强国的重点发展项目之一。英、法、美等国采用统一的北约标准（STANAG4579），将毫米波敌我识别系统作为"联合战斗识别先期概念技术演示"（CC IDACTD）的测试和评估重点，并逐步扩展到无人机、武装直升机、反坦克制导武器等平台上。毫米波的优点是波束窄、角度分辨率高，穿透战场烟雾能力强，被探测、截获的概率低，隐蔽性好。因此，适用于在目标密集的战场环境中，完成对目标的识别。

发展激光识别系统。激光敌我识别，是利用激光通信系统作为密码收发器的敌我识别方式。随着激光技术的快速发展，激光识别将成为一种新型识别手段，目前许多国家正努力在该领域内取得实质性突破。

研发数字化识别系统。数字化敌我识别系统摒弃"询问—应答"的交互模式，目标属性判定由己方系统直接做出识别结论。该系统采用了先进的"非协同"技术，被截获率几乎为零，将从根本上消除被敌截获和诱骗的可能性。同时，它与数字化通信网、数字化地图、武器火控系统一体"联动"，具有目标识别的实时性、准确性和可靠性，将大大提高火力打击的反应速度。

（2）弹道导弹目标识别

目标识别技术是弹道导弹防御系统的关键技术之一，其任务是从大量的诱饵、弹体碎片等构成的威胁管道中识别出真弹头。弹道导弹目标特性包括飞行力学特性、物理化学（含结构、红外、电磁）特性、突防（诱饵伴飞、真假弹头、弹载干扰）特性等。弹道导弹目标识别需要建立在弹道导弹不同飞行阶段呈现出来的物理特性和对抗条件基础之上，识别需求决定了探测器配置、类型及技术指标，从这个意义上说，目标识别属于导弹防御系统顶层设计范畴。

①弹道导弹运动特征提取及识别

助推段时导弹红外特征明显，可以通过相应的光学探测器对主动段飞行的弹道导弹进行观测，利用目标的光学特征进行识别；中段飞行时弹头与弹体分离，弹头常常携带重诱饵和轻诱饵，可用多种传感器对飞行的弹头、诱饵和碎片进行探测，利用中段目标的微动特征区分真假目标，并估计出真目标的运动参数等特征；再入大气层后，轻诱饵由于大气过滤作用而分离，弹头和重诱饵在大气层中高速飞行，它们与周围气体间产生非常复杂的物理、化学和电离反应。此时，目标或重诱饵的运动特性发生变化，可以提取目标质阻比、目标的振动、再入体的加速度和再入轨迹等特征参量，来区分重诱饵和弹头。

②成像特征提取及识别

雷达成像的基本原理是提高雷达分辨率，使得距离分辨单元的尺寸远小于目标，分离出目标的散射中心，描述目标的结构特性。一般情况下，成像雷达通过发射宽带信号获取高的径向分辨率，利用大型实孔径或合成孔径技术获得方位/俯仰高分辨，实现雷达目标高分辨成像，主要包括一维距离像和二维ISAR 成像技术。

③极化特征提取及识别

极化特性是雷达目标电磁散射的基本属性之一，导弹目标的极化识别主要基于极化检测技术、目标极化散射矩阵、极化不变量、全极化技术等方面。利用不同目标与有源干扰的极化散射矩阵之间的差异，提取各自对应的极化不变量和极化散射中心分布，从而对导弹和诱饵等目标实现分类识别。

④弹道导弹再入特征提取及识别

由于大气过滤作用，只有导弹弹头和重诱饵进入再入段，重诱饵和弹头表现出不同的质阻比。质阻比主要取决于其质量与迎风面积的比值，一定程度上可认为是质量的面分布量纲。因此，再入段导弹防御系统目标识别的关键问题是在较高的高度上快速准确地估计出再入目标的质阻比。

⑤综合目标识别技术

信息融合是导弹防御系统目标识别流程中的重要组成部分。天基、地基和拦截弹上各传感器获得目标的光、热、电等信息，都需传送到作战管理中心进行融合处理，对目标识别信息相互印证。在反导防御体系中，红外预警卫星、预警雷达、跟踪识别雷达和红外导引头等传感器在弹道导弹飞行不同阶段担当着重要作用。例如：红外预警卫星（高轨、中低轨）能够在上升段探测弹道导弹助推段喷焰的辐射特征，为导弹防御系统提供发射的最初预警信息。预警雷达可在大空域范围内搜索目标，探测、发现、跟踪目标后，将目标的粗略落点位置提供给导弹防御系统。跟踪识别雷达对弹道进行测量，获取目标的位置、速度、加速度等参数，测量中段和再入导弹及假目标的减速特性、质阻比、RCS、极化特性、散射中心、微动特征、一维距离像等信息，从而准确识别真假弹头。另外，大气层外拦截弹通常分别采用红外导引头，大气层内拦截弹常采用毫米波导引头。因此,红外和毫米波识别技术是导引头目标识别发展的重要方向。

3.网络化的传输系统确保情报的实时性

未来战场上的信息量可用"信息洪流"、"信息潮"、"海量数据"来形容。美军一个军作战空间内的信息源可达 10 万个以上。快速信息传输为作战准备和作战实施赢得时间,对武器系统的效能发挥至关重要。如何在近乎拥塞的信道中实时快速地传递情报,是未来信息化条件下空天防御作战面临的一项非常复杂而艰巨的挑战。

信息技术、网络技术、数据链技术的发展,为问题的解决提供了契机。在空天防御作战体系发展上,世界各国都在研发新一代信息传输网络系统。完善的一体化信息传输系统将以大宽带、大容量、大速度为特征展现在未来空天战场上。以计算机为核心的信息技术将战场分散配置的诸军、兵种作战力量有机融合起来,形成纵横交错的一体化战场信息网络。通过这个网络,后方战略指挥中心和前方战术指挥所,直到各级作战平台,甚至单兵,都能实现无缝连接。信息传输系统在各功能领域之间和各作战部队之间建立起实时的信息链路,能够实现快捷高效的横向和纵向信息交流。指挥员可以实时准确地掌握战场态势,快速准确地实施作战决策,实现近实时的指挥,作战部队可以近实时地接受命令、实施近实时的高效精确拦截打击。

(三)对抗行动一体化

美军在《2020 年空间作战构想》突出强调要充分利用一体化的空天系统,在空间实施弹道导弹预警和从空间攻击对方各种航天器、弹道导弹、飞行器、舰船等高价值目标。未来空天袭击作战,既可以是对地球表层及空中目标的袭击,也可以是对空间目标的袭击;既可以进行常规打击,也可以进行战略核打击,但都会更加强调一体化联合作战。而未来由于基于信息系统的空天作战体系能力的形成,攻防作战将是一体化的体系对抗行动。其目的是通过对信息资源的充分合理利用,加快指挥速度,提高作战强度、武器杀伤力、己方的生存率以及自我协同能力,以较小的作战投入,取得较大的作战效益。

1. 信息、火力一体化

信息时代的空天防御作战与传统的防空作战相比，其最显著的特征就是火力的内涵及其运用方式的信息化——信息火力运用一体化，可以对点状目标实施精确打击，可以实施远程精确打击，甚至全球快速打击，并可以减少对非打击目标（包括人员及设施）的附带毁伤。空天防御作战中，导弹对抗成为主要的火力手段，电子战成为贯穿始终的基本内容，电磁"软杀伤"手段成为传统火力的必要补充甚至替代，等等。正因如此，在未来信息化的战场上，核打击的可能性越来越小，大规模火力毁伤也受到越来越严格的制约。

2. 抗、反、防一体化

信息时代的空天防御作战，将是攻防——抗击、反击、防护高度一体化的作战。由于战场探测与侦察能力、远程通信能力、精确打击能力和深远突击能力的极大提高，作战行动将突破固定的战场地幅限制，在不同层次、不同方向、不同领域同时进行。特别是由于整个作战空间都处在遥感探测装置和远程精确打击火力的严密控制之下，进攻一方很难，也没有必要在进攻发起前集结庞大的兵力兵器，防御一方也不可能建立起不可逾越的、突不破的坚固防线。发展的结果将是，以往战争中那种相对稳定的正面和固定的战线不复存在，进攻和防御的界限将趋于模糊，攻防双方将不再沿着清晰的战线作战。

3. 软、硬手段一体化

未来空天防御作战不仅强调"硬"杀伤，也更加重视"软"对抗。"软"对抗是使用信息技术手段进行的探测、侦察、引导、指挥、控制、通信、信息处理、网络对抗等各种行动。"硬"杀伤方面，信息技术的应用，可用较小的成本或代价打击对方的重心和关键行动。特别是电磁与火力相结合的"硬摧毁"和直接的电磁"软杀伤"，其在削弱、摧毁敌方战斗能力方面的效能，将远远高于传统火力兵器。同时，信息战在不断发展"软"手段的同时，将更多地被用来充当非弹药的"火力"手段，"软、硬"一体化是未来信息化战争的主要作战方式。

4．网、电一体化

网、电一体化，即网络战与电子战一体化，是指综合运用电子战和网络战手段，对敌网络化信息系统进行的一体化攻击，其目的是夺取电磁空间和网络空间的制电磁权、制信息权。在伊拉克战争和科索沃战争中，美军在高、中、低三个层次全面展开综合电子战行动，实施全方位的电子干扰和压制，使对方通信中断、雷达致盲、导弹失控、体系离散。一般情况下，战场信息流程主要由信息获取、传递、处理、利用等环节构成。信息获取和传递主要依赖于电磁频谱，信息处理和利用主要依赖于计算机网络，电子战和网络战的综合运用能有效地破坏敌方整个信息系统及其信息流程。网络战与电子战一体化的信息战，是未来武器系统信息化、信息系统网络化发展的必然结果。

（四）武器装备多元化

武器是决定战争胜负的重要因素，是作战行动的最终承载者。随着信息化程度的不断提高，武器装备将更加多样化、多维化、网络化和高效化。

1．信息作战装备趋于多样

信息作战装备包括信息进攻装备和信息防御装备。信息进攻装备主要通过对敌方信息源节点、信息传递链路、指挥控制系统等实施攻击或干扰、阻断，破坏或降低敌对信息获取和使用的能力。尤其是电磁脉冲炸弹、微波电子炸弹等新型攻击手段将广泛使用，它们在目标上空爆炸后，辐射出高强度的电磁脉冲，可毁伤敌方的电子战装备和人员。信息防御装备主要通过对敌方信息进攻手段的积极防御，干扰、破坏或降低敌方信息进攻的作战效能，达到保护己方信息安全的目的。

未来的空天防御体系建设，将更加重视作战系统配套的光电告警设备、反辐射导弹来袭告警设备，以及诱骗导弹的红外、激光、雷达诱饵等设备的研发。反干扰方面，在提高单件兵器的点对点对抗能力基础上，着重提高包括 C^4ISR 在内的整个空天防御装备体系的抗干扰能力，发展诸如远程地空反辐射导弹、对机载雷达的干扰设备等信息防御装备。另外，由于大量的信息化空天袭击武器装备严重依赖于 GPS 定位功能，GPS 干扰机将成为未来空天防御信息作战装备的一个发展重点。

2. 破袭信息链的武器趋于节点打击

空、天、地（海）一体化的信息网络系统是信息时代空天袭击和空天防御对抗的关键平台，而信息链是网络系统的中枢，是联结各军（兵）种或作战单元的神经，对信息链实施攻击则是瘫痪空天作战体系的有效手段。发展从地（海）面、空中或太空攻击敌空天作战体系信息网络节点的武器装备，包括电子软杀伤武器和火力硬摧毁武器，是未来空天防御武器装备发展的必然趋势。

反卫星武器。攻击在一定高度轨道上的各类侦察、通信、导航卫星等武器，是遮断敌空天袭击信息链的有效手段。美国、俄罗斯、印度等国都在加紧研制反卫武器，主要包括激光反卫武器和导弹反卫武器。用于反低轨高度各类军事卫星的地（海）基和空基反卫星武器，以及轨道式杀手卫星反卫星系统和能够对敌方空袭系统卫星实施有效干扰的装备，是当前世界各军事强国的发展重点。

反预警机、侦察机的远程防空武器。打击敌空天袭击体系中的侦察飞机、预警飞机，是斩断敌空袭数据链的又一有效手段。远程反辐射防空导弹，可用于超远程拦截空袭体系中的预警机、电子侦察机、干扰机，是各国发展研制防空武器系统的重点方向之一。

反无人机的武器。无人机在未来空天袭击作战系统中发挥着越来越重要的作用，不仅可以进行战术侦察和监视，还可以直接实施攻击行动，而且趋于大规模的发展与实战。世界各军事强国在大力发展无人／攻击侦察机的同时，也极其重视各种打击无人机的武器和手段的研发，以对付空天袭击作战体系利用无人机进行的临空侦察、监视及其攻击。

3. 反弹道导弹武器趋于网络化

发展弹道导弹防御武器系统，是信息时代空天防御的最迫切需要。遵循一体化建设标准而设计的网络化反导武器系统，将成为反导系统发展的主流。在此背景下，发展新机理反导系统，能够对不同射程弹道导弹进行多层多次拦截的具备反多弹头、抗多诱饵、抗饱和攻击的反导系统，兼顾反高空高速巡航导弹等需要的反导系统，以及将地空导弹反导系统、动能反导系统、激光反导系统等不同机理的反导武器集成在一起等，将成为反导系统发展的重要趋势。

4．拦截小反射截面目标的防空武器趋于高效

信息时代的空天防御中，诸如"低慢小"、隐身飞机、小型无人机、巡航导弹以及各种制导导弹（炸弹）等目标，对空天防御体系不断提出挑战。当前，世界各国在改善单件防空武器系统作战效能的同时，通过装备组网和网络中心战思想来设计新一代的防空武器，将成为未来空天防御武器的发展方向。重点是研制性能优越的火控雷达和先进的电子战装备，作战效能较高的速射高炮和近程导弹以及超视距反隐身、反低空防空武器等，以适应对付低空、超低空和隐身目标的作战需求。

5．预警探测与指挥平台趋于多维

空天防御预警探测和指挥控制系统对空天防御装备体系具有系统集成功能，是信息时代空天防御装备体系的关键和主导部分。

未来一个时期，世界各军事强国基于对弹道导弹、巡航导弹、无人机、隐身飞机等目标早期预警的需要，将会把发展重点放在新一代的天基红外预警卫星、临近空间侦察预警飞艇、新型空中预警机、浮空器载预警系统、高空长航时无人机、地面超视距雷达、远程相控阵雷达和先进的无线电通信侦听装备等方面。建立从地面、空中到外层空间的立体侦察预警网将成为空天防御预警探测发展的基本趋势。空天防御指挥控制系统方面，未来的重点将加强网络化建设。把空天防御 C^4I 系统与预警探测系统集成起来，将从 C^4ISR 系统逐步建设一体化的 C^4ISRK 系统，并加强智能化决策支持系统的开发与应用；与空天防御拦截打击武器系统实现无缝铰链和对火力平台的有效实时控制，缩短作战反应时间，大大提高空天防御作战指挥控制的效能，将是指挥控制系统发展的必然需求。

（五）作战理论系统化

在世界新军事变革的进程中，谁拥有强大的军事理论创新能力，谁就能充分发挥理论的先导和牵引作用，把军事发展的主动权牢牢握在手中。美、俄两

国既是当代空天防御作战装备体系建设的领跑者，也是空天防御作战理论研究的先行者，其空天防御战略、战役、战术理论成熟度已为世界各国所公认。未来，在空天防御理论研究领域，美、俄将呈现出完善空天防御战略理论、深化战役战术理论的趋势。

1. 美国空天防御作战理论发展趋势

未来，美国将可能继续领跑世界空天防御作战理论的创新与发展，其重点研究内容为：

一是深化空天防御作战应用理论研究。从美国近年来发表的有关文件——2006 年的《美国国家安全战略报告》、2011 年的《网络空间行动战略》和《美国弹道导弹防御局年度概要》等，可以看出其重视深化应用理论研究的端倪。在发展阶段上，2018 年前，重点深化研究增强中、远程导弹防御能力，扩大防御范围；在 2020 年前，重点深化研究完善欧洲分阶段部署反导方案（EPAA 方案），并提升美国本土的导弹防御能力的问题；在 2030 年前，重点深化全球范围内美国及其盟国一体化空天防御作战理论研究，建成先进的天基太空监视系统，并形成全球一体化的防空、反导、防天作战能力。

二是深化空天防御作战控制理论研究。美国空军少校 E.拉普顿撰写的《论空天防御作战：空天防御力量学说》（1988 年）中提出了空天防御作战控制理论，主张空天防御是独立于陆海空三种传统作战介质之外的另一种介质，认为打赢空天防御作战是确保其他介质军事行动必不可少的前提，空天防御是军事行动的主战场，可以决定和影响其他介质中的作战行动；美国应当加速发展导弹防御系统，积极推动空天防御的完全军事化。2001 年至今，美国几届政府都把"控制空天防御"作为 21 世纪美国国家安全和军事战略的重点，积极开展航天空间、临近空间控制作战理论研究，不断完善空天防御战略规划，加速推进空天防御作战指挥控制体系建设进程。

三是深化"三空"理论研究，突出一体化联合空天防御作战研究。美国在称霸世界、打击那些"不听话"国家的同时，为防止这些国家对美国本土或海外基地的打击，重视研究发展美国本土、欧洲、亚太及世界其他区域等不同地区、不同层面的空天防御作战理论。未来，美军将继续完善"空地一体战"、"空天一体战"、"空海一体战"理论,其防御措施更具操作性、目标更具针对性。美军的"空地一体战"把对象瞄准了类似伊拉克那样的国家,"空海一体战"把矛头直指"亚太地区的区域性对手","空天一体战"则瞄准了全球范围内美军认为的所有战略对手。

2. 俄罗斯空天防御作战理论发展趋势

在空天防御作战理论方面,俄军根据《俄组建国家空天防御系统构想》、新版《俄联邦军事学说》等纲领性文件,大力推进俄罗斯空天防御系统建设,在空天防御作战理论上积极深化探究,不断注入新内涵。其发展趋势主要有:

一是在空天防御作战观念上,进一步明确"国家空天防御系统"的地位作用。强调只有构建战略核遏制力量、高精度武器装备和可靠的"国家空天防御系统"三位一体的作战体系结构,才能保障俄罗斯"现实遏制"军事战略的实现。

二是在空天防御作战对象上,确立了以美国为首的北约军事集团为主要作战对象。为此,不断深化研究对付北约军事集团特别是美国空天袭击的国家空天防御作战理论,明确重点防御的空天袭击武器是来自其西、西北和西南方向的陆基洲际导弹、海基洲际导弹和空基战略巡航导弹。

三是在空天防御作战体系的使用上,将突出"层层设防"、"补充拦截"的战法理论研究。根据相关规划,在 2017 年前,俄军将重点研究"国家空天防御系统"抗击战略、战役、战术弹道导弹的作战应用理论;2018 年后,俄军将在以往研究的基础上,重点研究防御美国天基激光武器袭击的理论。

四是空天防御作战指挥上,将继续论证、深化对国家防空、反导、防天力量统一指挥、控制协调等作战指挥应用理论,进一步明确空天防御作战样式、作战力量的职能、任务、使用时机等。主要观点是:强调集中统一指挥下的多军种参加的联合作战,逐步完善指挥控制机制;认为传统力量与新兴力量相互协调配合,涉及时域、空域、频域等多种领域,只有战略性、权威性的顶层指挥机构才能掌握全局,并有效地指挥控制诸力量进行合力打击;任何一种力量既不能单独实施对作战全局的统筹指挥,也不能仅以传统的方法实施指挥控制。

五是在体制编制上,着眼空天防御作战需求,大力推进体制编制改革,在

2011 年组建空天防御兵和体制编制改革成果的基础上，继续深化研究调整新的编制，积极推进新的模式机制改革，不断完善空天防御作战条令等。

二、信息时代空天安全的战略需求

国家空天安全的战略需求，是指由国家安全形势和任务所决定的国家在空天安全能力和安全体系等方面的总体需求。随着国家利益向海洋、太空和信息领域的拓展，国家安全的领域不断扩大，国家安全需求随之增长。空天安全战略需求作为国家未来空天战略指导理论体系的重要组成部分，是国家空天力量运用和建设发展的基石，是国家空天防御体系发展建设的根本指导和宏观需求依据。

（一）国家空天安全的结构需求

根据所涉及的主要空间和领域，国家空天安全体系由航天安全、航空（含临近空间）安全、地（海）面安全、空天信息安全和网络安全等构成。其基本要素见图 7-1。

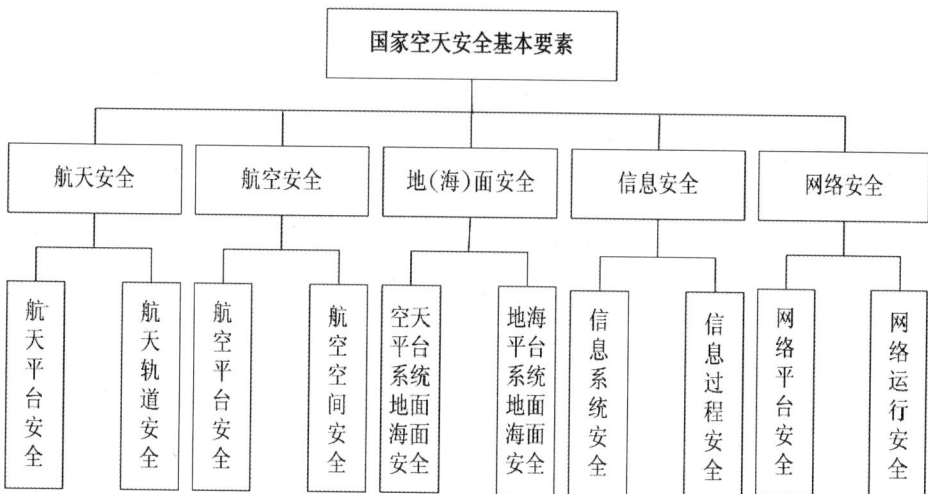

图 7-1 国家空天安全构成基本要素示意图

1. 航天安全

航天安全，是国家空天安全利益在外层空间的体现，包括航天器运行轨道安全和航天器自身安全两个方面。经略太空，是国家战略利益拓展的需要。

（1）航天轨道安全

航天轨道安全，是指在距离地球表面 100 千米以上，国家航天器运行轨道空间范围的安全。在此空间范围内，具备阻止、消除敌方航天器的进入和威胁，或对敌对各类航天器实施干扰、破坏或摧毁的能力，使己方各类航天器能够自由地、不受干扰地执行各种任务。

航天轨道安全是国家在轨航天器安全运行的直接条件，是国家空天安全乃至国家安全的"制高点"，也是确保国家空天安全的要素之一。

（2）天基平台安全

天基平台安全，是指国家各类在轨航天器具备较强的自身安全能力，处于稳定运行的状态，能够顺利地遂行各项航天任务。

为了满足国家利益向外层空间拓展的需求，近年来发达国家发射航天器的种类和数量日益增多。鉴于航天器在战略上的重大价值和在安全上的脆弱特性，如何保障天基平台的安全运行，成为具备航天能力的国家普遍关注的问题。天基平台安全是国家空天安全的必要要素。

2. 航空安全

航空安全，主要包括航空空间安全和空基平台安全两个方面，它是国家空天安全利益在航空领域的具体体现。

（1）航空空间安全

航空空间安全，是指国家拥有的领土（含领陆、领海、海洋专署经济区）水平空间以上，至垂直高度 100 千米以下空间范围的安全，是敌对双方航空飞行器实施干扰与反干扰、摧毁与反摧毁作战的主要区域，同时也是航天器的安全通道和航天器顺利升空的第一个关口。

航空空间是连接地表与航天空间的战略中介。随着世界军事航空力量的发展，航空战场的地位和作用增大，地表以上的航空空间已经成为国家安全的重要屏障，空中安全已经成为国家安全的主要标志。因此，发展空中安全力量，提高空中安全能力，成为国家安全体系建设面临的重大任务。

临近空间作为航空空间的重要组成部分，以其独特的地理位置和重要的军事价值，日趋成为世界主要国家竞相开发和利用的重要领域。对临近空间的强烈与迫切的需求，使得世界各国在建设空天防御时，需要将临近空间安全纳入到国家空天安全体系建设之中。

（2）空基平台安全

空基平台安全，是指己方飞行在航空空间（含临近空间）的各类航空器、浮空器具备较强的安全能力，能够在遂行各种任务时处于安全、稳定、高效运行的状态。

随着航空技术的飞速发展，航空战场地位凸显，航空力量作用与日俱增。在航空空间遂行攻防作战和支援保障任务的各类飞行平台，既是军事大国用于空对地打击的直接手段，也是世界各国普遍关注的战略对象和首先"瞄准"的重点目标。航空作战平台的安全问题是确保空中交战任务完成的重要因素。

3. 地面系统安全

空天平台地面系统及地面防空反导系统安全，是指国家航空、航天平台的地面指挥控制系统、起飞（发射）基地、技术装备保障体系以及由地空导弹、高炮、雷达及其阵地构成的地面防空反导体系等不受干扰、不被破坏或摧毁，持续、稳定、高效运行的状态。空天平台地面系统及地面防空反导系统安全，是国家空天安全利益在地面相关区域的具体体现。由于地面系统起着或发挥着对空天平台的支撑作用和"盾牌"作用，往往成为敌首先攻击的目标。因此，空天平台地面系统及地面防空反导系统的安全建设，是国家空天安全体系建设的要素之一。

4. 空天信息安全

空天信息安全，是指空天信息网络的硬件和软件具备较强的安全能力，包括信息过程安全和信息系统安全两个方面，是国家空天安全利益在信息领域的具体体现。

（1）空天信息过程安全

空天信息过程安全，是指国家空天信息系统具备一定的安全能力，确保空天信息在获取、传输、处理和使用过程中处于实时、准确、稳定和高效运行的状态。由于信息具有易传播、易扩散、易毁损的特性，以及在组织管理、基础设施等方面固有的薄弱环节，使得信息系统更加脆弱，随时面临着被泄露、被更改和被破坏的风险。因此，确保空天信息的准确性、完整性、机密性、可用性和可控性，已成为保障国家空天安全体系的重要内容。

（2）空天信息系统安全

空天信息系统安全，是指由空天信息支持系统、空天指挥控制系统、空天信息作战系统、空天拦截打击系统和空天支援保障系统所构成的一体化空天信息系统具备抵御各种侵害的能力，能够在遂行空天防御任务时处于连续、稳定、高效工作的状态。空天信息系统安全是国家空天安全体系的重要组成部分。

（二）国家空天安全的体系需求

空天安全体系以空天武器装备系统为核心，以信息系统为基础，是形成和提高空天安全能力的关键，主要包括信息支持系统、攻防交战系统、防护防卫系统、指挥控制系统和综合保障系统等。国家空天安全体系构成需求如图7-2所示。

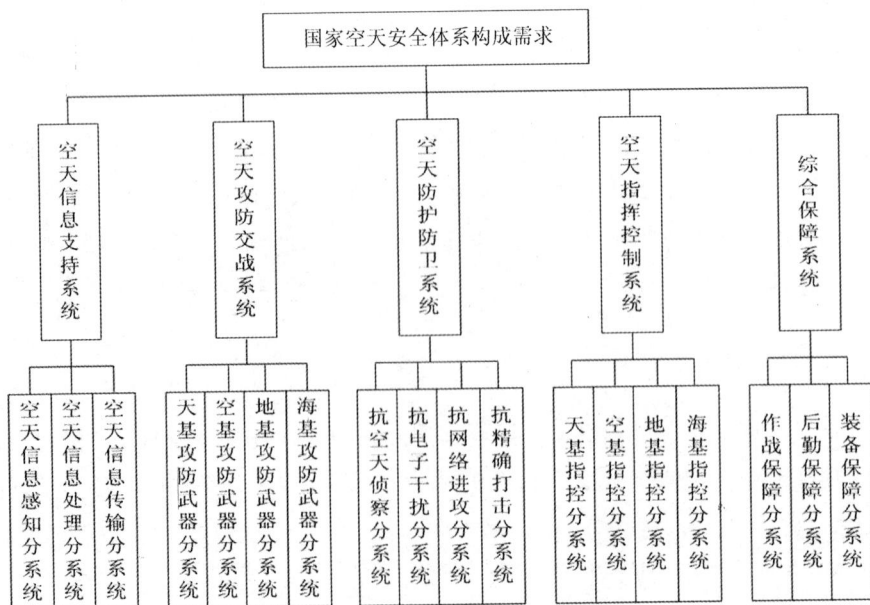

图 7-2 国家空天安全体系构成需求示意图

1. 空天信息支持系统

空天信息支持系统，是指由太空侦察、预警、通信、导航定位和测绘气象等军事卫星系统，预警机、侦察机、无人侦察监视飞机等空中平台，以及地面雷达网、预警指挥网等组成的空天地（海）一体化的综合信息系统。国家空天安全对空天信息支持系统的需求是集预警探测、侦察监视、指挥控制和电子对抗于一体，能够实现对天基、空基、地（海）基作战武器系统（单元）的无缝链接。具备实时探测来自各个方向的威胁目标，并准确提供威胁目标信息，以满足拦截武器对各种空天信息的需求。

2. 空天攻防交战系统

空天攻防交战系统，是指由相互联系、功能互补的各种空天进攻和空天防御武器装备，按照体系作战原则而综合集成的有机整体。对空天攻防交战系统的基本需求是：构建完备的进攻和防御装备系统，具有全维空间、全天候、全时域的一体化反击和拦截打击能力。

3. 空天防护防卫系统

空天防护防卫系统，是指包括伪装、防护和电子对抗等手段在内的，能够有效防御敌"软杀伤"和"硬摧毁"的综合性防御系统。对空天防护防卫系统的基本需求为：具备较强的抗电子干扰和网络攻击能力，能够抵御来自太空、空中和地面（海上）的敌人对信息系统实施的各种火力打击、电磁破坏和信息渗透；具有通过加固、伪装、机动等手段，避免或削弱敌空天袭击造成损失的能力。

4. 空天指挥控制系统

空天指挥控制系统，是指由天基、空基、地基、海基指挥控制分系统构成的网络化指挥控制系统。它是国家空天安全体系的"神经中枢"，可为国家空天安全活动提供可靠、实时、高效的智能化决策支持和自动化武器控制，是保障信息优势和决策优势的基础，是发挥空天安全体系整体效能的关键系统。对空天指挥控制系统的基本需求是：空天指挥控制系统与攻防武器系统无缝铰链，具备对武器系统的高效控制能力，能够为空中进攻、防空防天和空降作战提供稳定可靠的指挥控制手段，可以实现全维战场感知，形成决策优势。

5．综合保障系统

综合保障系统，是指由空天作战、装备、后勤保障分系统组成的综合性支援保障系统。国家空天安全对综合保障系统的依赖性很强。具体需求是：具有可担负情报侦察、指挥控制、定位导航、航空管制、通信、气象等方面保障任务的一体化作战保障分系统；具有可担负对空天安全活动和装备实施调配、维护、修理、改装、检查等任务的高效装备保障分系统；具有为空天一体作战提供物资、生活、卫生、运输保障等任务的高效后勤保障分系统。

三、信息时代空天防御的作战需求

作战需求牵引空天防御作战体系建设。信息时代空天防御作战需求突出表现在空天防御作战理论需求、空天防御作战能力需求、武器装备铰链需求三个方面。

（一）空天防御作战理论需求

空天防御作战理论需求，是指对指导空天防御作战的理论创新发展与深化研究的需求。先进的军事理论是军队战斗力的重要组成部分和灵魂。信息时代的空防对抗，不仅是信息、火力的对抗，更是作战理论创新和谋略智慧的激烈较量。空天防御作战作为一种全新的作战样式，更加迫切需要创新的作战理论来牵引。建立先进、科学的空天防御作战与建设理论体系，需要从以下几个方面入手：

一是深化空天防御作战基础理论研究，准确把握信息化条件下空天防御作战规律、指导规律、力量建设和使用规律。

二是深化空天防御作战技术理论研究，从总体上研究信息化条件下空天防御技术及其与其他理论和实践的关系，包括空天防御作战的基础技术、主体技术、应用技术等。

三是深化空天防御作战应用理论研究，揭示信息化条件下空天防御作战各种具体实践的特殊规律，包括空天信息作战、空天抗击作战、空天反击作战、空天防护防卫作战等应用理论，为空天防御作战提供直接的理论依据。

四是通过理论创新，不断完善空天防御作战理论体系。与其他作战理论一样，空天防御作战理论也是不断发展变化的，空天防御作战理论体系的形成和完善同样需要长期不断地大胆创新。

五是检验空天防御作战理论。空天防御作战理论尽管需要科学技术和武器装备的支撑，但掌握了先进的装备技术并不等于掌握了先进的作战理论，也并不表明已有的作战理论是正确的，还需要经过演习、仿真试验等进行验证，并最终接受实战的检验，尤其在和平时期更加需要非战争手段的检验和校正。

（二）空天防御作战能力需求

空天防御作战能力需求，是指空天作战力量在遂行保卫空天安全任务时必须具备的能力需求，由空天信息作战能力、空天进攻反击能力、空天拦截交战能力、指挥控制能力、综合保障能力等五种核心能力构成，是一个攻防兼备的一体化的空天安全能力体系，总体构成见图7-3所示。

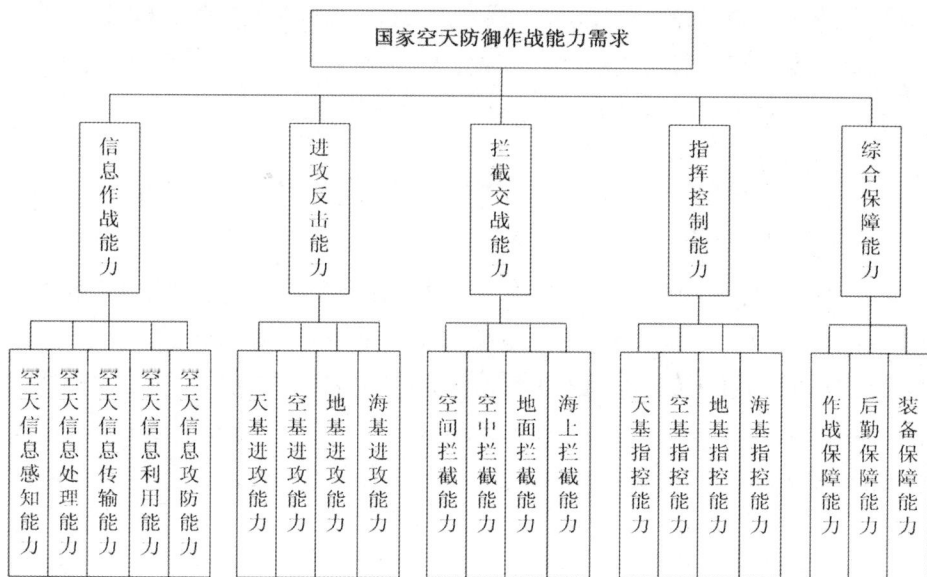

图 7-3 国家空天安全能力需求的总体构成

1. 空天信息作战能力

空天信息作战能力，是指空天信息系统在遂行空天安全任务时的信息对抗能力及对其他作战力量实施信息支持的能力。根据国家空天安全的任务范围，空天信息作战必须在全维战场空间内具备态势感知、信息处理、信息传输、信息利用和信息攻防等能力。

2. 空天进攻反击能力

空天进攻反击能力，是指空天进攻（反击）力量以主动进攻的方式遂行空天打击任务的能力。强大的空天进攻（反击）作战力量，是打击敌空天袭击源头纵深目标和空间军事目标的必要力量，是保障国家空天安全的重要前提，必须拥有空对地、空对天、天对空、天对地、地对地等作战能力优势。

3. 空天拦截交战能力

空天拦截交战能力，是指在遭遇空天进攻威胁时，空天防御作战力量实施空天拦截交战的能力。可靠的空天拦截交战能力，是保障国家空天安全的重要条件。空天拦截交战能力的主要需求是：在空天信息系统支持下，能够对来袭的敌方飞机、弹道导弹、巡航导弹、高空无人机、临近空间飞行器和空天飞机、轨道轰炸机等空天目标实施有效拦截和打击；能够有效防止敌方实施信息侦察、干扰和攻击，特别是要具备对己方重要目标和地区以及空天防御系统自身等目标实施有效掩护的能力。

4. 指挥控制能力

空天作战指挥控制能力，是指空天作战指挥控制系统在遂行空天安全任务时，对空天安全力量实施指挥与控制的能力。统一指挥和运用天基、空基和地基作战系统和力量要素，是对空天指挥控制能力的基本要求。因此，应当具备对航空航天进攻作战力量、空天防御作战力量、空天信息支援保障力量实施统一指挥、有效控制和密切协同的能力。

5. 综合保障能力

综合保障能力，是指空天安全保障系统对空天安全活动实施作战勤务、装备技术、后方勤务、防护防卫等综合保障的能力。综合保障是空天安全活动不可分割的有机组成部分，不仅制约着空天安全能力的生成、发挥和保持，而且影响着空天安全战略与策略的制定和运用，甚至影响到空天安全活动的进程和结局。因此，应当具备快捷、安全、准确、可靠的作战、装备、后勤、防护等一体化综合保障能力。

（三）空天武器装备铰链需求

空天武器装备铰链需求，是指构建一体化、网络化空天防御武器系统所需的信息铰链、网络铰链需求。信息时代，从单件武器装备到各级各类的数据处理中心和战斗的各个层面都离不开计算机，每一种武器系统都要依靠电子信息设备保证其性能得以充分发挥。为此，要求空天防御武器装备必须实现一体化，即实现空天防御拦截交战武器系统与预警探测系统、指挥控制系统的无缝铰链。其主要需求包括以下两个方面：

1．信息铰链需求

随着信息化的深度推进，信息铰链需求更加迫切和重要，主要需求见表7-1。

表7-1 信息铰链需求

铰链项目	内容
平时敌情动态	主要作战对象的作战思想、指挥体系、兵力规模、空袭样式、空袭兵器、兵力部署、保障基地等。
平时我情动态	防空作战指导思想与原则、指挥体系、兵力规模、武器装备、兵力部署、作战计划（方案）、协同计划、保障方案等。
战略预警信息	平时，根据安全威胁程度向相当级别的指挥机关发送，战时发送到空天防御作战部队所有指挥机关和部队。
战场实时信息	以图、表、数据、文本文件、语音等形式通过数据链、有线和无线网络发送。以实时综合态势信息为主，同时发送到作战单元（雷达站、战斗机、地空导弹火力单元、电子对抗分队）。

（续表）

铰链项目	内容
指挥控制信息	调整兵力部署、指挥部队作战行动、控制作战节奏、协调各种空天防御作战力量统一行动强制信息。指挥控制信息通过指挥控制网、基础通信网向各级指挥机关下达指挥、控制、协同指令信息。指挥控制信息发送，通常以各种类型的指令为主，以图、表、文字为辅。
协同作战信息	协调编成内反导、防空、反击、信息作战力量展开行动。以计划协同为主，作战过程中通常以数据、图、表、语音为主，通过信息网络发送。

2. 网络铰链需求

无缝隙的网络化系统对遂行一体化空天防御作战行动十分重要。通过构建信息化空天防御作战网络，使预警探测系统、指挥控制系统、基础通信系统与拦截交战系统联成一体，以适应打赢未来信息化条件下空天防御作战的需求。

（1）与战略预警系统铰链。拦截交战网与战略预警系统联网，需要通过天空、天地、空空、空地、地空数据链以光缆等多种方式进行端对端铰链。

（2）与指挥控制系统铰链。将指挥控制系统与空天防御武器火力单元通过有线、无线网络进行端对端铰链，形成网络化的作战指挥能力，满足空天防御快速反应需求。

（3）与基础通信系统铰链。空天防御各种信息和指令依赖完善高效的基础通信系统的支撑。实时信息的高效传送需要基础通信系统与侦察预警系统、指挥控制系统和拦截交战武器系统进行点对点的网络铰链。

四、信息时代空天防御体系的技术需求

科学技术是决定战争及其向何处发展的基础因素。信息时代空天防御体系的技术需求，主要包括支撑技术、基础技术和前沿技术等。支撑技术是指体系建设和装备研制所需各类关键技术，基础技术是指装备研制中涉及到的通用和共性技术，前沿技术是指具有前瞻性、先导性和探索性的重大技术。

（一）支撑技术

支撑技术主要包括：武器系统总体技术、动能拦截器总体技术、先进战斗部与高效毁伤技术、制导控制技术等。

武器系统总体技术。主要是发展武器系统总体优化设计技术、信息链和精度链技术、抗电子干扰技术、数据融合技术、人工智能技术、战技指标分配技术、系统集成与试验技术。

拦截器总体技术。主要是发展针对临近空间、大气层外目标的动能拦截器等关键技术。

先进战斗部与高效毁伤技术。主要是发展可变形定向战斗部技术、电磁脉冲战斗部技术、制导与引信一体化技术以及高速目标、隐身目标、自适应引战配合技术等。

制导控制技术。主要是发展侧喷干扰条件下拦截器姿态控制、高精度制导控制、多模复合制导控制等关键技术。

（二）基础技术

基础技术主要包括：仿真技术、惯性测量和导航技术、先进气动技术、成像探测器件技术、先进材料技术、先进制造技术、电子元器件技术等。

仿真技术。主要是异地/异构分布式联合仿真技术、高性能并行仿真技术等。

惯性测量和导航技术。主要是惯性测量装置快速启动技术、全温度和恶劣环境条件下的高精度设计技术、大动态扰动下动平台导航系统快速准确初始对准技术等。

先进气动技术。主要是高速飞行侧喷干扰效应、气动光学效应流场精确预测技术，基于直接力/气动力复合控制导弹气动布局设计技术等。

成像探测器件技术。主要是针对各类防空反导红外光学制导设备的需要，所需攻克的中波、长波红外凝视焦平面探测器批生产工艺技术，中波/长波共焦面红外探测器技术，以及中规模紫外焦平面探测器技术等。

先进材料技术。针对防空反导导弹的需求，突破高强耐热铝、镁、钢等新型金属材料的应用技术，轻质结构复合材料的成型、检测技术等。

先进制造技术。主要指针对防空反导武器系统高精度、高机动、结构轻质的需求，所需突破的新型轻质导弹弹体、导引头、制导雷达、姿轨控发动机等关键核心构件精密加工与装调技术，以及高性能高可靠微组装与系统级封装技术。

电子元器件技术。主要指电子元器件小型化、系列化、标准化和模块化技术，高抗振和抗强冲击小型晶体元器件技术，小型高基频石英谐振器技术，低相噪、宽压控、低老化晶振、微波铁氧体器件极化和变极化技术，微波铁氧体器件小型化组件技术等。

（三）前沿技术

前沿技术主要包括定向能空天防御技术、新型拦截弹技术、新型动力技术、新型探测技术等。

定向能空天防御技术。主要指激光波束智能高精度控制技术，电磁脉冲武器技术等。

新型拦截弹技术。主要指低成本动能拦截弹技术、弹族化防空反导导弹技术，智能导弹技术等。

新型动力技术。主要是发展新型多级、大流量、轻质化热燃气增压技术，推力可调、快响应姿轨控发动机技术等。

新型探测技术。主要是发展分布式阵列相参合成雷达技术，以宽禁带 T/R 模块、光控光馈 MEMS 为基础的新型相控阵雷达技术，超长波红外、亚毫米波焦面探测器技术和太赫兹探测技术等。

五、信息时代空天防御体系建设的理论思考

空天袭击与空天防御的对抗是信息时代战争的主要形态。数十年来，美、俄在加强空天袭击作战力量建设的同时，从来没有停止过反导武器、反卫武器等防空防天系统的研发，建成了世界上最为庞大和先进的空天防御体系，一定程度打破了进攻与防御的"平衡"。因此，加强国家空天防御体系建设，对遏

制危机、控制战局、赢得战争、维护和平、保障国家发展战略和军事战略的实现，以及保卫国家空中和空间安全等，都具有十分深远的战略意义和现实意义。

（一）充分认清空天防御力量的战略地位

首先，空天防御力量是信息时代国家安全利益的基本保障。20世纪90年代以来的局部战争，无一例外地显示了空中和空间利益与国家安全、国家利益之间的内在关联；空天防御极大地影响乃至决定着战争的进程和结局，关乎国家命运和发展。在伊拉克战争、科索沃战争、阿富汗战争中，以美国为首的多国军队凭借强大的空天力量，在先机取得制空天权、制信息权情况下，以绝对的战场优势和能力优势赢得了战争主动权、控制权和最后的胜利。谁掌控了航空空间和太空，谁就掌控了陆地和海洋。一体化空天防御力量建设是信息时代国防建设的关键，是维护国家安全和利益的基本保障。

其次，空天防御力量是打赢信息化条件下高技术战争的物质基础。局部战争的实践业已表明，空天袭击已经成为霸权主义国家推行其强权政治的主要手段。无天便无空，无空便无防。空天防御作战在未来的反侵略战争中将首当其冲并贯穿始终，极大地影响着反侵略战争的全局，直接关系到战争的进程和胜负。而空天防御武器装备是实施空天防御作战的物质基础，由武器装备和人构成的空天防御作战力量是实施空天防御作战的主体。舍此，空天防御作战将无从谈起。

第三，空天防御力量是战略威慑的重要手段。威慑是军事战略或安全战略的重要组成部分，是和平时期空防斗争的重要手段。能战方可言和，能战才能拥有打胜信息化条件下局部战争的"准入权"，才有维系国家领土完整、维护国家安全和利益的资本。威慑力要靠强大的军事实力说话。作战力量的高可信度　强大的军事实力是形成威慑的基础。没有强大的空天防御力量，就不能形成有效的空天作战能力，威慑就是一句空话。因此，实施国家空天防御力量建设，提高防空反导反卫威慑能力，对达到"以备止战"的威慑目的具有重要意义。

（二）坚持正确的空天防御体系建设指导

信息时代的国家空天防御体系建设，是一个巨大的系统工程，必须以打赢信息化战争为总目标，从顶层设计抓起，以反导反卫作战系统建设为牵引，带动空天防御装备体系建设整体推进，要借鉴国外先进经验，立足国情，创新理论，突破关键技术，跨越式发展，坚持"系统集成、结构优化、性能可拓、自主研发"的建设原则。

1. 系统集成原则

信息时代的空天防御作战涵盖陆、海、空、天、电、网等多维空间，是诸军（兵）种空天防御力量和人民防空力量密切配合的一体化行动，作战效能的发挥依赖于预警探测系统、指挥控制系统、拦截交战系统、综合保障系统、防卫防护系统的整体运作，空天防御体系建设必须坚持系统集成原则。

系统集成原则，是指按系统论的要求和综合集成的规范，统筹谋划，走体系发展的道路，使空天防御体系各个系统有机联系、形成整体，从而获得空天防御体系整体功能的最优化。首先，空天防御体系建设必须服从并服务于国防建设的总体目标，站在国防建设全局的高度统筹谋划。其次，以体系建设总目标统揽各分系统建设。空天防御体系中各系统的建设要协调配套发展，注重整体功能优化，减少"短板"、杜绝"缺项"。再次，以作战需求为牵引，搞好顶层设计，立足网络化、一体化、信息化的要求，突出体系的交互性和兼容性，确保不同作战系统互联互通、信息共享和整体运作。最后，在技术实现上，实行统一的标准和规范，注重软、硬件的兼容性，逐步实现各类装备系列化、标准化、模块化。

2. 结构优化原则

结构优化原则，就是根据结构学原理和空天防御作战需求，科学设计空天防御体系结构，使空天防御体系各组成部分按最优化方案构成一个有机整体。坚持结构优化原则，就是实现空天防御体系结构的最优化、体系功能的最强化、体系蕴含能量的最大化。

第一，必须确立信息主导的观念。从建设陆、海、空、天一体化空天防御体系的总要求出发，依据空天防御作战的基本模式和规律，筹划空天防御体系构架，科学把握空天防御体系各分系统之间的关系。侦察预警系统是前提，指挥控制系统是核心，通信系统是基础，拦截交战系统是关键。

第二，必须确立跨越式发展的思路。首先，要突出地基、空基、临近空间、天基预警探测系统建设，突出信息对抗系统建设、信息系统的互通互联建设等；其次，在指挥系统建设方面，既要建立适应信息化、一体化空天防御联合作战的指挥体制，又要着力发展一体化、智能化 C^4I 系统，适应指挥控制战的需求；再次，拦截武器系统建设上，要突出反导、反隐身、反卫、反巡航导弹等武器系统建设，优先发展动能、定向能、信息战、反辐射攻击、网络战等新机理武器。

3．性能可拓原则

性能可拓原则，是指空天防御体系建设要体现开放性、适应性和前瞻性，以保证体系性能的可提升性和体系功能的升级及时性。

信息化条件下的空防斗争不是一成不变的，它将根据作战需求的变化和科学技术的发展而不断调整对抗方式和对抗手段。因此，空天防御体系建设要坚持体系的开放性、前瞻性、适应性原则。所谓开放性，是指空天防御体系在技术上实现标准化和系列化发展，可根据需要嵌入新技术，实现功能拓展和各种战技指标的提升。所谓前瞻性，是指空天防御体系建设要时刻追踪相关理论、技术、应用的发展趋势，提前开展相关技术的预研，进行必要的技术储备。坚持性能可拓原则，重点是适应性。所谓适应性，是指空天防御体系建设要符合国情军情，符合作战需求，符合战法需求，具有本国特色。一是与本国的国情、军情等客观条件相适应。既要立足现实基础，又要着眼未来可能发展，最大限度地提高空天防御体系建设效益。二是与未来信息化条件下空天防御作战需求相适应。不能立足于过去和现在发生的战争进行空天防御体系建设，而应着眼信息化空天防御作战的趋势，准确判断国家空天防御作战对象的总体实力和可能采取的空天袭击作战样式与作战手段，进而确定空天一体防御作战体系建设的总体目标、阶段目标和具体目标。三是与军队信息化条件下新的作战思想相适应。空天一体、体系对抗、信息对抗、联合作战、攻防兼备等，是信息时代的作战理念，空天防御体系必须与之相适应。

4. 自主研发原则

自主研发原则，是指在空天防御体系建设中，注重空天防御体系装备特别是信息系统软、硬件的国产化，以拥有自主知识产权的核心技术研发"撒手锏"装备。

一是以信息技术为核心，引领其他相关技术的研发。尤其是关键技术的研发需立足独立进行，以防止受制于人。二是空天防御体系的构建必须保持自主性和独立性。包括预警探测系统、导航定位系统、数据链系统、信息对抗系统、指挥控制系统、拦截交战系统等关键系统在内，要立足自行研制。三是要善于利用国内外最新研究成果，借鉴国外成功经验，建设具有本国特色的空天防御体系。

（三）把握空天防御力量建设的关键环节

1. 确立国家空天防御力量建设的发展战略

空天防御力量建设的发展战略是一种科学规划、视野广阔的全局性蓝图，是确立空天防御力量建设目标、指导体系建设有序推进的基本遵循。发展中国家或空天防御力量建设薄弱的国家，应当秉承"局部跨越、整体协调"发展战略，以应对日益严重的空天威胁。局部跨越，是根据国情、军情和国际形势可能发生的变化，坚持"非对称"作战需求和发展思路，集中时间、财力、人才、技术，不断实现空天防御力量的局部跨越。整体协调，是按照统一的部署，在不断吸纳先进作战思想、先进科学技术的同时，以"撒手锏"装备带动其他装备的同步发展，逐步完善国家级的空天防御力量整体功能，形成应对空天威胁的作战能力和威慑能力。确定"局部跨越、整体协调"战略，要做到以下几点：

（1）坚持"有所为、有所不为，有所赶、有所不赶"，切忌采取"跟随式"和常规发展模式，亦步亦趋、简单模仿。

（2）全面分析可能面临的空天威胁、战场环境和担负的战略任务，以及可能的经济投入、科技发展水平及现实基础等，确定符合本国本军实际的空天防御力量建设目标。国家空天防御力量建设必须与国家军事战略和总体发展战略相适应，与军队信息化建设目标相协调。空天防御力量建设的目标应包括：建立适应以天制空需要的、能够自主使用的一体化预警探测力量，建立适应防空天作战需求和复杂战场环境的指挥控制系统、拦截打击武器系统、综合保障系统，建立适应全民防空需要的人民防空系统。

（3）明确空天防御的作战需求，致力于核心技术的突破。按照跨越式发展的思路，坚持"引进、消化、吸收、创新"，把技术创新、理论创新、体制创新与手段建设创新紧密结合起来。在装备发展上，注重发展实现国家空天防御战略所需的"撒手锏"武器装备，包括对敌空天 C^{4}ISR 系统实施打击的软硬摧毁手段；注重发展空天防御侦察预警系统中的远程被动雷达、合成孔径雷达、多功能雷达、新型预警飞机、临近空间侦察飞艇、红外预警卫星、导航定位卫星等；注重发展拦截打击武器中的激光武器、动能弹武器、远程地空导弹武器、远程反辐射导弹等。

2. 统筹规划空天防御力量建设

空天防御力量是遂行空天信息作战、空天抗击作战、空天反击作战的基础。规划空天防御力量建设，应从国家战略全局出发，依据作战需求，充分考虑国防科技实力和国民经济承受能力，按远、中、近期分阶段和按空天防御任务各个层次要求，提出不同的发展目标和具体建设要求。近期规划主要突出复杂电磁环境下反弹道导弹、反巡航导弹和反隐身飞机作战，对现役防空系统进行系统集成、升级，完善战区级空天防御体系；中期规划建成以反导作战为主体的国家级防空、反导作战力量；远期要建成防空、反导、反卫一体化的国家级空天防御力量。由于空天防御力量发展规划具体指导空天防御力量的全面建设，必须科学论证，综合评估，以保证其科学性和操作性；同时，应充分考虑未来空天防御作战的技战术水平，突出重点，整体推进。

（1）在空天防御力量的全面建设上，以大区域防空防天组织系统为主，兼顾野战防空和人民防空组织系统建设，重点解决涉及预警探测、指挥控制、拦截打击、综合保障等系统的"短板""缺项"问题。一是走空天合一的发展模式，扩大防空防天力量规模，建立天军（兵）部队，组建网络战、心理战特种部队；二是推进新型武器装备建设，发展红外预警卫星、临近空间预警平台、远程导弹预警雷达，研发新型预警机，增加先进战机和先进地空导弹比例，开发研制动能武器、激光武器，研发新一代电子干扰、GPS干扰装备；三是调整空天防御力量结构，按照预警探测网、信息传输网、指挥控制网和拦截交战网等相互铰链的网络力量进行整体建设，构建网络化的空天防御作战力量；四是优化空天防御力量的空间布局，将传感器、通信、数据处理等资源的管理和控制功能分布式配置于地面、海上、空中、临近空间和外层空间；五是优先发展重点地区——首都地区和重要战区的空天防御力量建设，以局部优势推动全面发展。

（2）在空天防御力量体制编制改革上，突出模块化、一体化、简约化及联合化。一是作战部队横向一体化、功能结构模块化，以适应空天防御力量的集成使用和整体作战效能提升的需要；二是指挥模式由树状结构转向扁平网络结构，简化指挥层次，提高指挥控制效能，适应诸军（兵）种联合作战的需求；三是在理顺部队编制和指挥体制基础上，处理好平时部队的编制、管理体制、训练体制与战时指挥体制、作战编成之间的关系，优化战斗力生成模式，确保战训一致。

（3）在空天防御力量人才队伍建设上，抓好指挥机构、工程技术及重点操作岗位等人员的培养。一是指挥决策和管理控制人才建设，主要是各级各类指挥员，以及直接从事空天防御作战谋划的参谋人员；二是工程技术人才建设，主要是空天防御力量装备技术论证研发队伍和保障队伍，尤其是空天防御信息系统和数字化空天防御武器系统的研发人才、部队各类武器装备使用维护人才、信息网络运行管理人才；三是信息攻防人才建设，如能够对敌方信息网络进行破坏，甚至操纵对方信息媒体的"黑客"，能组织空天防御信息攻防对抗的复合型电子信息人才；四是数字化士兵，尤其是直接操作装备的战斗员。

（4）在空天防御力量装备发展上，需重点解决看得见、跟得稳和打得准的问题。一是要加速研发能提供足够预警时间和目标指示的预警探测系统，如大型超视距雷达、大型相控阵雷达、高空侦察机以及侦察卫星等。二是要加速研发新型防空反导武器系统。第四代地空导弹、动能拦截武器和激光武器拦截的作用距离远，作战效能高，是反导、反卫和防空作战的"撒手锏"，应重点发展。

（5）在空天防御战场建设上，重点围绕阵地工程、防护与伪装工程、指挥控制网、通信网、技术保障网、联勤保障网等进行切合实际的规划、建设和管理活动。一是构建空天防御阵地工程网，包括由永备机场、野战机场、公路跑道和垂直起降场构成的机场网，由地空导弹、雷达、高炮等构成的地面防空阵地网及其伪装防护设施；二是完善由空间、空中和地面指挥、引导机构构成的稳定可靠的指挥平台网；三是建设由通信与导航卫星、预警机、临近空间飞行器、中继飞机、地面通信台（站）和导航台构成的通信网和导航网；四是构建由气象卫星、气象中心（室、台、观测站）构成的气象网；五是完善由战略、战役后方基地和战斗保障机构构成的和由修理厂（所）、技术仓库、保障点构成的技术保障网、后勤保障网。

3. 加强顶层设计，统一技术标准

空天防御力量建设应以国家总体防御构想为指导，充分考虑联合抗击空天袭击作战特点，按照一体化、网络化、信息化建设的要求，开展空天防御体系的顶层设计，研究力量结构，分析功能组成，预测作战能力，验证评估作战功能，使空天防御预警探测系统、指挥控制系统、拦截交战武器系统与基础通信网络系统无缝铰链。

在国家级、军队级军事信息系统发展规划与建设标准的基础上，构建覆盖空天防御力量全要素的总体框架，统一信息格式、技术标准、网络接口，依托军民技术和人才力量构建空天防御力量。

基于信息网络技术，突出重点项目。信息化、网络化技术是空天防御力量的基础和核心，是实现防空反导反卫武器系统与其他系统互联互通的前提。因此，要将信息化、网络化思想贯穿于空天防御力量建设的方方面面，以信息化、网络化的思维搞规划，以网络为中心搞建设。数据链建设是武器铰链的重点项目，对已有的数据链，重点进行能力提升与拓展；对在研或待开发的数据链，进行统筹设计、独立研发、创新建设。

学习借鉴相结合，成果为我所用，走创新发展之路。世界军事强国特别是美、俄在空天防御力量建设方面已有很多好的经验、方法值得学习和借鉴；对国内分散的研究成果，有针对性地梳理和筛选，重点进行技术移植、嫁接和创新。

通过采取科学的方式和先进的技术手段,空天防御力量建设应努力实现"四个转变":一是武器装备系统结构由相对独立型向一体化转变;二是战略情报信息处理由空白、概略、延时向共享、精确、实时化转变;三是指挥体制由不适应支持反导、防天作战的分散、独立、低效向适应支持反导、防天动态指挥关系、指挥方式的自动化与智能化转变;四是武器系统的控制由语音、人工控制为主向数据控制、自动控制为主转变。最终形成拦截交战武器系统与预警探测系统、指挥控制系统、综合保障系统一体化、网络化的综合集成,真正实现从传感器到火力单元(射手)的一体化作战。

4. 注重宏观指导,确立发展思路,提高建设起点

建设一体化的空天防御力量,不能寄希望于一朝一夕、一蹴而就,要有计划、有步骤、分阶段实施,坚持"敌无我有、敌有我优、敌优我变"的基本原则,走开自主发展、"非对称"发展、创新发展和跨越式发展的路子。

一是确立"同步实现信息火力一体化、攻防一体化和空天一体化"的"三化"发展目标。"三化"是以信息化为主导的紧密联系的有机整体,相互支撑,缺一不可,必须科学运筹,协调发展,突出重点,同步推进。

二是确立走本国特色的空天防御力量发展之路。要根据综合国力和军事战略方针要求,摸准敌人空天袭击武器系统的弱点,研制出"敌人怕什么,我们就发展什么"的"撒手锏"装备,确保首战用之,用之能胜。

5. 选准建设途径,立足国情军情,走"选、改、研、引"相结合的路子

选,即选装,直接从已有装备中挑选技术成熟、性能先进、稳定可靠、满足空天防御作战需求,且能与其他军(兵)种互联互通互操作的预警探测、指挥控制、拦截武器等装备。重点包括综合电子信息系统、大功率推进系统、数据链、精确制导、无人侦察与攻击、网络攻防等装备与技术。

改,即改进,按照多型并存、梯次发展的思路,秉承信息化牵引机械化发展的思路,对选用的和现有的装备实施信息化改造,嵌入信息技术和计算机技术,在提高火力、信息力、机动力等方面下功夫,改进性能单一的装备和性能不高但有潜力的装备。

研，即研制，着眼未来空天防御作战需求，重点突出解决空天防御力量中的"瓶颈"问题。集中军地科技优势，重点攻关，加速发展。

引，即引进，引进先进的空天防御力量装备和技术，以解决现实空天防御作战急需的问题，快速形成一定的威慑与实战能力；同时注重借鉴外军装备发展的先进理念，消化先进技术，为仿制和国产化奠定基础，但关键装备和技术一定要独立研发，力避关键时刻受制于人。

6. 把握建设过程，科学规划安排，提升研发效益

一是建立装备研究论证体系。从空天防御力量建设的角度，打破部门条块分割，优化结构，适当重组，集中力量建立军队高级智囊机构和军队级论证基地、作战实验室，促进空天防御力量建设过程中的决策科学化、实施程序化、技术标准化；二是完善军事科研机制，建立健全各项管理机制，提高经费效益和装备研制质量；三是综合考虑需求与可能、当前与长远、局部与全局的关系，制定切实可行的空天防御力量发展规划；四是跟踪分析高新技术发展趋势，强化关键技术预研的力度，逐步形成"概念—预研—型号"可持续的装备研发机制；五是形成投入与产出良性循环的装备研制环境，合理使用人才、经费、技术、信息和材料资源，实现空天防御力量建设大跨越、高效益。

7. 完善组织领导，设立专门机构，完善各种机制

空天防御力量建设是个大工程，关系国家空天一体建设全局，对保障国家空天安全意义重大，必须实施强有力的领导，建立和落实各种法规、机制。

一是完善指导和管理机制。建设新型空天防御力量，是一场深刻的变革，幅度大、领域广、风险高、任务重、难度大，涉及部门多，更需要建立专门指导机构，对空天防御力量建设进行宏观指导，确保空天防御力量建设的顺利发展。

二是完善实验论证机制。装备、技术实验论证是空天防御力量建设的一个重要环节，同时又是装备力量建设的一个重要支撑点。结合空天防御力量建设指导思想，在国家、军队相关装备研究院所、试验基地建立不同性质、不同层面的装（设）备实验室，开展相关论证、试验工作。建立空天防御力量试验部（分）队，通过模拟试验和实兵演习，论证空天防御力量的结构、功能和单件装备的

性能及其与其他系统的铰链等。

三是建立联试联训机制。跨军兵种的联试联训是检验装备效能、评估作战能力的有效途径。空天防御部队充分利用其他军兵种在装备试验、实装演习中的真实环境条件，从专项到综合、从简单到复杂、从平台到体系，摸清底数、循序渐进，既能大大提高装备试验验证和体系训练效益，又能大大提高部队实战能力。

四是完善政策和法规制度。完善的政策和法规是确保空天防御力量建设的权威性和强制执行效力的有效手段，也是确保空天防御力量建设顺利实施的重要保障。要依据一体化空天防御作战和建设的理论研究成果，制定和颁发空天防御力量建设标准、建设纲要和相关规定、实施办法等，从而为空天防御力量建设提供明确的理论引导和充分的法律依据。

主要参考文献

[1] 刘兴 . 一体化空天防御系统 [M]. 北京：国防工业出版社，2011.

[2] 张伟 . 机载武器 [M]. 北京：航空工业出版社，2008.

[3] 蔡风震，田安平等 . 空天一体作战学 [M]. 北京：解放军出版社，2006.

[4] 刘天增 . 国家天空 [M]. 北京：人民日报出版社，2010.

[5] 正文 . 俄罗斯军事改革启示录 [M]. 北京：解放军出版社，2008.

[6] 刘克剑 . 美国未来作战系统（2009 年增订版）[M]. 北京：解放军出版社，2010.

[7] 樊吉社 . 美国军事：冷战后的战略调整 [M]. 北京：社会科学文献出版社，2011.

[8] 中国空军百科全书编审委员会 . 中国空军百科全书 [M]. 北京：宇航工业出版社，2005.

[9] 卢利华 . 外军作战指挥 [M]. 北京：国防大学出版社，2010.

[10] 崔长琦 .21 世纪空袭与反空袭 [M]. 北京：解放军出版社，2002.

[11] 朱冬生 . 世界经典战例空袭与反空袭作战卷 [M]. 北京：解放军出版社，2010.

[12] 王保存 . 世界新军事变革新论 [M]. 北京：解放军出版社，2003.

[13] 王克强 . 防空概论 [M]. 北京：国防工业出版社，2012.

[14] 魏毅寅 . 世界导弹大全（第三版）[M]. 北京：军事科学出版社，2011.

[15] 北京航天情报与信息研究所 . 世界防空反导导弹手册 [M]. 北京：中国宇航出版社，2010.

[16] 地面防空武器编辑部 . 地面防空武器 [J].2010(1)-2013(1). 北京：空军装备研究院地面防空装备研究所 .

[17]World Missile Chart-Countries Possessing Ballistic Missiles[OL]. [2003]. http://www.carnegieendownment.org/npp/resources/ballisticmissilechart.htm.

[18]Mantle P J. The Missile Defense Equation: Factors for Decision Making[M]. AIAA, 2004.

[19]NASA "Hyper-X" Program Demonstrates Scramjet Technologies[OL].[March 9 2007]. http://www.nasa.gov/centers/dryden/news/FactSheets/FS-040-DFRC.html.

[20]Space-Based Radar (SBR). [OL]. [December 03, 2005]. http://www.fas.org/spp/starwars/program/sbr.htm.

[21]Strategic Air Defense Radars[OL]. [28-04-2005]. http://www.globalsecurity.org/wmd/systems/airdef-radar.htm.

[22]Fylingdales-Early Warning for Star Wars[OL]. http://www.radomes.org/museum/documents/BMEWS.html.

[23]National Missile Defense[OL]. [June 27, 2000]. http://www.fas.org/spp/starwars/program/nmd/index.html.

[24]Ground Based Interceptor[GBI][OL]. [August 05, 2000]. http://www.fas.org/spp/starwars/program/gbi.htm.

[25]Raytheon RIM-161 Standard SM-3[OL]. [25 July 2007]. http://www.designation-systems.net/dusrm/m-161.html.

[26]Dana J. Johnson. Weaponizing Space: Technologies and Policy Choices. Georgetown University[OL]. [20 April 2005]. http://www9.georgetown.edu/faculty/khb3/CPASS/media/Johnson.ppt.